黃兆漢著

道教與文學

臺灣學生書局印行

編輯「道教研究叢書」弁言

李豐楙

道教在中華文化中具有其獨特的地位，直至今日，道教信仰仍深具影響力。有關道教的研究，國內正在發展中；而國外漢學家則已累積至可觀的成果。有鑒於此，乃有編輯出版本叢書之舉。將來預計收錄的凡有三大類：一爲國人研究道教的論文與專著，彙編成書，以利典藏。二爲譯介國外的道教研究，交流學術，以資借鏡。三則編輯整理與道教相關的資料，諸如辭語解說、索引之類，以便翻檢。道教之學，方興未艾，而編印之初，百事待舉，衷心希望海內外的同道同好共襄盛舉，是則爲道教之幸，亦學界之幸，至所期盼。

序

自七十年代開始，我一直堅持着道教的研究，雖然沒有甚麼可觀的成績，但總算爲這範圍寫了六本專著——四本中文的和兩本英文的，作爲自己研究道教的紀錄，或許算得上有了一個交代。

在研究道教的過程中，我對很多問題都發生興趣，而它們大部分是屬於道教宗派和道教與文學的關係兩個範疇的。關於道教宗派，我從不間斷地搜集它們的材料，打算在不久的將來撰寫一本道教宗派史或某一時代的道教宗派史。至於道教與文學的關係，我覺得涉及的東西很多，它的範圍比道教宗派還要大而且複雜，所以沒有膽量去計劃爲它撰寫一本專書。但對這個範圍內的一些問題我始終存着研究和解決的慾望，因此在過往的幾年中，我斷斷續續的寫了幾篇文章，本書所收錄的〈李賀詩歌中的反神仙思想〉、〈全眞七子詞述評〉、和〈從《任風子》雜劇看元雜劇與道教的關係〉三篇是比較重要的。同時，與此範圍有關但並不密切的我也寫了幾篇，較爲滿意的有〈粵劇戲神華光考〉、〈香港八和會館戲神譚公考〉和〈中國古代的猿猴崇拜〉三篇，現在也把它們收入此書。我想，它們雖然不是正式屬於道教與文學的關係這範圍，但所用的材料不少是道教文獻和文學作品，更有些地方實際上涉及到道教與文學的關係的，把它們收錄在內似乎也不過份牽強。就把這六篇文章作爲我研究道教與文學的關係的一點小小成績吧！至於另外兩篇：〈元代之武當道士張守清〉和〈大江派考〉自然是純屬道教的範圍了，不與文學拉上任何關係。雖然從書名——《道教與文學》的角度去看，本書包括這兩篇，還可說有點道理，不算太離譜，但畢竟只是近乎附錄性質的，將它們與其他六篇文章一起結集出版，寧可說是一種方便而已。

八篇文章之中，只有〈全眞七子詞述評〉和〈香港八和會館戲神譚公考〉兩篇發表過，其餘的都是第一次披露，希望這樣會爲本書帶來一點新鮮感，贏得讀者較大的歡迎。

本書能夠面世，全賴臺灣學生書局鼎力支持和合作。沒有他們的幫助，不獨此書的面世會成問題，以往他們爲我出版的三本著作：《明代道士張三丰考》、《道藏丹藥異名索引》和《金元詞史》也不一定可以順利出版。藉着這個機會，衷心向書局有關人士致萬二分謝意。

在本書的籌備和出版過程中，得影靖多方面關注和協助，於此謹致謝忱，並深盼她繼續爲我對道教研究而打氣。

黃兆漢

序於香港大學中文系，一九九四年一月

道教與文學　目錄

李賀詩歌中的反神仙思想

李賀（七九〇～八一六）是中唐的一位很出色的詩人，可惜命短，死時只有二十七歲。生前大概很早已負詩名，相傳他七歲時當時的「東京才子」皇甫湜（約七七七～約八三五）和「文章鉅公」韓愈（七六八～八二四）已登門造訪，而李賀也爲此事寫了一篇文學史上相當有名的詩歌《高軒過》❶。死後，名詩人杜牧（八〇三～約八五二）爲他的詩集寫敍，認爲賀詩是「《騷》之苗裔」❷；另一位名詩人李商隱（八一三～八五三）更爲他作傳，稱讚他爲「才

---

❶ 據五代王定保（八七〇—約九五五）《唐摭言》記載：「李賀，……年七歲，以長短之製，名動京華，時韓文公與皇甫湜覽賀所業，奇之，而未知其人，……因連騎造門，請見其（按：指李瑨肅）子。既而總角荷衣而出，二公不之信。賀就試一篇，承命欣然，操觚染翰，旁若無人，仍目曰《高軒過》。……」（《四部備要》本，上海，中華書局據學津討原本校刊，一九三四），卷十，葉八下—九上。王琦則認爲「元和三年（八〇八），皇甫湜以陸渾尉應賢良方正，直言極諫舉，指陳時政之失，爲宰相李吉甫所惡，久之不調。其爲侍御必在此年之後。韓爲都官員外郎在元和四年（八〇九），約其時長吉已弱冠矣。恐《摭言》七歲之說爲誤，否則此詩前一行十五字乃後人所增歟？」見其《李長吉歌詩彙解》，收入《三家評註李長吉歌詩》（香港，中華書局，一九七六），頁一五四。王琦所說的「詩前一行十五字」指其小序：「韓員外愈、皇甫侍御湜見過，因而命作。」

❷ 見王琦《彙解》，《三家評註李長吉歌詩》，前引，頁一二。

而奇者」❸。就此，可見李賀在唐代其他詩人眼中的崇高地位了。

李賀傳詩約二百四十首❹，辭尚奇詭，境趣幽怪，喜用「死」、「血」、「泣」、「鬼」……一類的字眼，故有「鬼才」之稱❺。但這不等於說賀詩只追求形式的奇特美，而忽略了實際的思想內容；恰可相反，李賀有不少詩篇是諷刺時弊，托古寓今的。清代姚文燮（？～一六八一年後不久）甚至把賀詩說成是唐代的《春秋》❻，因爲它本質上反映了貞元、元和時代（七八五～八二〇）的實況，不愧爲那個時代的詩史。宋琬（一六一四～一六七三）亦相當中肯地說：

> 賀，王孫也，所憂宗國也，和親之非也，求仙之妄也，藩鎮之專權也，閹宦之典兵也，朋黨之釁成而戎寇之禍結也，以區區隴西奉禮之孤忠，上不能達之天子，下不能告之群臣，惟崎嶇驢背，託諸幽荒險澀諸詠，庶幾後之知我者。而世不察，以為神鬼悠謬不可知，其言既無人為之深繹，而其心益無以自明，不亦重可悲乎！❼

至於一些學者說「賀以詞爲主，而失於少理」❽，只因爲他們太爲賀詩的奇詭詞藻所吸引，沒有小心考究其思想內容；或甚至對賀詩的思想內容有了成見，以爲怪誕不經，而不肯客觀的去分析，以至看不清其眞正面目。這錯不在賀，而在讀者。賀詩雖難讀，但一旦讀通了，我們便發覺賀詩不少篇章是很富現實性的，是有「理」存在的，只不過這個「理」表現得較爲隱晦而已。杜牧談到賀詩的特色，說：

> 雲煙綿聯，不足為其態也。
> 水之迢迢，不足為其情也。

春之盎盎，不足為其和也。
秋之明潔，不足為其格也。
風檣陣馬，不足為其勇也。
瓦棺篆鼎，不足為其古也。
時花美女，不足為其色也。

❸ 同上，頁一四。

❹ 葉葱奇疏註《李賀詩集》（北京，人民文學出版社，一九八四）「凡例」說：「杜牧序文稱沈子明得賀親授平生所著歌詩四卷，凡二百三十三首。唐、宋志稱賀集五卷。據《文獻通考》，則所謂五卷實在是併外集而言，可見現在所傳歌詩確係賀手自編定，不過現在四卷裏只有詩二百一十九首，比杜序所說少十四首。若加入外集的二十二首，又多出八首，詩的次序也先後淆亂，其中佚失和贋雜當然在所難免，不過大致說來，十之八九是賀手自錄存的。」頁一。四卷二百一十九首，加上外集二十二首，共計二百四十一首。

❺ 王思任（活動時期約一六一〇年前後）《李賀詩解序》說：「（李賀）以其哀激之思，必作澀晦之調，喜用『鬼』字，『泣』字、『死』字、『血』字，……」見《王季重十種》（《中國文學珍本叢書》，一九三六），《雜序》，頁八。馬端臨（約一二五四—一三二三）《文獻通考》說：「宋景文諸公在館，嘗評唐人詩云：『太白仙才，長吉鬼才。』」（北京，中華書局，一九八六），卷二四二，「經籍」，六九，頁一九一七。

❻ 姚文燮《昌谷詩註．自序》，見《三家評注李長吉歌詩》，前引，頁一九二。

❼ 見其《昌谷註敍》，收入姚文燮《昌谷集註》，見《三家評註李長吉歌詩》，前引，頁一九七。

❽ 宋張戒（約一一三五年前後生存）《歲寒堂詩話》（《四庫全書珍本別輯》，臺北，商務印書館，一九七五），卷上，葉二〇下。

> 荒國侈殿，梗莽邱壠，不足為其怨恨悲愁也。鯨吸鰲擲，牛鬼蛇神，不足為其虛荒誕幻也。❾

詩作而有這樣的一個特異風格，其中的「理」那會顯露明白，而容易爲人所掌握呢？

所謂「理」是指思想內容而言。李賀的詩，從思想內容去劃分，積極方面，大約可以分爲五類：一、主張國家統一，歌頌正義戰爭；二、諷刺帝王貪生，指明神仙虛妄；三、同情勞動人民，憎恨官家盤剝；四、譏諷宦官統兵，嘆息眞才不用；五、揭露權貴荒淫糜爛，冶遊無度❿。正是姚文燮所說的「賀之爲詩，……皆深刺當世之弊，切中當世之隱」⓫的意思。本文要討論的就是第二類，亦即是上文宋琬所說的「求仙之妄」的那一點。

這裏所謂「仙」就是「神仙」的簡稱。那麼，何謂「神仙」呢？簡單地，可以這麼說，是方士或道士理想中的一種超脫塵世、有神通變化、長生不死的人，是修眞學道的最大成果。《釋名・釋長幼》說：「老而不死曰仙。仙，遷也，遷入山也。」⓬《天隱子・神解》說：「神之爲義，不行而生，不疾而速，陰陽變通，天地長久，……是以生死動靜邪眞，吾皆以神仙而解之。在人謂之仙矣，在天曰天仙，在地曰地仙。」⓭神仙之說，大抵始於《莊子・逍遙遊》：「藐姑射之山，有神人居焉，肌膚若冰雪，綽約若處子；不食五穀，吸風飲露；乘雲氣，御飛龍，而遊乎四海之外。其神凝，使物不疵癘而年穀熟。」⓮這裏所說的「神人」即是我們所說的「神仙」。可見神仙之說，先秦已有。到漢代則更廣泛流行。班固（三二～九二）《漢書・藝文志》已列出神仙家十家，著作二百零五卷⓯。劉向（約前七七～前六）又曾編《列仙傳》⓰。到魏晉之時，人皆學仙，而始於東漢之道教亦大受其影響，以致神仙思想成爲它最重要之內容，因此之故，這個時期的道教被稱爲「神仙道教」⓱。東晉道士葛洪（二八四～三六四）著

❾ 同❷。

❿ 流沙《李賀詩歌選注》（天津，百花文藝出版社，一九八二），附錄：《李賀的生平及其詩歌》，頁一一二一一一八。

⓫ 同❻。

⓬ 漢劉熙《釋名》（見明吳琯編《古今逸史》，臺北，商務印書館據上海涵芬樓影印明刻本影印，一九六九），卷三，「釋長幼」，葉四下—五上。

⓭ 司馬承禎（六四七—七三五）《天隱子》（《道藏》本，上海涵芬樓據北京白雲觀藏明刊本正續《道藏》影印，一九二四—一九二六，冊六七二），葉四下—五上。

⓮ 陳鼓應《莊子今注今譯》（北京，中華書局，一九八三），頁二一。

⓯ 《漢書》（《二十五史》本，上海，上海古籍出版社，一九八六，第一冊），卷三〇，頁一六九（總頁五三三）。

⓰ 《列仙傳》，舊題劉向撰，二卷。後人斷爲僞托，當爲東漢人所作。敍述七十位神仙故事。晉以後言神仙事多據之；歷代文人多用其中神仙事迹爲典故。參任繼愈主編《宗教詞典》（上海，上海辭書出版社，一九八一），頁三七二。

⓱ 「神仙道敎」一詞爲現代道敎學者所愛用，如胡孚琛就有名爲《魏晉神仙道敎》一書（北京，人民出版社，一九八九）。胡氏認爲道敎的發展可分爲幾個時期：東漢的早期道敎、魏晉的神仙道敎、南北朝的成熟的敎會道敎、隋唐時期的擴展和國敎化、宋遼金元時期的革新和分宗分派、明清時期的三敎融合和沒落、近代道敎的殘存並向西方國家進行思想擴散的階段。見胡書，頁七—八。

《抱朴子》內外篇，內篇二十卷暢談神仙方藥，養生延年之事⑱；又撰《神仙傳》十卷⑲，敍述古代傳說中的八十四個神仙的事跡，大部分爲劉向《列仙傳》所未載。東晉之後，神仙之說繼續流行，而神仙思想也未見稍替。

那麼，「神仙思想」又是甚麼呢？就是肯定神仙存在和追求成仙——變成神仙的一種思想。有這種思想的人認爲老子《道德經》所說的「長生久視」⑳是可以達到的，他們相信肉體長生，而且永遠繼續歡樂地生活。要達到肉體長生的目的，他們要經過艱苦的修煉，無論是「內丹」的修煉，或是「外丹」的修煉。所謂「內丹」的修煉，是指人體內在的修煉，是體內的精、氣、神的修煉，目的是要經過煉精化氣，煉氣化神，煉神還虛的修煉過程而達到以虛合道的最高境界，這樣，肉體（當然包括精神在內）便會不死，而與天地長存。「外丹」的修煉是指煅煉多種礦物或甚至植物而成爲一種藥物——丹藥（或稱爲「金丹」），繼而服食之，這樣，身體得到丹藥的調養，便不會衰老，而繼續生存下去。兩種修煉皆稱爲「煉丹」。宋代以前所煉的「丹」大都爲「外丹」；宋代以後煉「內丹」始流行，但煉「外丹」亦沒有停止，只不過只有少數人士有財力去從事這種修煉而已。煉「內丹」的人，如果得不到名師指導或不小心修煉，往往會「走火入魔」，損耗精神。煉「外丹」的——乾脆地說，服食丹藥的，更會引致體內陰陽不調，脾性失常，甚至因而喪命。古詩說：「服食求神仙，多爲藥所誤。」㉑所指的就是這一類情況。李賀詩歌中所暴露的、諷刺的、指責的也是這一點——及其他因此而引起的各種問題。

唐代是個修煉「外丹」仍然流行的時代，當時統治者的熱衷於此道就很能反映此一情況。當然，眞正從事煉丹的不是這些統治者而是他們所僱用的方士或道士；他們只是服食這些人所煉成的丹藥而已。綜觀唐代的皇帝，最少有八名是曾經服食丹藥的，且因此而喪命的極可能有六名之多。他們是太宗、高宗、玄宗、憲宗、穆宗、敬宗、武宗、宣宗，其中只有高宗和玄宗可以倖免㉒。

---

⑱ 通過二十卷之題目可知其內容梗概：暢玄、論仙、對俗、金丹、至理、微旨、塞難、釋滯、道意、明本、仙藥、辨問、極言、勤求、雜應、黃白、登涉、地眞、遐覽、袪惑。其中一些篇目表面上好像與求仙延年之事無關，但實際上所談的都不出這個範圍。《抱朴子內篇》收入《道藏》，前引，冊八六八—八七〇。葛洪《自序》說：「今爲此書粗舉長生之理，……」序葉一下。

⑲ 《道藏》缺；《道藏精華錄》（守一子，卽丁福保（一八七四—一九五二）編纂，杭州，浙江古籍出版社影印，一九八九）多收盧敖若士、華子期兩傳。《道藏精華錄一百種提要》說：「《神仙傳》，十卷，晉葛洪著。《隋書·經籍志》、《唐書》、《宋史·藝文志》及《文獻通考》均著錄。此書有數刻本，《漢魏叢書》本及《龍威秘書》本俱無盧敖若士及華子期兩傳。《汲古閣》本雖較爲最好，然亦訛誤甚多。近並有坊刻俗本，甚至將毫無考據者，恣意濫入，頗失其眞。唯此刻得舊抄本校正，爲最古最完善之本。」頁九上。

⑳ 「長生久視」見第五十九章「守道」：「……有國之母，可以長久，是謂深根固蔕，長生久視之道。」呂祖謙（一一三七—一一八一）重校《音注河上公老子道德經》（臺北，廣文書局，一九八〇），下，葉一二下。

㉑ 隋樹森《古詩十九首集釋》（香港，中華書局，一九五八），頁二〇。

㉒ 趙翼（一七二七～一八一四）《廿二史劄記》指出唐代餌丹藥之皇帝有六：太宗、憲宗、穆宗、敬宗、武帝和宣宗，說：「統計唐代服丹藥者六君，穆、敬昏愚，其被惑固無足怪，太、憲、武、宣皆英主，何爲甘以身殉之？實由貪生之心太甚，而轉以迷其死耳。」（臺北，世界書局，一九五七），卷十九，「唐諸帝多餌丹藥」條，頁二四七～二四八。其實，唐代服食丹藥之皇帝不止這六人，高宗與玄宗亦是好此道者，一讀兩《唐書》他們之本紀及有關史籍可知，不過他們並不曾死於服食丹藥而已。

唐代皇帝服食丹藥所引起的效果是嚴重的。他們因此而掉去生命不算最嚴重，但因爲他們要得到丹藥而重用方士，寵信道士，浪費國家資源和引致全國掀起一片迷信之風却影響非常深遠。這些涉及國家政治、經濟和社會的行爲使到一些有識之士和愛國之人十分關注。我們的詩人李賀便是其中一位。

唐朝統治者之所以服食丹藥，無它，只是爲了要將自己變爲神仙，永遠逍遙地快活下去。神仙，我們在上文已指出過，就是「不死的人」。要達到「不死」的境界，就要煉丹服藥，信方士、寵道士、採靈藥、乞求神靈幫助和參與其他迷信的行爲。這些一切都是李賀大力反對的，都是他在其詩歌中極力批評責駡的。試問人怎可不死？世上事事物物怎可不變？那有使人服了不死之丹藥？方士和道士這些人那有能力可以煉成不死之藥？他們只不過爲了逢迎皇帝而胡說亂爲而已。若然他們不是在欺騙皇帝，就是在欺騙自己！天地間那裏有神靈？人還要乞求他們幫助？還要對他們那麼敬仰崇拜？這些都是迷信。李賀在他的詩中便大量的反映了這些思想——這些「反神仙思想」。

首先，李賀認定一切事物都不會永恒存在的，他們都一定會變遷，無論存在多長久，總會有變換的一日，有情之物或無情之物，都不能逃出這規律。先說無情之物吧，如桑田何嘗不會變成滄海？滄海又何嘗不會變作桑田？李賀在《夢天》一詩說：

黃塵清水三山下，更變千年如走馬。㉓

「三山」指三神山：蓬萊、方丈和瀛洲㉔。意思是說，月宮下面三神山之黃塵與清水之更互變換，快如走馬，可是已經過千千萬萬年的時光了。這就是說，桑田變爲滄海，滄海變爲桑田只是一瞬息間之事，而這樣的變更已經過無數次了。他的《天上謠》亦明白的表示了他對「滄海桑田」的看法：

東指羲和能走馬，海塵新生石山下。㉕

「羲和」是指替日駕龍車之神㉖。說「東指」是因爲日出於東方。「羲和走馬」是說羲和爲日駕龍車，快如跑馬。此言時光飛逝；而在這瞬息之間，海水已變爲塵土，又在石山之下新生出來了。李賀在《浩歌》一詩也強調了「滄海桑田」的變遷：

南風吹山作平地，帝遣天吳移海水。王母桃花千徧紅，彭祖巫咸幾回死。㉗

㉓ 葉葱奇疏注《李賀詩集》，前引，頁二八。以下引用李賀詩，一律根據此書，因爲「本編以王氏《彙解》爲主，其他諸家爲輔，兼及淸黎簡、何焯諸家評本。凡穿鑿附會以及顯屬謬誤之處，但行釐正，不事徵引辯駁，以免支蔓。凡舊注繁複處力加删汰，以求簡當。」見「凡例」，頁一。

㉔ 《史記》（《二十五史》本，前引），卷六，「秦始皇紀」說：「齊人徐市等上書，言海中有三神山，名曰蓬萊、方丈、瀛州。」，頁三〇（總頁三〇）。

㉕ 《李賀詩集》，前引，頁四六～四七。

㉖ 魏張揖《廣雅》（見《古今逸史》，前引），卷九，「釋天」說：「日御謂之羲和。」葉四下。唐徐堅（八世紀時人）《初學記》（北京，中華書局，一九六二）引《淮南子》：「爰止羲和，爰息六螭。」注曰：「日乘車駕以六龍，羲和御之。」頁五。

㉗ 《李賀詩集》，前引，頁四八。

前兩句是說南風把山吹作平地，天帝派遣天吳㉘把海水移走。原來是山的，不久便變成平地；原來是一大片海水的，一下子便消失得無影無踪。後兩句說西王母手植的三千年一開花，三千年一結實的桃花已盛開了千徧，壽命八百歲的彭祖㉙和名咸的古神巫㉚也死過好幾回。用意是要指出一切號稱永恒的都會變滅的。

實際上，天地之中，無情之物，變幻不定的何止滄海與桑田呢？其他一切不是一樣嗎？從《古悠悠行》一詩可以看出李賀這個思想：

白景歸西山，碧華上迢迢。
今古何處盡？千歲隨風飄。
海沙變成石，魚沫吹秦橋。
空光遠流浪，銅柱從年消。㉛

每天日落月上，循環不止，古今好像永無盡頭，但事實上千年時光的過去只快得如隨風飄過一般。海沙也變成大石，而秦始皇所興建的石橋亦不存在，只有魚兒在那裏吹吐泡沫而已。時光不盡，漢武帝爲求仙而建造的銅柱㉜，也因年代久遠而終歸消滅。連海沙都變成大石了，秦橋不存在和銅柱終歸消滅又有何稀奇呢？世上的事物，都會因時光的流逝而消滅的，而時光又過得如飄風一般的快！李賀又在《嘲少年》一詩中強調了這一點：

少年安得長少年，海波尚變為桑田。㉝

無情之物的海波尚要變爲桑田，有情之物的少年人那可長久作少年人，永不變老，甚至死亡呢？

人畢竟是會老死的，就算歷史上最顯赫的人物都逃不過這般命運。秦皇、漢武是唐代以前最威風叱咤的人物了，但到頭來，他們不是像普通人一般地死去？《秦王飲酒》、《金銅仙人辭漢歌》、《苦晝短》、《官街鼓》和《崑崙使者》數首詩都明顯地指出了這一點。《秦王飲酒》說：

㉘ 天吳，據成書於戰國初年到漢代初年的《山海經》（袁珂校譯；上海，上海古籍出版社，一九八五）說：「朝陽之谷，神曰天吳，是爲水伯。在𧈢𧈢北兩水間。其爲獸也，八首人面，八足八尾，背青黃。」卷九，「海外東經」，頁二一一。另外在卷十四，「大荒東經」亦有天吳的記載，云：「有神，八首人面，虎身十尾，名曰天吳。」頁二四六。大抵賀詩所說的天吳爲水伯天吳，因爲他有能力去移走海水。

㉙ 劉向《列仙傳》有彭祖傳，云：「彭祖者，殷大夫也。姓籛名鏗，帝顓頊之孫，陸終氏之中子。歷夏至殷末，八百餘歲。常食桂芝，善導引行氣。……云後昇仙而去。」《道藏精華錄》本，卷上，葉四上。葛洪《神仙傳》亦有彭祖傳，惟記載詳十數倍，多神話傳說，不足信。《道藏精華錄》本，卷一，頁三下～四下。

㉚ 王逸（約公元八九～一五八年間生存）注《離騷》「巫咸將夕降兮」句說：「巫咸，古神巫也，當殷中宗之世。」見游國恩主編《離騷纂義》（北京，中華書局，一九八〇），頁三七二。洪興祖（一〇九〇～一一五五）注：「說者曰，巫咸，殷賢臣。一云，名咸，殷之巫也。」同前書，同頁。

㉛ 《李賀詩集》，前引，頁七九。

㉜ 銅柱，指仙人承露盤。《漢書》（《二十五史》本，前引），卷二五上，《郊祀志》說：「……其後又作柏梁銅柱，承露僊人掌之屬矣。」注云：「蘇林曰：『僊人以手掌擎盤承甘露。』師古曰：『《三輔故事》云，建章宮承露盤，高二十丈，大七圍，以銅爲之，上有僊人掌承露，和玉屑飲之。』」頁一二二一（總頁四八五）。

㉝ 《李賀詩集》，前引，頁三四二。

秦王騎虎遊八極，劍光照空天自碧。羲和敲日玻璃聲，刼灰飛盡古今平。……仙人燭樹蠟煙輕，青琴醉眼淚泓泓。㉞

秦皇威鎮八方，軍容壯盛，氣勢如羲和之驅策白日，平定禍亂，天下晏然……多麼威風的一個人物啊！可是，正當如樹形的「仙人燭」輕煙裊裊之時，秦皇就與世長辭了，只留下淚眼汪汪的宮女。「青琴」，本意古神女，這裏借用指宮女㉟。漢武帝的命運同秦始皇一樣，終歸也要死去的。《金銅仙人辭漢歌》說：

茂陵劉郎秋風客，夜聞馬嘶曉無跡。㊱

劉郎是指漢武帝劉徹。茂陵是武帝陵園，在京兆府興平縣東北十七里㊲。「茂陵劉郎」一句是說武帝在位幾十年，不過如秋風之過客而已。「夜聞」一句，據王琦（約一七六〇前後生存）解釋，「謂其魂魄之靈，或于晦夜巡遊，仗馬嘶鳴，宛然如在，至曉則隱匿不見矣。」㊳兩句合起來，意謂漢武帝的一生很快便過去，連他的魂魄在很短的時間裏也消失得無踪影了。《崑崙使者》一詩亦提到漢武帝之死：

崑崙使者無消息，茂陵煙樹生愁色。㊴

「茂陵煙樹」句是指武帝之死。他的死使茂陵一帶的樹木和煙霞都籠罩着哀愁之色。「崑崙使者」指奉武帝通西域的張騫（？～前一一四）。兩句是說張騫還沒有消息回來，武帝已經死去了。意謂武帝的生命不過很短暫而已。在《官街鼓》一詩裏李賀同時指出秦皇、漢武兩人的生命都是很短暫的：

磓碎千年日長白，孝武秦皇聽不得。㊵

「磓碎」是指官街鼓。第一句意謂官街鼓長年長月不停地敲擊，千歲的時光便如此過去，可是秦始皇與漢武帝却不能長聽着這鼓聲，因爲他們的生命並不長久。同詩又說：「幾回天上葬神仙。」㊶連神仙都死了好幾回，秦皇、漢武又怎可有永恒的生命呢？

時光是不斷在轉變的，而萬物也不斷地在榮枯交替。正如《梁臺古意》說：「芙蓉凝紅得秋色，蘭臉別春啼脈脈。蘆洲客雁報春來，寥落野湟秋漫白。」㊷人由生至死也不過是萬物中的一轉變而已。秦皇、武漢之死，從轉變的角度去看，亦只是自然之事，沒有甚麼大不了的。

㉞ 同上，頁五三。

㉟ 司馬相如（公元前一七九～前一一七）《上林賦》說：「若夫青琴宓妃之徒，……」郭璞（二七六～三二四）注引伏儼曰：「青琴，古神女也。」見《文選》（香港，商務印書館，一九六〇），卷八，頁一六八。葉葱奇認爲「指宮女」，今從其說。見《李賀詩集》，前引，頁五五。

㊱ 《李賀詩集》，前引，頁七七。

㊲ 《漢書》（《二十五史》本，前引），卷六，「武帝紀」云：「後元二年（公元前八七年）二月丁卯帝崩于五柞宮，入殯于未央宮前殿，三月甲申葬茂陵。」頁二二（總三八六）。李吉甫（七五八～八一四）《元和郡縣圖志》說：「漢茂陵，在（興平）縣東北十七里，武帝陵也。在槐里之茂鄉，因以爲名。」（北京，中華書局，一九八三），卷二，「關內道二」，頁二六。

㊳ 《彙解》，見《三家評註李長吉歌詩》，前引，頁六六。

㊴ 《李賀詩集》，前引，頁三四六。

㊵ 同上，頁三〇八。

㊶ 同上。

㊷ 同上，頁二六九。

就算如萬物中號稱長壽的龜蛇吧㊸，它們終歸會死去，化爲塵土的。《拂舞歌辭》說：

丹成作蛇乘白霧，千年重化玉井土。

從蛇作土二千載，吳堤綠草年年在。㊹

葉葱奇疏解這幾句說：「神龜丹成而化爲蛇，在雲霧中飛騰，可是千年之後，依然化爲泥土。」㊺生命無論多長久，始終會完結的，因爲任何事物都會變遷。人的壽命那及得上神龜和騰蛇呢？求長生不死豈不是太可笑嗎？

同詩最後兩句說：

背有八卦稱神仙，邪鱗頑甲滑腥涎。㊻

兩句均指神龜。王琦疏解得很好，他說：「……浸假而化爲神龜，雖能行氣導引，歷久不死，見稱於神仙之流，然而鱗則邪鱗，甲則頑甲，腥涎滑濁，終是異類，亦焉足貴耶！大旨總言長生不可求，即求得長生，亦無可羨可貴之處，……」㊼李賀認爲天下之事物沒有不變的道理，人亦不會例外。人要死是自然的，何必強求不死呢？就算可以不死，變爲神仙，終歸不是人而是異類，那又有甚麼可貴呢？

人根本上是不可以變成神仙的。李賀反對一切求仙的事！

可是當時的皇帝却想盡辦法去求仙，去求長生不死。他們最常用和最愛用的辦法便是煉丹——煉製丹藥，迷信服食了這些丹藥便可長生不死，變爲神仙。生存在李賀之前的唐代皇帝我們不談了，雖然他們有致力於煉丹，且有因服食丹藥致死者，我們只談與李賀同時的皇帝，尤其是憲宗（八〇六～八二〇在位），因爲他之死極有可能與藥發有關，至少他是一個服藥求仙的狂熱信徒㊽。憲宗即位之時李賀十七歲，雖於賀死後數年去世（憲宗死於八二〇年，而賀是八一六年)，但他即位後的服藥求仙事，多爲賀所聞所見。賀是反對服藥求仙的，有感於心，往往形於詩篇。

憲宗服藥求仙的情形史籍是有記載的，憲宗「元和之治」(八〇六～八二〇)，史稱中興，當時政治比較穩定，天災罕見，時有稔歲，百姓生活略安。大概是因爲這個原因，(或此爲原因之一)，憲宗便產生求長生的念頭，而求長生最直接的方法就是服食丹藥。至遲在元和五年(八一〇)，憲宗已對求仙事發生興趣了，何嘗問宰相李藩(七五四～八一一)說：「神仙長生之說，可信乎？」李藩對以神仙事雖出道家，但爲後世虛誕之說，不可致信；且以太宗服藥暴疾事爲誡，勸憲宗勿爲藥所誤；更說：「陛下春秋鼎盛，方志昇平，倘能深鑒流弊，斥遠方士，則百福自生，坐臻永年。」㊾據李藩之言，我們推測當時憲宗應有接近方士服藥求仙之事

㊸ 曹操(一五五～二二〇)《碣石篇》其四《龜雖壽》說：「神龜雖壽，猶有竟時；騰蛇乘霧，終爲土灰。……」見宋郭茂倩(一〇八一年前後生存)《樂府詩集》(臺北，世界書局影印，一九六一)，卷五四，葉八上。王琦解釋說：「……物中之多壽者，皆稱龜蛇。」見《彙解》，《三家評註李長吉歌詩》，前引，頁一四〇。

㊹ 《李賀詩集》，前引，頁二五〇。

㊺ 同上，頁二五一。

㊻ 同註㊹。

㊼ 同註㊸。

㊽ 此點論證詳見下文。

㊾ 見宋王溥(九二二～九八二)《唐會要》(臺北，世界書局，一九六〇)，卷五二，「識量下」，頁八九九。

實。唐蘇鶚（約八九〇年前後生存）《杜陽雜篇》有這一段記載：

> 上好神仙不死之術，而方士田佐元、僧大通，皆令入宮禁，以鍊石為名。時有處士伊祈玄解，縝髮童顏，氣息香潔。……上知其異人，遂令密召入宮。……上每日親自訪問，頗加敬仰。……玄解曰：「臣家於海上，常種靈草食之。……」即於衣間出三等藥實，為上種於殿前，……靈草既成，人莫得見，玄解謂上自采餌之，頗覺神驗，由是益加禮重。……[50]

玄解入宮爲元和八年（八一三）以前事[51]，故又證憲宗服藥求長生早已開始，應如上文所說，不晚於元和五年（八一〇），當時李賀約二十一歲。

憲宗之服藥求長生，與太宗曾孫李道古（活動時期約八一八年前後）頗有關係。道古是一個極迷信煉丹服食之人，且與方士柳泌（活動時期約八一八年前後）甚爲友善。泌自謂能化金爲長生藥。當時適值憲宗詔天下搜訪奇士以求藥，道古爲了取悅於上，故通過宰相皇甫鎛（七八五年進士）薦泌給憲宗[52]。憲宗極爲高興，時使泌煉藥。可是泌不過爲江湖術士之流，煉藥久無效，故託詞天臺山爲神仙所居，多靈草，願爲天臺長吏。憲宗竟信其言，接受他的請求，命他爲臺州刺史。當時諫官認爲，以往人主雖有賜官號與方士，但從未有使他們臨民賦政的，今使泌爲刺史，實不可行。憲宗很不高興，說：「煩一郡之力而致神仙長年，臣子於君父何愛焉！」自後群臣不敢再提此事[53]。但由此可見憲宗對服藥求仙是多麼的渴求了。

柳泌於臺州終無所獲，懼怕憲宗降罪而逃往山中，但爲浙東觀察使所捕，且解送京師。皇甫鎛和李道古在憲宗面前爲他說好話，以爲必可得到靈藥。憲宗仍不心死，復使泌爲翰林待詔，並服食他所進之靈藥。服藥後，日加燥渴，喜怒無常，終於元和十五年（八二〇）正月，以餌丹不豫，數不視朝，暴崩於中和殿，「時人皆言內常侍陳弘志弒逆」54。如果「弒逆」事屬實的話，必因憲宗由於服藥以致神志不清，對左右宦官賞罰不平，濫加刑罰，令到人人危懼，陳弘志不得已故行弒君之謀。憲宗以盛年暴斃，或因藥發，或被謀殺，總之他的死是與服藥求長生有密切關係的。

---

50 《杜陽雜編》（見《筆記小說大觀》，第一冊，江蘇，江蘇廣陵古籍刻印社，一九八四），卷中，葉二下～三上（總頁一四六）。

51 據《杜陽雜編》，玄解是於元和八年前在憲宗眼前「消失」的：「過宮中，刻木作海上三山，綵繪華麗，間以珠玉。上因元日，與玄解觀之，指蓬萊曰：『若非上仙，無由得及此境。』玄解笑曰：『三島咫尺，誰曰難及？臣雖無能，試爲陛下一遊，以探物象妍醜。』即踴體於空中，漸覺微小，俄而入於金銀闕內。左右連聲呼之，竟不復有所見。……後旬日，青州奏云：『玄解乘黃牝馬過海矣。』」前引，卷中，葉三上～下（總頁一四六）。按《杜陽雜編》記唐諸帝事是按時代次序先後的，因記載玄解失踪後始言元和八年事，故作如此推測。

52 歐陽修（一〇〇七～一〇七二）《新唐書》（《二十五史》本，前引），卷八〇，「太宗諸子傳」，頁三六〇（總頁四四八六）。

53 劉昫（十世紀時人）《舊唐書》（《二十五史》本，前引），卷一三五，「皇甫鎛傳」，頁四五二（總頁三九二八）。

54 《舊唐書》（《二十五史》本，前引），卷十五，「憲宗紀下」，頁六四（總頁三五四〇）；司馬光（一〇一九～一〇八六）《資治通鑑》（北京，中華書局，一九七六），卷二四一，「唐紀五十七」，頁七七七五～七七七七。又可參上注。

憲宗之死，李賀不得見，（因賀比憲宗早死）；但憲宗服藥求長生之事，賀却知得很淸楚，在他的詩裏就有不少諷刺、責罵憲宗的篇章。如《苦晝短》便是比較明顯的一篇：

……天東有若木，下置啣燭龍。吾將斬龍足，嚼龍肉，使之朝不得迴，夜不得伏。自然老者不死，少者不哭。何為服黃金？呑白玉？誰是任公子？雲中騎白驢。劉徹茂陵多滯骨，嬴政梓棺費鮑魚。55

「若木」，根據《山海經》，是生於西北海外大荒之中灰野之山的一種赤色樹木，靑葉赤華56。郭璞（二七六～三二四）註：「在崑崙西極，其葉光赤，照下地也。」57但賀詩說「天東」，不是「天西」，故我同意葉葱奇的說法，認爲「只是拿若木來指太陽」58。「下置」句，《楚辭・天問》說：「日安不到，燭龍何照？」59王逸（約公元八九～一五八年間生存）註：「天之西北，幽冥無日之國，有龍御燭而照之。」60可知「啣燭龍」不在東方，也不在若木下邊。王琦和葉葱奇都認爲當指羲和駕日車的六龍61。兩句意思是說，羲和駕着龍車把太陽迅速地從東方移走，表示時間飛逝。李賀妙想天開地說，我要將龍殺死，更食其肉，使到白天不得轉頭，夜晚不得潛伏。這樣時間就永遠停留，無朝夜的轉變，自然老者就不會死，少者就不會因此而哭泣了。爲甚麼要服食黃金和白玉呢？按《抱朴子》說：「服金者壽如金，服玉者壽如玉。」62《抱朴子》亦載餌黃金方、服玉法63。「服黃金、呑白玉」是指服食丹藥。李賀認爲憲宗服食丹藥以求長生是無濟於事的；他說「吾將斬龍足，……」等等只是無可奈何之悲憤之言而已，那裏會眞實的呢？這不過反面指出時間是不斷流逝的，是停留不著的，而人亦將隨着時間的流逝而老死，無論服食什麼丹藥都不會長生的。「任公子」，大抵是一個騎驢上昇的古仙人，但其事不可考64。細忖「誰是」兩句，實帶有不相信的語氣，就好像說，有所謂任公子騎白驢上昇這回事嗎？這暗示李賀是不相信白日飛昇的。威武如劉徹——漢武帝，他的白骨不是還埋在茂陵；顯赫如嬴政——秦始皇，他的屍車不是耗費掉很多鮑魚[65]。意思是說，秦始皇和漢武帝都曾經煉丹服藥以求不死，但，結果還不是一樣死去！服食丹藥是絕無用處的。在詩中，李賀

---

55 《李賀詩集》，前引，頁二一九～二二〇。

56 袁珂《山海經校譯》，前引，卷十七，「大荒北經」，頁二八七。

57 見郭璞《山海經》註解（《道藏》本，冊六七五～六七六），卷十七，葉五上。

58 《李賀詩集》，前引，頁二二〇。

59 朱熹（一一三〇～一二〇〇）《楚辭集注》（上海，上海古籍出版社，一九七九），卷三，頁五七。

60 同上。

61 參王氏《彙解》，見《三家評註李長吉歌詩》，前引，頁一二六；葉葱奇註釋，《李賀詩集》，前引，頁二二〇。

62 《抱朴子內篇》（《道藏》本，前引），卷十一，「仙藥」，葉一一下。

63 散見《抱朴子內篇》（《道藏》本，前引）以下各篇：「金丹」（卷四），「仙藥」（卷十一），「黃白」（卷十六）。

64 王琦說：「據文義，任公子是古仙人騎驢上昇者，然其事無考。」《彙解》，見《三家評註李長吉歌詩》，前引，頁一二六。葉葱奇也認爲「王說很是」。見《李賀詩集》，前引，頁二二〇。

65 《史記》（《二十五史》本，前引），卷六，「秦始皇本紀」說：「始皇崩於沙丘平臺，丞相（李）斯爲上崩在外，恐諸公子及天下有變，乃秘之，不發喪。棺載轀涼車中，……會暑，上轀車臭，乃詔從官令車載一石鮑魚，以亂其臭。」頁三一，（總頁三一）。

直呼「劉徹」、「嬴政」，而不稱「武帝」、「秦皇」，可見他是何等的鄙視這兩個皇帝的服藥求長生的行爲了。

又如《拂舞歌辭》：

樽有烏程酒，勸君千萬壽，全勝漢武錦樓上，曉望晴寒飲花露。㊅⑥

「烏程酒」，據《太平寰宇記》引《郡國志》，「古烏程氏居此，能醞酒，故以名縣。」⑰又《方輿勝覽》說：「烏程美酒。」⑱「漢武」指漢武帝。「錦樓」即彩樓，指神明臺。《三輔黃圖》記載：「神明臺，在建章宮中，祀仙人處。上有銅仙舒掌捧銅承雲表之露。」⑲《三輔故事》說：「建章宮承露盤，高二十丈，大七圍，以銅爲之，上有仙人掌承露，和玉屑飲之。」⑳「花露」，指和玉屑的露水——是一種丹藥，信以爲飲之可長生的丹藥。這四句的意思是，飲酒作樂比求神仙服丹藥好得多了。爲甚麼呢？因爲飲酒還可以自娛，求仙服藥只是白費工夫，漢武帝到頭來不是一樣死去！「全勝」二字眞是可圈可點。這幾句詩表面上是批評漢武帝，但實際上是暗刺憲宗。李賀認爲，妄求神仙和亂服丹藥有甚麼好處呢？還比不上飲酒作樂。《相勸酒》說：「人之得意且如此，何用強知元化心」㉑也是這個意思。

《崑崙使者》就更深入的諷刺憲宗了。它說：

崑崙使者無消息，茂陵煙樹生愁色。金盤玉露自淋漓，元氣茫茫收不得。㉒

前兩句上文已經解釋過了，大意說，派往通西域的使者還沒有消息回來，漢武帝就已經逝世了。「金盤」兩句是說武帝特設的承露盤雖載滿了如玉一般珍貴的露水，但卻收不得茫茫的天地中元始之氣。無元氣就不能長生，服食丹藥也是徒然的。然而，元氣不是食藥可以得到的，必須修心養性，淸心寡慾纔可以獲得。這一點，漢武帝當然做不到，唐憲宗也一樣做不到。

李賀也同時通過責罵秦始皇的求仙行爲去責罵憲宗。《白虎行》就是一個例子：

玉壇設醮思冲天，一世二世當萬年。燒丹未得不死藥，拏舟海上尋神仙。鯨魚張鬣海波沸，耕人半作征人鬼。[73]

第一、二句說秦始皇設醮求神，希望神能賜他一世二世的相傳下去，以至永遠。第三、四句說雖然煉丹，可是却得不到長生藥，故使人到海上求神仙。第五、六句說海上有鯨魚出沒，翻波倒海，把半數爲秦皇到海上求神仙的人都吞噬了。可見大批百姓的死亡起因是皇帝的「燒丹」。如果秦皇不妄想長生，不煉製丹藥的話，此般慘劇就不會發生了。憲宗的求仙煉丹不知耗費了多少物力、財力與人力！上文我們不是引用過憲宗的一句話嗎？他曾經說：「煩一郡之力而致神仙長年，臣子於君父何愛焉！」其中何止含有以柳泌爲臺州刺史之義那麼簡單？

---

66 《李賀詩集》，前引，頁二五〇。

67 宋樂史（九三〇～一〇〇七）《太平寰宇記》（臺北，文海出版社影印清刊本，一九六三），卷九四，「江南東道六——湖州」，葉三上。

68 宋祝穆（一二三九年前後生存）《方輿勝覽》（上海，上海古籍出版社據上海圖書館藏宋咸淳刻本影印，一九八六），卷四，葉三上。

69 《三輔黃圖》（《叢書集成初編》本，商務印書館，一九三五～三七），頁三〇～三一。

70 張澍（一七八一～一八四七）《三輔故事》（《叢書集成初編》本，前引），頁六。

71 《李賀詩集》，前引，頁二六三。

72 同上，頁三四六。

73 同上，頁三三八。

煉丹眞是害人不淺了，這可以《宮娃歌》爲佐證：

蠟光高懸照紗空，花房夜搗紅守宮。[74]

何謂「守宮」？《博物志》說：「蜥蜴，或名蝘蜓，以器養之，〔食〕以朱砂，體盡赤，所食滿七斤，治擣萬杵，點女人支體，終年不滅，唯房室事則滅，故號守宮。傳云，東方朔語漢武帝試之，有驗。」[75]因爲守宮身赤色，故曰「紅守宮」。「花房夜搗紅守宮」的意思是，晚上在華麗的房間裏，宮娃把紅守宮搗碎，作爲一種藥物，把它塗在自己的肢體上。此詩後面沒有鈔錄的幾句是敍述宮娃幽閉深宮的淒涼景況和思歸之苦。最後兩句說：「願君光明如太陽，放妾騎魚撇波去。」[76]「君」是指君主，君王，也就是皇帝。這兩句是說，希望皇帝如太陽一般的光明，遍照世人，不再使我處於幽暗之所，放我回家吧，就算只是騎魚撇波而去也是好的。

雖然紅守宮不是長生藥，但始終是一種藥物，是皇帝用來控制宮內女人的一種藥物。試想，這種藥物給她們帶來多大的痛苦啊！若非，李賀爲何在詩的一開始便點出「夜搗紅守宮」一事？最後又說宮娃哀求皇帝「放妾騎魚撇波去」呢？

《瑤華樂》一詩也談到求神仙服丹藥事，但這次却是咏穆天子，而不是秦始皇或漢武帝。詩云：

瓊鐘瑤席甘露文，元霜絳雪何足云。薰梅染柳將贈君，鉛華之水洗君骨，與君相對作真質。[77]

「元霜絳雪」，據《漢武帝內傳》說：「其次藥有……元霜、絳雪，……子得服之，白日升天。」[78]可知是兩種丹藥。「薰梅染柳」，王琦指出「似指仙藥而言。」[79]「鉛華之水」，《譚子化書》說：「術有火鍊鉛丹以代穀食者。」[80]「鉛華之水」就是指用水調和的鉛丹仙水。「眞質」，指長生不老之質[81]。這幾句的意思是，西王母拿甘露和元霜、絳雪一類的仙藥饗宴穆天子，並且賜以鉛華之水，爲他洗去凡質濁垢，使他成爲長生不老的神仙。姚文燮注此詩說：「秦皇、漢武屢見篇章，此又以穆王詠者，總之嘲求仙服丹之誤也。」[82]實際上嘲誰呢？應該是憲宗，李賀不過借古諷今而已。

求仙是一種妄想，服丹是一種糊塗事，因爲神仙是不可達到的，神仙根本就不存在，服丹又如何可以成爲神仙呢？以往的皇帝，如穆王、秦皇、漢武不是曾經服丹求仙嗎？不是終於失敗，如常人一般死去嗎？李賀在其一首咏馬詩明確的指出使人成仙的金丹根本上是製煉不到的：

武帝愛神仙，燒金得紫煙。[83]

所謂「燒金得紫煙」是說，製煉金丹終於不成功，只剩得一縷紫煙而已。也就是說，一切都化

---

74 同上，頁一一二。

75 張華（二三二～三〇〇）《博物志》（《古今逸史》本，前引），卷四，葉六下。

76 同74

77 同上，頁二六六。

78 傳東方朔（漢武帝時人）撰《漢武帝內傳》（《道藏》本，前引，冊一三七），葉七上～下。

79 《彙解》，見《三家評注李長吉歌詩》，前引，頁一四八。

80 譚景昇（五代時人）《譚子化書》（《道藏》本，前引，冊一一〇七），卷一，「鉛丹」，葉三上。

81 此爲王琦之說，同79。

82 《昌谷集注》，見《三家評注李長吉歌詩》，前引，頁二六八。

83 《李賀詩集》，前引，頁九九。

爲烏有。這首詩也是用來諷刺憲宗的。姚文燮說：「武帝燒金，終鮮成效。而憲宗尤津津慕之，必欲以上昇爲愉快。嗟嗟！漢廷之老師宿儒不減於唐，當時孰有謂愛神仙莫如武帝？究竟神仙安在？」⑭我同意他的看法。

李賀的詩篇屢次提到秦始皇和漢武帝，實際上它們內裏要說的是憲宗，只是李賀不敢直言而已。姚文燮很能體察到這一點，他說：

> 上則有英武之君，而又惑于神仙。有志之士，即身膺朱紫，亦且鬱鬱憂憤，矧乎懷才凡處者乎？賀不敢言，又不能無言。於是寓今托古，比物徵事，無一不為世道人心慮。其孤忠沉鬱之志，又恨不伸紙疾書，纚纚數萬言，如翻江倒海，一一指陳于萬乘之側而不止者，無如其勢有所不能也。⑮

賀之「不敢言」之痛苦和「不能無言」之苦心可想見矣！他的「不能無言」是表現在「寓今托古，比物徵事」的寫作技巧上和見於借諷刺秦皇、漢武來諷刺憲宗的方法上。這是迫於無奈的。

憲宗爲了服食求仙，不惜代價信方士、寵道士、召蕃僧。他們實際的工作是爲憲宗煉製丹藥。可是他們只不過是自欺欺人的江湖術士，並無眞實才能，只想取悅憲宗而獲得一些利益而已。李賀對他們極爲反感，故在不少詩篇裏諷刺他們、抨擊他們。上文引用過的咏馬詩已是一個很顯明的例子。詩的最後兩句說：

> 廄中皆肉馬，不解上青天。⑯

「廄中」一句表面上是說，皇帝廄中所養的不過是些癡肥的馬，實際的意思是說皇帝所招募的方士皆爲庸碌之輩。「不解」一句是說這些方士是不懂得昇仙之術的。

《仙人》一詩的矛頭更直接指向這些方士：

彈琴石壁上，翻翻一仙人。手持白鸞尾，夜掃南山雲。鹿飲寒澗下，魚歸清海濱。當時漢武帝，書報桃花春。[87]

前六句描寫仙人的清靜閒適的隱居生活。後兩句却是一個諷刺，說這些仙人當聽到漢武帝好神仙的時候，便來報告桃花開放了。桃花開放與好神仙有甚麼關係呢？據《漢武帝內傳》說，仙桃三千歲一開花，三千歲一生實[88]。食仙桃便可成仙。故此，「書報」一句的實在意思是，報告漢武帝仙桃已經開花，不久便有仙果可供食了。詩中所謂的「仙人」其實指方士，「漢武帝」指憲宗。姚文燮說：「元和朝，方士輩競趨輦下，帝召田伏元入禁中。賀言此輩修飾儀表，自謂仙侶，彈琴揮麈，妄栖禁苑。」[89]說得很對。這首詩是諷刺元和時代那些趨炎附勢求榮干祿的方士的，表面上他們是世外高人，與世無爭，其實却是一班俗物！

《神仙曲》一詩也提到仙人，姚文燮評論這首詩說：「元和朝，方士競遊輦下。賀深惡其荒唐怪誕，而作此以嘲之也。」[90]現將詩鈔錄如下，看看是否有此跡象：

碧峰海面藏靈書，上帝揀作仙人居。……春羅書字邀王母，共宴紅樓最深處。鶴羽衝風

---

84 《昌谷集注》，見《三家評注李長吉歌詩》，前引，頁二三二。
85 《昌谷詩注・自序》，見《三家評注李長吉歌詩》，前引，頁一九一～一九二。
86 同83。
87 《李賀詩集》，前引，頁二〇〇～二〇一。
88 《漢武帝內傳》，前引，葉三上。
89 《昌谷集注》，見《三家評注李長吉歌詩》，前引，頁二五二。
90 同上，頁二八五。

過海遲，不如却使青龍去。猶疑王母不相許，垂霧妖鬟更轉語。[91]

如果說這首詩沒有深層意義，沒有寄托的話，似乎是不夠客觀的，我不相信李賀純粹幻設神仙的生活而形諸文字，故我偏向同意姚文燮的看法，此詩是有嘲諷意味的。「上帝」我認爲是指皇帝，確切一點，是指憲宗。「仙人」就正如姚氏所說，指方士。爲甚麼拈出「王母」呢？我認爲這點最值得注意。《漢武帝內傳》說：「七月七日王母暫來也。……命侍女索桃。須臾，以盤盛七枚，大如鴨子形，色青，以呈王母，母以四枚與帝，自食三桃。」[92]大抵是因爲王母能以仙桃與帝，故「仙人」想盡方法去「邀王母」。仙桃是食之可以使人成仙之藥，「邀王母」的目的基本上是爲了仙藥。元和朝的方士不是想盡辦法去求仙藥嗎？此詩之嘲諷，實際上，也不是太晦昧的。全詩也不太難解，略有困難的也許是末尾一句。「垂霧」，指垂髮；「妖」是艷麗之意；「鬟」，猶小鬟，指女侍。全句意思是，遣派垂髮而艷麗之女侍去轉達邀請的誠意。

李賀抨擊方士、道士眞是不遺餘力的，試看這首《馬詩》（其二十二）：

汗血到王家，隨鸞撼玉珂。少君騎海上，人見是青騾。[93]

「汗血」指汗血馬，是一種良駒，能日行千里[94]。「鸞」與「鑾」同義，指鑾車，皇帝所乘的車。「玉珂」指綴在馬絡頭上的玉飾。李少君是漢武帝時的一個方士，《漢武帝外傳》說：「少君絕，……旣歛之，忽失其所在，中表衣帶不解，如蟬蛻也，於是爲殯其衣物。百餘日，行人有見少君在河東蒲坂市者，乘青騾。帝聞之，便發其棺。棺中無所復有，釘亦不脫，唯餘履在耳。」[95]「少君」兩句的意思是，若李少君騎着汗血馬在海邊馳走，人家還以爲是匹青騾呢！也就是說，連普通馬匹都不如了！可見李賀認爲方士受皇帝的優待對眞正有才能的人來說是一種不幸。換言之，身爲皇帝的實不應該寵信方士，方士的得寵和擁有權勢只會使到有才能的人不能施展抱負而已。

另外一首《馬詩》（其十九）是諷刺蕃僧的。詩云：

蕭寺馱經馬，元從竺國來。空知有善相，不解走章臺。96

「蕭寺」，據《釋氏要覽》，「今多稱僧居爲蕭寺者，必因梁武造寺以姓爲題也。」97「馱經馬」指僧人。「竺國」指天竺，即古時印度。上兩句不難解，意思是很直接明顯的。「善相」，即妙相、勝相，指佛法而言98。「章臺」指章臺街，在長安中，處於繁華鬧市；這裏泛指塵濁勢利之途。「空知」兩句的意思是，這些從天竺來的僧人但知有佛法而已，不懂得奔走塵濁勢

---

91 《李賀詩集》，前引，頁二三六。

92 《漢武帝內傳》，前引，葉一上～三上。賀詩《河南府試十二月樂詞・閏月》亦說：「王母移桃獻天子，……」，見《李賀詩集》，前引，頁四五。

93 《李賀詩集》，前引，頁九八。

94 《漢書》（《二十五史》本，前引），卷六，「武帝紀」云：「太初四年（公元前一〇一年）春，貳師將軍廣利斬大宛王首，獲汗血馬來。」引應劭（二世紀時人）注：「大宛舊有天馬種，蹋石汗血，汗從前肩膊出如血，號一日千里。」頁二一一（總頁三八五）。

95 傳東方朔撰《漢武帝外傳》（《道藏》本，前引，冊一三七），葉一一上。

96 《李賀詩集》，前引，頁九五。

97 宋釋道誠（一〇一九年前後生存）《釋氏要覽》（見日人高楠順次郎編《大正新修大藏經》，簡稱《大正藏》（東京，大正一切經刊行會，一九二四～一九三二），冊五四，編號二一二七），頁二六三。

98 採葉葱奇之說法，見《李賀詩集》，頁九六。

利之途的。本來僧人就應該如此——至少李賀相信如此。但，實際上他們却恰可相反，以能製造丹藥爲名，深入宮禁，胡作非爲，干求利祿！姚文燮很了解李賀的本意，他指出說：「憲宗召僧大通入宮禁，以鍊藥爲名。賀謂佛空知有善相耳，而章臺朝謁之地，豈出世之人所宜遊歷耶？走馬章臺，必非馱經之屬矣。」[99]李賀在詩中所用的自然是反諷手法。

方外之士，因爲能煉製丹藥而被皇帝寵信，在元和朝是有特殊地位的，是爲當時一般人所羨慕的。李賀深知一般人的心理，故寫下這篇詩去諷刺當時的道士：

松溪黑水新龍卵，桂洞生硝舊馬牙。誰遣虞卿裁道帔，輕綃一疋染朝霞。[100]

「龍卵」、「馬牙」是頗爲難解的。舊注認爲「龍卵」就是龍之卵，或蜥蜴之卵；「馬牙」就是馬牙硝，是陰極之精，形若凝石，其功能制伏陽精，消化火石之氣[101]。葉葱奇則認爲「『龍卵』、『馬牙』絕不是實指其物，只不過是用來比說另一蔬果，……『黑水龍卵』或指荸薺，或指鴨卵。……『馬牙』或指一種蔬菜，如馬齒莧之類，因爲嫌直說不典雅，字彙不華美，所以全用比喻。」[102]虞卿，《史記》說：「虞卿者，游說之士也。……既以魏齊之故，不重萬戶侯卿相之印，與魏齊間行，卒去趙，困於梁。魏齊已死，不得意，乃著書，上採《春秋》，下觀近世，……凡八篇，以刺譏國家得失，世傳之，曰《虞氏春秋》。」[103]又說：「虞卿非窮愁亦不能著書以自見於後世。」[104]詩中李賀實以虞卿自況。「道帔」，即道服。這首詩，如葉葱奇說：「上兩句是說寂處鄉里，採括山蔬野果以供食，下二句說，有誰會送一匹染成朝霞般的綃來讓我製成道服呢？」[105]問題是，爲什麼扯到「道服」上去呢？因爲道服代表了道士，而道士在當時是一個特殊階級。故此，這兩句的意思是，如果我是個道士的話，我就自然顯貴了，無須像虞卿一般窮愁著書了。表面上是歌頌道士，實際上是諷刺道士。道士有甚麼才能可言呢？

他們只不過欺騙憲宗，說自己會製煉丹藥而已。姚文燮對問題看得頗爲透切，說：「彼虞卿羈旅失志，窮愁著書，而欲求顯榮於當世，難也！若今日主上好神仙，凡有自言方士者，皆得驟貴。倘染霞綃作道帔，即可登諸岩廊，何用著書以自苦耶？」[106]可謂先得我心。

李賀的反神仙思想也表現在他不相信神靈存在這一點上。他清楚明白地在《苦晝短》一詩說：

食熊則肥，食蛙則瘦。神君何在？太一何有！[107]

上兩句是說人之生命是有它自己的規律的，正如「食熊則肥，食蛙則瘦」那麼自然和合理，並不是由於神靈主宰的。「神君」，是神的尊稱，《史記‧封禪書》說：「上（按：指漢武帝）

---

99 《昌谷集注》，見《三家評注李長吉歌詩》，頁二三一。
100 《李賀詩集》，前引，頁七一。
101 王琦《彙解》言之頗詳，見《三家評注李長吉歌詩》，前引，頁六四。
102 《李賀詩集》，前引，頁七一～七二。
103 《史記》（《二十五史》本，前引），卷七六，「虞卿列傳」，頁二六八～二六九（總頁二六八～二六九）。
104 同上，頁二六九（總頁二六九）。
105 《李賀詩集》，前引，頁七二。
106 《昌谷集注》，見《三家評注李長吉歌詩》，頁二二五。
107 《李賀詩集》，頁二一九。

求神者。」⑩「太一」，是天神中最尊貴者。《封禪書》又說：「天神貴者太一。」⑩《史記索隱》則認爲太一是北極神的別名⑩。漢武帝十分信奉神君、太一。李賀此處說的「神君」、「太一」是泛指天神而言。意思是，天神在那裏？太一怎會存在！言外之意是說一切的天神都是人們幻設出來的，他們根本是人們無中生有的。那麼，人們何必向神靈祈福蔭、求保佑呢？此詩所嘲諷的表面上是秦皇、漢武，其實是憲宗。（此點上文已及）。憲宗爲了追求長生不死，除了服食丹藥之外，還崇祀神靈，企圖求他們保佑。

神靈之外，與長生關係最密切的無疑是神仙了。或許，得到神仙的幫助，追求長生的人可「眞的」達致不死之境呢！至少服食求仙的人相信如此。憲宗是好神仙成癖的，李賀就在一些詩篇諷刺他與神仙攀上關係。如《馬詩》（其三）說：

> 忽憶周天子，驅車上玉山。……⑪

這裏的「周天子」表面上指周穆王，實指憲宗。「玉山」，據《山海經》，是西王母所居之地⑫。李賀借周穆王——曾「至於群玉之山」的周穆王以諷刺憲宗好神仙。玉山是實有的，但西王母那裏存在？找尋西王母是不會實現的。求神仙又那會實現呢？

另一首《馬詩》（其七）諷刺憲宗比較明顯，更喻有勸他不要尋求神仙之意。詩云：

> 西母酒將闌，東王飯已乾。君王若燕去，誰為拽車轅？⑬

「西母」即西王母，又稱金母；「東王」即東王公，又稱木公。是非常尊貴的神仙。被認爲是陰陽之父母，天地之本源，化生萬靈，育養群品。木公爲男仙之主，金母爲女仙之宗。長生飛化之士，昇天之初，先覲金母，後謁木公，然後昇三清，朝太上⑭。這首詩說西王母的酒將飲完了，東王公的飯已吃完了，倘若君王（指憲宗）想如周穆王赴宴的話，有誰會爲你牽車呢？

我的理解是這樣：既然西王母和東王公都沒有甚麼可提供給你君王了，去找他們又有甚麼用呢？就算眞的要去找他們，又有誰可幫你的忙呢？西王母和東王公根本是無法使人長生不死的，何必乞求他們呢？就算要乞求他們，果有方士、道士有能力助你達成願望嗎？

諷刺憲宗好神仙又可見於《上雲樂》一詩：

> 飛香走紅滿天春，……縫舞衣，八月一日君前舞。[115]

這首詩是諷刺憲宗的縱情聲色、驕奢無度的[116]。我們要特別指出的是「八月一日君前舞」一句。「八月一日」是甚麼日子呢？據姚文燮注，是「君王合仙方之日」[117]。唐韋應物（七三七～約

---

[108] 《史記》（《二十五史》本，前引），卷二八，頁一七五（總頁一七五）。
[109] 同上。
[110] 同上。
[111] 《李賀詩集》，頁八三。
[112] 袁珂《山海經校譯》，前引，卷二，「西山經」，頁三一。
[113] 《李賀詩集》，頁八六。
[114] 西王母神話，可參宋李昉（九七八年前後生存）等撰《太平廣記》（臺北，藝文印書館，一九七〇），卷五六，「西王母」條，葉一上～三上；東王公神話，可參同書，卷一，「木公」條，葉五上～下。
[115] 《李賀詩集》，前引，頁二四四。
[116] 採葉葱奇的解說，同上，頁二四五。
[117] 《昌谷集注》，見《三家評注李長吉歌詩》，前引，頁二六三。

七九〇）詩說：「世間絲翠亦作囊，八月一日仙人方。」[118]可以爲證。「方」就是道之意，「君王合仙方」即皇帝與神仙合道的意思。這自然是迷信的事，李賀怎會相信？他只不過是諷刺憲宗好神仙而已。《章和二年中》一詩也是諷刺憲宗好神仙的：

遊春漫光塢花白，野林散香神降席。拜神得壽獻天子，七星貫斷姮娥死。[119]

前兩句寫農民生活，說他們在春天往郊外漫遊和到野林中的廟宇進香拜神。後兩句說，「農人把時和年豐歸功於皇帝，所以求神保佐天子長壽，希望他活到北斗斷散、嫦娥老死」[120]。但，北斗是神，那會斷散；嫦娥是仙，那會老死？意思是希望天子長生不死。這裏的「天子」指憲宗。如果他不是好神仙和追求不死的話，農民又怎會投其所好，「拜神得壽獻天子」呢？李賀又一次的諷刺憲宗迷信神仙。

基本上，迷信神仙是當時普遍的社會現象。一般百姓雖不一定如憲宗一樣向神仙求長生，但祈福禳災大抵是他們希望從神仙得到的。李賀在一些詩篇裏便直接描寫或間接反映當時一般人民崇祀神仙的事實。例如《昌谷詩》吧，它就有這樣的描述：

紆緩玉真路，神娥蕙花裏。……高明展玉容，燒桂祀天几。霧衣夜披拂，眠壇夢真粹。[121]

這一段是敍說神女祠的。「玉眞」猶云玉女，指蘭香神女。「神娥」亦是指蘭香神女。首兩句說迂迴曲折的路徑指向神女祠，而它深藏在蘭蕙叢中。「玉容」指神女之容貌；「天几」，據原注，指神女在山昇天處所遺下之几[122]。「眞粹」，即眞一精粹，指神女。這四句的意思是，「趨向高山，展謁女神，焚香致敬後，披拂衣袂，寄宿神祠，緬想着神的靈明，彷彿見到了一般。」[123]這首詩應該是李賀「歸昌谷山居即事而作」[124]的，其中所寫的是李賀所見所爲和所想。上引的一段自然應該是他的親身經歷。但，這是否與李賀的一貫反神仙思想有矛盾呢？我認爲沒有。「入廟拜神」是隨俗的事。他只不過對神尊敬而已，不可以解說爲迷信或好神仙的表示的，正如一般沒有宗教信仰的人進入寺廟，道觀或教堂便自然地向裏面的神像施禮一樣，其中是絕對無迷信的成份在內的，更不要說想着要成仙成佛或進入天國了。一個有着強烈的反神仙思想的高級知識份子對神仙的態度尚且如此尊敬，一般百姓對他們的態度可想而知了。又如《蘭香神女廟》一詩，李賀對神女的態度已由尊敬變而爲欣賞讚歎了：

密髮虛鬟飛，膩頰凝花匀。團鬢分珠窠，濃眉籠小唇。弄蝶和輕妍，風光怯腰身。[125]

這幾句話把神女像的妍華秀麗描寫得淋漓盡致。我相信一般人迷信神仙或好神仙跟神仙的美麗面貌和優美體態有很大的關係。如果人能成仙的話，他不獨可以長生不死，更能青春常駐——在女性來說就能永遠美艷如花，這樣，誰人不想成爲神仙呢？再看《貝宮夫人》一詩：

丁丁海女弄金環，雀釵翹揭雙翅關。六宮不語一生閑，高懸銀牓照青山。長眉凝綠幾千

---

118 見《全唐詩》（上海，上海古籍出版社，一九八六），上冊，頁四五六。韋應物詩內有《漢武帝雜歌》三首，此兩句出自第二首：「全莖孤崎兮凌紫煙，漢宮美人望杳然，……」

119 《李賀詩集》，前引，頁二二二。

120 採葉葱奇之說，同上，頁二二三。

121 《李賀詩集》，前引，頁二二八。

122 原注說：「谷與女山嶺阪相承，山卽蘭香神女上天處也。遺几在焉。」同上注。

123 採葉葱奇之說，同上，頁二三三。

124 採姚文燮之說，《昌谷集注》，見《三家評注李長吉歌詩》，前引，頁二五九。

125 《李賀詩集》，前引，頁二八四。

> 年，清涼堪老鏡中鸞。秋肌稍覺玉衣寒，空光帖妥水如天。[126]

貝宮夫人，或以為是龍女，或以為是海神[127]。無論是甚麼神，這首詩總是為歌頌神而寫的，說得正確一點，是為歌頌神像而寫的。尤其是後四句，描寫神像清淨無慾，形影長存[128]。比較難明白的是「清涼堪老鏡中鸞」一句，但王琦卻解說得很清楚，他說：「謂神無有匹偶。孤鸞覩鏡中之影，哀鳴而死；今神以清淨為心，無有情慾，鏡中鸞影常存，安有老期？」[129]

以上三首詩——《昌谷詩》、《蘭香神女廟》和《貝宮夫人》直接或間接地反映出唐代李賀生存時期一般人民對神仙的心態，通過對神仙的尊敬或欣賞的描寫，可以看出崇拜或奉祀神仙是當時的共同好尚。李賀對神仙是隨俗地尊敬的、欣賞的、讚歎的，但只停留在這層面上；他絕對不像憲宗，他從來沒有祈求神仙使他長生不老，使他永遠不死。況且，在他的心底深處，神仙是根本不存在的。《有所思》一詩有這麼兩句：

> 白日蕭條夢不成，橋南更問仙人卜。[130]

「問仙人卜」是否表示李賀迷信仙人呢？其實這裏說的「仙人」是指方士或道士而言，也就是我們常說的「卜卦先生」，而不是指受百姓崇祀的神仙。如果以這句詩指說李賀是迷信神仙的話，是很不合理的。至少誤解了本來的意思。

其實，李賀那裏是個迷信的人呢？他連最流行的打醮都不相信。試看這篇《綠章封事》詩：

> 綠章封事諮元父，六街馬蹄浩無主。虛空風氣不清冷，短衣小冠作塵土。金家香衖千輪鳴，揚雄秋室無俗聲。願攜漢戟招書鬼，休令恨骨填蒿里。[131]

意思是，道士上告天帝表章，說由於長安城中人烟繁盛，氣候酷熱，病疫流行，以致很多老百姓死去。這是道士打醮的原因。詩隨着指出富貴的人家依然盡情享受，門前車馬絡繹不絕，而可憐的是那些書生寒儒，他們的室中則連一點俗世的歡樂聲也沒有。李賀很同情這些讀書人，他說願拿漢戟來招他們的魂魄，不要讓他們的恨骨長埋蒿里！這詩很顯明的反映出李賀對打醮的看法：打醮是無濟於事的，一般百姓和書生寒儒仍然是默默的死去。相信打醮有效用的，只是一種不切實際的迷信而已！

同時，李賀也不迷信當時已成爲風尚的巫術，在好幾篇詩裏，他不獨描繪唐朝尚巫的風氣，更對之大加諷刺。姚文燮注《神絃曲》說：「唐俗尚巫。肅宗朝王璵以禱祠見寵，帝用其言，遣女巫乘傳，分禱天下名山大川。巫皆美容盛飾，所至橫恣賂遺，妄言禍福，海內崇之，而秦風尤甚。賀作三首以嘲之。」[132]姚氏所說的三首是：《神絃曲》、《神絃》和《神絃別曲》。其中以《神絃》一篇諷刺得最爲明顯：

女巫澆酒雲滿空，玉爐炭火香鼕鼕。海神山鬼來座中，紙錢窸窣鳴颷風。相思木帖金舞

126 同上，頁二八三。

127 葉葱奇說：「案貝宮夫人不知究是何神。吳正子和曾益認爲是龍女，姚文燮認爲海神，無非就『貝宮』兩字和詩裏的語意出以推測。」同上。

128 見葉葱奇疏解，同上，頁二八四。

129 《彙解》，見《三家評注李長吉歌詩》，前引，頁一五五。

130 《李賀詩集》，前引，頁三四〇～三四一。

131 同上，頁三一。

132 《昌谷集注》，見《三家評注李長吉歌詩》，前引，頁二七五。

鸞，攢蛾一啑重一彈。呼星召鬼歆杯盤，山魅食時人森寒。終南日色低平灣，神兮長在有無間。神嗔神喜師更顏，送神萬騎還青山。[133]

這篇詩描繪了女巫做法事召鬼神的過程，非常生動，藝術技巧相當高。我們最要注意的是「神兮常在有無間」和「神嗔神喜師更顏」兩句。「神兮」一句表示李賀對神的存在深表懷疑，究竟有神無神，始終是得不到證實的，他們永遠是在若有若無之間。「神嗔」一句更把李賀的懷疑落實了，他確切地認爲神的發怒和喜悅只看巫師的變換臉色而已。言下之意是，神的存在是決定於巫師的行爲。巫師就代表了神，巫師就是神！眞正的所謂神根本上是不存在的。神的存在只是巫師騙人的把戲！「神嗔」一句實是對尙巫的一大諷刺，亦是對相信神存在的一大諷刺。

又試看《神絃曲》[134]吧，詩中所寫的是女巫祈請天神降臨和後者驅妖降怪的情況，其實都是騙人的。「畫絃素管聲淺繁，花裙綷縩步秋塵」兩句把女巫作法騙人的把戲描繪得活靈活現。至於《神絃別曲》[135]，其諷刺雖然比較隱晦，但，正如姚文燮說：「總以形容巫之荒誕，而崇之者愚昧，深信以望福之自來，大可笑也。」[136]本來，這篇詩是「巫以爲神臨去而作此以別」[137]的，但，神有無眞的離去呢？「蜀江風澹水如羅，墮蘭誰泛相經過。」「誰」字就表示不能確知有無了。既然如此，神有無來過自然也成問題了。所以李賀在此詩的末尾說：「南山桂樹爲君死，雲衫淺汚紅脂花。」意思是，人們所能看見的，只是山頭的丹桂樹開着紅花——花色彷彿是神的衣衫所染，直到枯朽，永在山頭[138]。除此之外，還能看見甚麼呢？神那裏曾經出現過？連影子都看不到。

唐人尙巫是由於迷信使然，李賀反對迷信，自然反對尙巫了。

在李賀的詩歌裏，有若干篇是提到藥物的。藥物與生存，甚至長生，有很密切的關係，所以頗容易使人誤會李賀也是服藥求長生的。但，事實上並不如此。我們姑且拿《南園十三首・其十一》來看看：

長巒谷口倚嵇家，白晝千峰老翠華。自履藤鞋收石蜜，手牽苔絮長蓴花。139

「嵇家」指晉代的嵇康（二二三～二六二），實托嵇康以相況。「石蜜」，《圖經衍義本草》說：「石蜜，即崖蜜也。其蜂黑色，似虻，作房於巖崖高峻處或石窟中，人不可到，但以長竿刺，令蜜出，以物承之，……味醶色綠，入藥勝於他蜜。」140葉葱奇認爲「此處指蜂蜜。」141

133 《李賀詩集》，前引，頁二七五。

134 《曲》詞如下：「西山日沒東山昏，旋風吹馬馬踏雲。畫絃素管聲淺繁，花裙綷䌨步秋塵。桂葉刷風桂墜子，青狸哭血寒狐死。古壁彩虯金帖尾，雨工騎入秋潭水。百年老鴞成木魅，笑聲碧火巢中起。」見《李賀詩集》，前引，頁二七三。

135 《曲》詞如下：「巫山小女隔雲別，春風松花山上發。綠蓋獨穿香徑歸，白馬花竿前孑孑。蜀江風澹水如羅，墮蘭誰泛相經過。南山桂樹爲君死，雲衫淺汚紅脂花。」同上，頁二七六～二七七。

136 《昌谷集注》，見《三家評注李長吉歌詩》，前引，頁二七〇。

137 同上。

138 參看葉葱奇疏解，《李賀詩集》，前引，頁二七七。

139 同上，頁七〇。

140 宋寇宗奭編纂《圖經衍義本草》（《道藏》本，前引，冊五三六～五五〇），卷三一，葉二上。

141 見葉葱奇注釋，《李賀詩集》，前引，頁七〇。

甚對。「苔絮」，水中青苔，初生如亂髮，積久日厚，狀如胎絮，網絆蒓菜，不能生長[142]。「蒓」，蔬類植物，葉橢圓，下有長莖，莖和葉上附有黏液，以作羹湯，清滑可口，夏日開紅紫色小花[143]。石蜜和蒓菜都可視爲藥物。如果根據詩的表層意義看，那麼李賀不是採藥和種藥以求服之得長生不老嗎？姚文燮便有類似的看法：「賀謂身當此際，宜始終深谷，放懷古今，惟精導氣栖神之術，采藥窮年。安知人世之嶮巇乎？」[144]我認爲「收石蜜」和「長蒓花」不過是寫出李賀過着簡單的田園生活而已，與「導氣栖神之術，采藥窮年」是沒有關係的。

李賀根本上是不相信有食之可以使人長生之藥的。《帝子歌》便這樣指出說：

九節菖蒲石上死，湘神彈琴迎帝子。[145]

古詩說：「石上生菖蒲，一寸八九節。仙人勸我餐，令我好顏色。」[146]故此，菖蒲是一種仙藥，或說成長生藥。但，如今李賀說：「九節菖蒲石上死。」仙藥自己都枯死了，那又怎會令人長生呢？姚文燮注解這首詩說：「元和十一年（八一六）秋，葬莊憲皇太后。時大水，饒州奏漂失四千七百戶。賀作此譏之。云憲宗采仙藥求長生，而不能使太后少延。『九節菖蒲石上死』，則知藥不效矣。」[147]看姚氏所注，則我們更加堅信李賀是不相信有仙藥這回事的。以前的秦始皇、漢武帝和唐代前期的太宗、高宗和玄宗都曾經想盡辦法去求長生不死，如果眞的有仙藥可采的話，他們早已采而服之而成仙了！其實，世間上那裏有仙藥存在。

李賀的詩歌，經過以上的分析討論，已頗能全面地顯示出其中的反神仙思想。我們也應該據此而可以說，李賀詩歌中存在着反神仙思想是肯定的。但，與此同時，李賀也寫出一些歌頌神仙或讚歎仙境的詩篇。這樣，是否與他的反神仙思想有牴觸呢？上文我們已指出過，李賀對神仙只停留在尊敬和欣賞的層面上；而且，他所尊敬和欣賞的神仙是一般百姓崇祀的神明，並不是那些自欺欺人的江湖術士和道士。李賀所尊敬和欣賞的是貝宮夫人、蘭香神女一類的神明，絕不是李少君一類的神仙，更不是「彈琴石壁上」和「手持白鸞尾」[148]的所謂仙人——他們根本上是方士或道士，那裏是甚麼仙人！

至於李賀的讚歎仙境的詩篇，只是他幻設神仙的快樂生活的產物。這類作品以《天上謠》、《瑤華樂》兩篇最具代表性。它們是「遊仙詩」一類的詩篇。先看《天上謠》：

天河夜轉漂迴星，銀浦流雲學水聲。玉宮桂樹花未落，仙妾採香垂珮纓。秦妃卷簾北窗曉，窗前植桐青鳳小。王子吹笙鵝管長，呼龍耕煙種瑤草。粉霞紅綬藕絲裙，青洲步拾蘭苕春。……[149]

詩中從第三句到第十句都是描寫天上神仙的生活，或採桂花作佩囊，或捲窗簾看曉色，或吹笙

---

142 參王琦《彙解》，見《三家評注李長吉歌詩》，前引，頁六四；又參葉葱奇注釋，《李賀詩集》，前引，頁七〇。

143 參葉葱奇注釋，同上。

144 《昌谷集注》，見《三家評注李長吉歌詩》，前引，頁二二五。

145 《李賀詩集》，前引，頁五二。

146 轉引王琦《彙解》，見《三家評注李長吉歌詩》，前引，頁五六。

147 《昌谷集注》，見《三家評注李長吉歌詩》，前引，頁二一九。

148 見《仙人》一詩，《李賀詩集》，前引，頁二〇〇～二〇一。

149 同上，頁四六。

150 參葉葱奇疏解，《李賀詩集》，前引，頁四七。

娛樂，驅龍耕種，或採摘春花，閒自賞玩[150]，總是無憂無慮、快快樂樂的生活着。再看《瑤華樂》：

> 穆天子，走龍媒。八轡冬瓏逐天迴，五精掃地凝雲開。高門左右日月環，四方錯鏤稜層殷。舞霞垂尾長盤跚，江澄海淨神母顏。施紅點翠照虞泉，曳雲拖玉下崑山。列旆如松，張蓋如輪。金風殿秋，清明發春。八鑾十乘，矗如雲屯，瓊鍾瑤席甘露文，元霜絳雪何足云。……[151]

這首詩是幻設穆天子和西王母的無拘無束及異乎凡人的奢華生活。通過這類詩篇，我們大抵可以察覺到李賀是頗爲陶醉於神仙的生活的。也許，由陶醉而產生渴望。陶醉於無憂無慮、無拘無束，甚至豪華的神仙生活是很自然的事，試問誰人不喜歡看到甚至體驗這樣快樂的生活呢？渴望擁有這樣的生活也沒有不對，世上大概沒有人是不希望過着優悠自在的生活的吧。李賀是一介寒士，生活清苦，偶然幻想一下如神仙般的快樂生活是尋常不過的事，我們也許不應該就因此說他追求神仙，況且，他實際上沒有從事過具體的追求。他從來沒有煉丹，沒有服食，更沒有相信方士和道士，連迷信拜神和巫術都沒有。極其量，我們只可以說，他愛幻想神仙生活和仙境，因爲他對幻覺世界特別敏感[152]，但是，對於世人，尤其是皇帝，要眞實地擁有神仙生活或達到仙境而作出的種種行爲，如煉丹、服食、求神、迷信方術……等等却痛心切齒！他的態度是極端反對的。

最後，讓我們看看李賀的名篇《夢天》一詩：

> 老兔寒蟾泣天色，雲樓半開壁斜白。玉輪軋露溼團光，鸞珮相逢桂香陌。黃塵清水三山下，更變千年如走馬。遙望齊州九點烟，一泓海水杯中瀉。[153]

這是說李賀自己夢登天上的詩篇。前四句描寫他夢入月宮與仙人相逢的情景，正是李賀愛幻想仙境的寫照。五、六句寫滄海桑田的變遷，表示了李賀對世間事物變幻無常的看法。由這無常感而產生出生命不長存、丹藥不可靠、神仙不可求……的反神仙思想。（此點上文已及）最後兩句也不過是指出世上一切都是很渺小的，沒有甚麼值得珍貴。由此而引伸之，人的生命在天壤之間只不過是一點烟塵而已，何必浪費精神、時間、財物去尋求終不可獲得的長生不死呢？

我覺得《夢天》一篇頗能具體而微的透露出李賀的愛幻想仙境，和更重要的，反神仙思想的特色。

---

151 同上，頁二六六。

152 可參今人黃永武《透視李賀詩中的鬼神世界》一文，見黃著《中國詩學・思想篇》（臺北，百流圖書公司，一九八〇），頁二〇三～二二二，尤其是頁二一一～二二二。

153 《李賀詩集》，前引，頁二八。

全眞七子詞述評

宋金之際，咸陽（陝西省）王重陽（一一一二～一一七〇）創立的全眞教❶，經過他的七大弟子——世稱「全眞七子」——馬鈺（一一二三～一一八三）、譚處端（一一二三～一一八五）、王處一（一一四二～一二一七）、劉處玄（一一四七～一二〇三）、丘處機（一一四八～一二二七）、郝大通（一一四〇～一二一二）和鈺妻孫不二（一一一九～一一八二）❷的大

---

❶ 有關王重陽創立全眞敎的事蹟，可參看陳垣《南宋初河北新道敎考》（北京：中華書局，一九六二），卷一《全眞篇上》「全眞敎之起源第一」，頁一～六；姚從吾《金元全眞敎的民族思想與救世思想》，見姚著《東北史論叢》（臺北：正中書局，一九五九），（下），頁一七五～一八三。

❷ 全眞七子的材料概見元樗櫟道人（秦志安）《金蓮正宗記》（《道藏》，冊七十六。《道藏》分正續兩部分。正藏編成於明正統年間（一四三六～一四四九），刊行於一四四四或一四四五年。續藏編成於萬曆三十五年（一六〇七）。一九二四至一九二六年上海涵芬樓影印的《道藏》是北京白雲觀所藏的明刊正續全藏，共一千一百二十冊。一九七七年臺灣新文豐出版公司據涵分樓本影印出版，名《正統道藏》，精裝成六十鉅冊；又「總目錄」一冊，最便於檢覽。）卷三～五；元劉天素謝西蟾《金蓮正宗仙源像傳》（《道藏》，冊七十六），葉十八上～四十三上；元李道謙《七眞年譜》（《道藏》，冊七十六）；元趙道一《歷世眞仙體道通鑑續編》（《道藏》，冊一四九），卷一，葉十二上～二十三上；卷二，葉一上～二十二上；卷三，葉一上～八上；趙道一《歷世眞仙體道通鑑後集》（《道藏，冊一五〇），卷六，葉十五下～十九上；李道謙《甘水仙源錄》（《道藏》，冊六一一～六一三），卷一，葉十四上～三十一下；卷二，葉一上～二十五下。

力宏揚後，在金元兩代大爲流行。當時新興的道教雖有三大派別：全眞、眞大道和太一❸，但以全眞教最受歡迎，流行程度遠遠的超過其餘兩派。這自然與當時的政治環境和社會需要關係至鉅，但得到知識分子的大力支持，全眞道士本身又具備了堅毅不拔的精神，這兩點却也不容忽視❹。

我更認爲全眞各位宗師的努力著作以宣揚教義亦是造成全眞教在金元時代流行的一個重要因素。王重陽和全眞七子的著作頗爲豐富，內容也相當廣泛，有闡述全眞教義的，有談論身心性命修煉的，有涉及一般人生哲理的，有注解古經的，有編纂山誌的，也有吟風弄月、遣興述懷的。在形式方面，有論說式的，有語錄體的，有注解式的，也有詩、詞、歌、賦一類的文藝作品。他們的著作，除了孫不二的以外，都見於明代的《道藏》，而且大部分見於《道藏》裏的「太平部」❺。王重陽的著作我在這裏不作進一步的論述（因爲不在本文研究的範圍），就全眞七子的著作來說，《道藏》就收錄了不少：馬鈺有六種，譚處端一種，王處一二種，劉處玄三種，丘處機四種，郝大通一種❻。孫不二的著作只見錄於淸代的《道藏輯要》❼，亦有二種❽。

以上全眞七子的著作，我只打算談詞的部分，而實際上各人集子裏詞的作品亦爲數不少。據我統計所得，馬鈺有詞八百六十首，譚處端一百五十四首，王處一九十五首，劉處玄六十四首，丘處機一百三十六首。（見於其他書籍的不計在內。）郝大通在《道藏》裏的著作沒有收詞在內，只有一些談道的文字和金丹詩。

以往的詞學叢書或詞總集很少收錄道家的作品，全眞七子之中習慣只收丘處機《磻溪詞》一種，如朱祖謀（一八五七～一九三一）編的《彊村叢書》和近人陶湘編的《涉園景宋金元明本詞續刊本》就是如此。六十年代饒宗頤編《詞籍考》，已注意到全眞派的詞集。全眞七子的詞集，如馬鈺的《丹陽詞》、劉處玄的《仙樂集》、譚處端的《水雲集》、王處一的《雲光集》和丘處機的《磻溪集》都在考究的範圍之內❾。七十年代末，北京中華書局出版的《全金元詞》（唐圭璋編），更擴大了輯錄的範圍，把現存全眞七子的詞悉數刊出❿。他們的作品總計有：

馬　鈺	八百八十一首
譚處端	一百五十六首
王處一	九十五首
劉處玄	六十五首
丘處機	一百五十二首
郝大通	二首
孫不二	二首

共計一千三百五十三首。《全金元詞》共錄了金元兩代詞人二百八十二位，詞作七千二百九十

❸ 參明宋濂（一三一〇～一三八一）等撰《元史》（《二十五史》本，冊九，上海古籍出版社，一九八六），卷二〇二，《釋老傳》，頁五二三～五二五（總頁七七五五～七七五七）。

❹ 此中大概情況可參看陳垣《南宋初河北新道教考》卷一及卷二，即《全眞篇上》及《全眞篇下》，頁一～八〇。也許從其小標題已可窺見一二：「全眞教之起源」、「教徒之制行」、「殺盜之消除」、「士流之結納」、「藏經之刊行」、「教史之編纂」、「人民之信服」、「婦女之歸依」、「官府之猜疑」、「焚經之

厄運」、「末流之貴盛」……。全眞道士的堅毅精神最能見於丘處機「雪山講道」一事：金宣宗興定三年（一二一九，即蒙古成吉思汗（元太祖）十四年，時丘處機七十二歲），居萊州（今山東省掖縣）昊天觀，成吉思汗自乃蠻命近臣劉仲祿至萊州求之。明年處機應召北行，歷數載而始達雪山，覲見成吉思汗於行在。前後爲太祖講道凡三次，拳拳以好生戒殺爲勸。時太祖行在設大雪山之陽，故史稱處機之講道爲「雪山講道」。參《元史》，卷二〇二《釋老傳》，頁五二四～五二五（總頁七七五六～七七五七）。有關此段事蹟的研究可參看姚從吾《元邱處機年譜》，《東北史論叢》（下），頁二三七～二四七。

❺《道藏》所收的典籍本分爲七大部分，即所謂「三洞四輔」。「三洞」即洞眞、洞玄、洞神；「四輔」即太玄、太平、太清、正一。本來「三洞」的分類是以教派的不同爲原則的，而「四輔」則是「三洞」的輔助，但後來因爲道書太多，以致分類逐漸淆亂，界限已不是那麽的清楚了。「太平部」收錄的道書共六十六種，即上海涵芬樓影印本第七四六～八三三冊。

❻今依照翁獨健編《道藏子目引得》（《哈佛燕京學社引得》叢書，臺北：成文出版社影印，一九六六）「撰人引得」的次序列出如下：

馬　鈺：1.《丹陽眞人直言》，冊九八九。
2.《丹陽眞人語錄》（王頤中集），冊七二八。
3.《丹陽神光燦》一卷，冊七九一。
4.《自然集》一卷，冊七八七。（按：實非馬鈺所撰，詳下文。）
5.《漸悟集》二卷，冊七八六。
6.《洞玄金玉集》十卷，冊七八九～七九〇。

譚處端：1.《譚先生水雲集》三卷，冊七九八。

王處一：1.《西嶽華山誌》一卷，冊一六〇。
2.《雲光集》四卷，冊七九二。

劉處玄：1.《黃帝陰符經註》一卷，冊五七。

2.《無爲清靜長生眞人至眞語錄》一卷，冊七二八。

3.《仙樂集》五卷，冊七八五。

丘處機：1.《大丹直指》二卷，冊一一五。

2.《青天歌》（王道淵註釋），冊六〇。

3.《長春子磻溪集》六卷，冊七九七。

4.《長春眞人西遊記》二卷（李志常撰），冊一〇五六。

郝大通：1.《太古集》四卷，冊七九八。

分見《子目引得》，頁一二〇，一三一，一一七，一三九，一一八，一三四。

❼《道藏輯要》的最初本子可能是清初人彭定求（一六四五～一七一九）所編的，到一七九六～一八二〇年得以刊行，編者却爲蔣予蒲。一八二一至一九〇〇年間，曾兩次刊刻；至一九〇六年，四川成都二仙庵重刊，編者爲賀龍驤與彭瀚然，共收道書二百八十七種，二百四十五冊。參看 Professor Liu Ts'un-yan, "The Compilation and Historical Value of the *Tao-tsang*", in Leslie, D.D. and others *ed., Essays on the Sources for Chinese History* (Australian National University Press, Canberra, 1973), pp. 107-110.

❽此兩種爲：《孫不二元君法語》、《孫不二元君傳述丹道秘書》，俱見《道藏輯要》，胃集七。一九七一年，臺北：考正出版社影印成都二仙庵本，分爲二十五冊，孫不二兩著作則見於第十五冊，總頁六八二六～六八三一。

❾見《詞籍考》，（香港：香港大學出版社，一九六三），卷七，頁二七四～二七六、二八二～二八四。

❿七子的作品俱見該書上冊，頁二六七～四七九。《全金元詞》出版於一九七九年。又本文所引用七子之作全據此詞集。爲讀者方便，在正文徵引詞作時，兼注出原集（《道藏》本）何卷何頁及《全金元詞》何冊何頁。

三首⑪。以百分比來計算，全眞七子只是金元兩代全部詞人的百分之二點四八，而他們的詞作竟達兩代全部作品的百分之一八點五五！作品不可謂不豐富了。這一份豐富的文學遺產如果不加以硏究，實在是很可惜的。

全眞七子詞自有其特別之處。

那麼全眞七子詞究竟有些甚麼特色呢？首先我們從內容來探討。全眞七子詞既然是道士的作品，內容自然是談道說教。但是他們如何去達成這個目標？是否一本正經的標出一個題目去大作文章，抑或通過別的方法去表達他們的理想，這是値得硏究的問題。從他們的詞集看，兩種方法都曾用到，而後者則較諸前者爲多。他們大都以述懷、詠物、贈送、酬謝、遣興、歎世之類的方法去說教談道⑫，也許是因爲這樣旣容易深入人心而收效也較大吧。實際上在他們每一家的作品裏，絕大部分的篇幅都是用來說教的，寫景抒情的篇章就非常少見，如馬鈺的作品就差不多全是說教的；更有不少篇章特意標出說教論道的題目，大事發揮一番，如《滿庭芳》的《覺覺覺》、《離苦海》、《論金玉》、《處自然》、《刀圭法》、《證仙果》、《覺前非》、《懷修鍊》、《悟生死》、《自破坐》、《降心魔》、《忍忍忍》、《得眞樂》等就是。藉詞來說教論道，其藝術性的低落自是意料中事，所以在七子的詞作中，除了丘處機的《磻溪詞》較有文學氣息之外⑬，其餘的都質樸劣掘，往往令人讀之生厭。不過，他們的精神不是在乎文字，而是在乎內容；目的是說教，不是作文章。故此我們應該從實用方面去看全眞詞，倘若以文學的尺度去量度它，就不大適宜了。

全眞七子詞的主要內容是宣揚全眞教義。而全眞教義的中心思想則是主張儒、釋、道三教合一⑭。這思想在七子詞中都有相當的顯示和發揮。現在試舉一些例子來看看：

清心鏡・詠三教門人 馬鈺

九陽數，盡通徹。三教門人，作離巢穴。探春時、幸得相逢，別是般懽悅。也無言，

---

⑪ 此兩數字見《全金元詞》「出版說明」（中華書局編輯部，一九七九年六月）。

⑫ 他們的做法大概是受了師父王重陽的影響。王氏作的詞見《重陽全眞集》（《道藏》，冊七九三～七九五），卷三至卷九，卷十一至十三；《重陽教化集》（《道藏》，冊七九五～七九六）；《重陽分梨十化集》（《道藏》，冊七九六），共計六百餘篇。唐圭璋又從《終南山石刻》、《金蓮正宗記》、《鳴鶴餘音》（《道藏》，冊七四四～七四五，元彭致中集）輯錄若干首，存詞總共六百七十五首，見唐氏《全金元詞》，上冊，頁一六二～二六七。有關重陽詞的研究可參拙文《全眞教祖王重陽的詞》，見 *Journal of Oriental Studies*（《東方文化》），（Centre of Asian Studies, University of Hong Kong），Vol. XIX, No. 1 (1981), pp. 29-43.

⑬ 《磻溪詞》存詞共一百五十二首，見《全金元詞》，頁四五二～四七九。有關《磻溪詞》的研究可參拙文《丘處機的〈磻溪詞〉》，見《香港大學中文系集刊》（香港大學中文系），第一卷第一期（一九八五），頁一三七～一六三。

⑭ 此點可以全眞教祖王重陽的言行爲證。金源璹《終南山神仙重陽眞人全眞教祖碑》云：「眞人勸人誦《般若心經》、《道德清靜經》及《孝經》。」見《甘水仙源錄》，卷一，葉八上。《般若心經》、《道德清靜經》（按：也許指《道德經》和《常清靜經》）、《孝經》分別爲釋、道、儒三教的經典，可見全眞教是三教合一的。同《碑》又說王重陽「凡立會必以三教名之……」，如三教七寶會、三教三光會、三教玉華會、三教平等會等等。見《甘水仙源錄》，卷一，葉六下～七上。考王重陽、全眞七子及後來全眞道士的詩文詞集每多論述三教之作。

也無說。執手大笑，無休無歇。覺身心、不似寒山，這性命拾得。（《洞玄金玉集》，卷八，葉二十三上；《全金元詞》，上冊，頁三七一）

滿庭芳・贈盧宣武 王處一

日裏金雞，月中玉兎，變通玄象盈虧。無形斡運，三界現慈悲。長養諸天大地，資三教、天下歸依。真明了，觀天之道，清淨更無為。　十方諸道衆，迴頭猛悟，拂袖雲歸。養神胎靈骨，鍛滅陰尸。定是回顏易質，通玄奥、物外精持。丹圓滿，根源了了，皆作度人師。（《雲光集》，卷四，葉二下－三上；《全金元詞》，上冊，頁四三六）

玉堂春 劉處玄

仙觀靈虛，二年來來去。破了重修，星冠養素。應有真無，齋科救萬苦。達理忘言清靜居。　道釋儒寬，通為三教，戶外應五常，敬謙賢許。四相心無，自然樂有餘。出了陰陽現亘初。（《仙樂集》，卷四，葉十二上；《全金元詞》，上冊，頁四三〇）

這些例子都同時而直接的談及三教。他們不獨主張三教同源，三教一理，而且亦認爲三教平等，三者同樣重要。至於在詞裏零散地涉及儒家或釋家的本體思想或採用這兩家的辭彙，如釋家的「欲界」、「色界」、「無色界」、「頑空」、「輪迴」、「禪天」、「三昧」、「如如」等等，儒家的「仁」、「義」、「性」等等就多至不勝枚舉。說到道家的思想與辭彙，更俯拾即是，因爲根本上全眞教就是以道教爲主幹的。

其次我們來看看全眞七子詞的形式。有幾點是特別値得注意的：

一、有創新詞調，爲《詞譜》及《詞律》所未及收的：如馬鈺《漸悟集》卷上之《清心月》「起念破清齋」雙調六十二字，前後段各五句四平韻；《漸悟集》卷下之《遇仙槎》「勤勤物外修」雙調四十字，前後段各四句二仄韻，似與《生查子》同出一體；《金雞叫》「撞着鯨鯢須索釣」雙調六十一字，前後段各四句四仄韻⑮。

二、有沿用舊名而詞律不同的：如劉處玄《仙樂集》之《山亭柳》「退道愚生」雙調七十六字，前段七句五平韻，後段七句四平韻；《玉堂春》「道德清平」雙調六十六字，均與《詞譜》、《詞律》所載各體不同；《望遠行》「令子根苗裔」雙調七十九字，前段六句四仄韻，後段七句四仄韻，較曾慥《樂府雅詞・拾遺下》無名氏詞末句多一字。

三、有改易調名而調律無別的：如《漸悟集》卷下之《德報怨》即《昭君怨》，《繫雲腰》即《繫裙腰》，《神清秀》即《海棠春》，《道成歸》即《阮郎歸》。又如《仙樂集》之《踏雲行》即《踏莎行》。至《皤溪集》則五十多個調之中標明二十五調是名異而調同的⑯。

---

⑮ 其實全眞道士詞不乏詞調屬創見而《詞譜》及《詞律》均未及收的，其中最惹人觸目的是王重陽的《鶯啼序》。此調長二百四十字，遠在吳文英（一二〇七～一二六九）所作《鶯啼序》之前已經問世。《詞譜》和《詞律》的編者似乎沒有發覺此點，以致後人誤認《鶯啼序》是吳文英首創。此點饒宗頤《詞籍考》已經指出，見該書頁二七三。又可參拙文《全眞教祖王重陽的詞》，頁三七。

⑯ 如《酹江月》改作《無俗念》，《聲聲慢》改作《神光燦》，《上平西》改作《上丹霄》……等等。參拙文《丘處機的〈皤溪詞〉》，頁一五四～一五五。其實名異而調同的現象在北宋時已經很流行了，如蘇軾（一〇三六～一一〇一）改《憶秦娥》爲《雙荷葉》，賀鑄（一〇六三～一一二〇）改《鷓鴣天》爲《半死桐》就是。

四、有發揮詞中的音樂性的。在全眞七子詞裏，往往發現其音樂性的標記，最顯著的如泛聲中不以實字塡入，而仍記其樂聲；又於調中加上和聲。這兩點都能在馬鈺的《丹陽詞》與譚處端的《水雲詞》找到例證。先看看其樂聲的記載。如馬丹陽《漸悟集》卷下之《瑞鷓鴣》：

> 心香爇起唱行香。眞樂眞閑興味長。便覺眉頭無利鎖，何愁身上有名韁。　昔年曾作肥家子，今日還為出舍郎。到此逍遙常自在，哩唛哩囉又何妨。（葉二十三上；《全金元詞》，上冊，頁三三九）

詞中之「哩唛哩囉」四字就是樂聲。譚處端《水雲集》卷下之《搗練子》數首闋末亦記其樂聲，茲姑且錄出一首以爲例證：

> 聽分剖，這風哥。尋常只恁囉哩囉。囉哩唛，哩唛囉。　些兒話，不須多。交賢會得笑呵呵。囉哩唛，哩唛囉。（葉九上；《全金元詞》，上冊，頁四一六）

本來詞發展到南宋，已經很少有樂聲的記載。全眞七子是金元時的人，在他們的詞中却仍有樂聲的記載，那就不可謂不值得注意了⑰。

其次看和聲的標記。詞中並沒有具體的著錄和聲，只是在詞後或詞牌下加上一句案語。如馬鈺《漸悟集》卷上《卜算子・和師韻》後云：「帶喝馬一聲」。又如譚處端《水雲集》卷中有《青玉案喝馬》。所謂「喝馬」，饒宗頤就說「疑於本調加此爲和聲」⑱，今以全眞七子詞本富於音樂性（如樂聲的記載就是最好的證明），詞中加上和聲是極有可能的，故此我認爲他們的案語當爲和聲的說明⑲。

全眞七子詞所以富於音樂性，大抵是因爲它們是拿來歌唱的，我很疑心全眞教士說教的時候是常常通過歌詞去闡明全眞教義的，就算平居興起的時候也會引吭高歌來抒發情懷的。密國公金源璹的《全眞教祖碑》就記載王重陽於大定七年（一一六七）忽然自焚其菴，狂舞高歌於火邊⑳。也許重陽一開此例，後來的全眞道士都仿效他了。

五、有的是藏頭拆字格。即以闋末一字之半（或一部分）爲全闋第一字；又以上句末一字之半（或一部分）爲次句第一字，如《漸悟集》卷上《柳梢青》一首藏頭，《踏雲行・贈薛公》一首藏頭；《水雲集》卷下《武陵春・贈李道人》一首拆字；《仙樂集》卷四《滿庭芳》一首藏頭拆字。茲舉《滿庭芳》一首爲例，原作是這樣的：

寸明真靈通慧無罣礙清涼華混世人笑似風狂祖丘劉譚馬消滅萬慮俱忘猿住通道德豈肯外昭彰　分清靜妙嬰男姹雲路休忙虛無造化汞結鉛光兀騰騰飄逸販骨趖了無常袍侶公甘鎮詩挈滿庭芳（葉四上下；《全金元詞》，上冊，頁四二五）

---

⑰ 關於詞中此類樂聲記載的研究，可參看饒宗頤《說和聲的「囉哩唆喻」與「哩囉連」》一文，見《詞學》（上海：華東師範大學），第五輯（一九八六），頁七五～七九。

⑱ 見《詞籍考》，頁二七三。

⑲ 陸游（一一二五～一二一〇）《感舊》詩亦有提及「喝馬」這一點。詩云：「至今孤夢裏，喝馬有遺聲。」原注云：「『喝馬』皆七字韻語，聞之悲愴動人。」見《劍南詩稿》，卷三十七。收入《陸游集》（北京：中華書局，一九七六），第二冊，頁九五一。案陸游與全眞七子同時，陸游提到的「喝馬」當與七子所說的的「喝馬」性質相同。

⑳ 《全眞教祖碑》記載：「大定丁亥（一一六七）四月，忽自焚其庵。村民驚救，見眞人狂舞於火邊。其歌語傳中具載。又云：『三年之後，別有人來修此庵。』口占詩有『修庵人未比我風流』之句。」見《甘水仙源錄》，卷一，葉四下～五上。

讀的時候似乎應該是這樣：

方寸明真，具靈通慧，心無罣礙清涼。京華混世，人笑似風狂。王祖丘劉譚馬，火消滅、萬慮俱忘。心猿住，人通道德，豈肯外昭彰。十分清靜妙，女嬰男姹，雲路休忙。心虛無造化，秉結鉛光。兀兀騰騰飄逸，免販骨、趓了無常。巾袍侶，呂公甘鎮，詩挐滿庭芳。

要是摸不着藏頭拆字的格式，這些篇章就簡直不能句讀。但詞有時也會因爲調中字數增減或者詞意模糊而致難於句讀的。

六、有口語化的。全眞七子詞的最大作用是在乎說教談理，度化世人，而不是在乎藝術心靈的表現，故此大多寫得非常淺白，如說話一般，沒有一些字雕句琢的趣向。因爲若不如是則流傳不廣，入人不深。所以口語化便成爲全眞七子詞的一大特色。就算偶然有些較雅的作品，也不會弄至晦澀難懂。下面幾首就是相當口語化的例子：

望蓬萊 馬鈺

馬風子，昔日在迷津。尋箇出期真沒計，欲知山上路兒真。須問去來人。 風仙至，端的話良因。指我一條真捷徑，無差無錯越紅塵。晝夜感師恩。（《漸悟集》，卷上，葉二十一下—二十二上；《全金元詞》，上冊，頁三一五—三一六）

如夢令 譚處端

因遇重陽師父。引入全真門戶。慧火鍊靈空，不敢胡行一步。一步。一步。一步近如一

步。（《水雲集》，卷中，葉十一下；《全金元詞》，上冊，頁四〇六）

謝師恩・警俗迴心　　王處一

好兒好女心頭氣。生死難相替。不測無常先到你。皮囊臭爛，骨骸分散，空惹寃家淚。悟來不使心猿戲。慧劍磨教利。六賊三尸都趂離。炎炎紫焰，載搬丹寶，上獻三清帝。（《雲光集》，卷四，葉十四下；《全金元詞》，上冊，頁四四三）

如此淺易的文字，就是一些略識知無的人讀了也不會不明白其中的意思。

詞中更有運用當時的口語的，如「兀騰騰」（見《水雲集》卷下《武陵春》），「騰騰兀兀」（見《水雲集》卷下《永遇樂》）之類的辭語，頗同元曲。這可能是受了當時的講唱文學和戲曲如諸宮調和雜劇的影響㉑。

談過了全眞七子詞的內容與形式的特點，現在可以進一步個別地介紹全眞七子的詞了。

馬鈺，字玄寶，號丹陽子。初名從義，字宜甫，山東寧海（今山東省牟平縣）人。生於金

㉑ 關於全眞道士詞的一般性介紹可參看日本中田勇次郎《道藏に見元える詩餘》一文，見《東方宗教》（日本道教學會），第七號，（一九五五・二），頁六四～七一。賀光中先生曾爲《道藏詞目》一文，在其上部曾指出全眞詞的特色數點，値得參看。賀文撰於「乙巳」年，當爲一九六五年。賀文爲一九六八年饒宗頤教授遠自南洋寄贈，是從某學報抽取出來的，可惜並無著錄何種學報，更不詳出版時地。當時筆者正在研究金元詩餘，回首過去，恍如昨日，而實際上已是差不多二十年前的事了。

太宗天會元年，卒於金大定二十三年（一一二三～一一八三），年六十一。宗祖皆以通儒顯宦。自弱冠之年游庠序，工詞章；孫忠顯愛其才德，以女兒孫不二妻之。不喜進取，好虛無，樂恬淡，深悟玄玄之理。大定年間遇重陽子王嚞，席間所談，多與鈺合，於是邀居私第，待以殊禮。自此以後，或開心談論，或對月臨風，或游山玩水，或動作閒晏，無不以詩詞唱和，皆以性命道德爲重。重陽謂人生如電光石火，駒隙朝露，倘修身不早，一入異境，則雖悔不可追。顧丹陽遲疑未決，乃鎖丹陽於庵中，分梨十化之，且以詩詞往復酬和，而顯其旨意。於是丹陽夫婦始開情悟道，厭塵俗而樂雲水，書誓狀，願師事於重陽。遂易服而道從，居崑崳之煙霞洞，重陽爲更今名字及號。後與譚處端、丘處機、劉處玄從重陽西遊。大定十年（一一七〇），重陽道卒於汴（今河南開封縣），丹陽遂西入關陝，至終南劉蔣村重陽之舊地，築環堵以居。頭分三髻，以念重陽，蓋三髻者，三吉字，重陽之名也。由是專心致志，以精窮內事，雖祁寒酷暑，不易常服，無賢不肖皆願爲門弟子。大定二十三年（一一八三）赴萊陽遊仙觀，忽肆筆書委形贊而卒。事蹟詳王利用《馬宗師道行碑》㉒及《重陽教化集》、《重陽分梨十化集》諸序㉓。著有《洞玄金玉集》、《漸悟集》、《丹陽神光燦》等㉔。《洞玄金玉集》由第七卷至第十卷全載詞三百三十餘首；《漸悟集》上下卷載詞凡三百四十餘首；《丹陽神光燦》一卷全載詞，凡一百首。共計七百七十餘首。加上《重陽教化集》及《重陽分梨十化集》所載馬鈺和重陽之詞（見於《教化集》者五十餘首，《十化集》者二十餘首），則多至八百五十餘首。唐圭璋又從《鳴鶴餘音》、《金蓮正宗記》輯出若干首，共計八百八十一首。又《道藏》有《自然集》一卷，題爲「道詞」，載套數六（一爲殘套）㉕。原套不詳宮調，近人盧前始爲整理㉖，收入《飲虹簃所刻曲》，稱爲「北曲最早之結集」㉗。只惜不著撰人。《道藏輯要》冑集題「馬□

撰」。盧前說：「余初疑此集爲丹陽馬自然作，顧丹陽之時，不應有此完整套數。」㉘可見盧前認爲馬丹陽即馬自然，唯《自然集》並非丹陽之作而已。但是馬鈺並無自然之字或號，而馬自然實另有其人。元趙道一《歷世眞仙體道通鑑》即有馬自然之傳記，但謂「不知何許人」㉙；明洪應明《仙佛奇蹤》亦有馬自然傳，稱自然乃馬湘之字㉚。據此，馬鈺與馬自然實爲兩人。馬自然者，或即《馬自然金丹口訣》㉛之作者。孫德謙《金史藝文略》，「金丹口訣一卷」

㉒ 全名爲《全眞第二代丹陽抱一無爲眞人馬宗師道行碑》，見《甘水仙源錄》，卷一，葉十八上～二十七下。

㉓ 《重陽敎化集》有國師尹、范懌、趙抗、劉孝友、梁棟、劉愚之等人的序，皆作於大定癸卯（一一八三），見《道藏》，冊七九五，序葉一上～十三下。《重陽分梨十化集》有馬大辨序（一一八三），見《道藏》，冊七九六，序葉一上～三上。這些人或是寧海州地方敎育的主指人，或是進士出身的知識分子。重陽的文字得到刊刻，是出於馬鈺的弟子朱抱一的經營，讀各序文可見。

㉔ 參❻。

㉕ 《自然集》見《道藏》，冊七八七。最後一套爲殘套，只餘二調。

㉖ 六套之中只有最後三套指出宮調，即歇指調、正宮、正宮。後來盧前加以整理，實際宮調爲：仙呂、南呂、雙調、正宮、正宮、正宮。見《飲虹簃所刻曲》（臺北：世界書局，一九六一），上冊，目次，頁一。

㉗ 《自然集・跋》，見《飲虹簃所刻曲》，上冊。參前注。

㉘ 同上。

㉙ 馬自然傳見《歷世眞仙體道通鑑》（《道藏》，冊一四八），卷四十九，葉十一上～十二下。

㉚ 見《仙佛奇縱》（蕭天石主編《道藏精華》，第五集之四，臺北：自由出版社，一九七四），卷三，葉十八下（總頁一四二）。

㉛ 見《道藏》，冊七九六。此《口訣》甚短，只有三葉紙而已。

題爲馬鈺撰㉜，未知何據。

丹陽之詞，正如王重陽的詞一般，質樸淺白，所寫的亦不外是勸人修道，放棄凡塵之事。作爲文學作品是沒有一定的評價的，但以傳教工具的眼光加以衡量，就有很大的價值。人們可以通過文學的欣賞（至少它的形式是文學）而悟道修身，這較之嚴肅地開壇講道似乎要勝多少倍。

勸道之作，丹陽各詞集中甚多，如《洞玄金玉集》卷七之《十報恩》（本名《瑞鷓鴣》）《道友問在家能修行否》就是：

神仙要做戀妻男。忙裏偷閑道上參。清淨門庭無意認，淫情術法入心貪。欲求家道兩全美，怎悟寂寥一著甘。莫待鄷都追帖至，早歸物外住雲菴。（葉四下；《全金元詞》，上册，頁三五〇）

又如《漸悟集》卷上之《翫丹砂・勸道衆》云：

七十光陰似箭忙。夜消其半可悲傷。那堪日日頓無常。更想上床鞋履別，尋思戀箇甚郎娘。不如物外做風狂。（葉三十四上；《全金元詞》，上册，頁三二三）

這些詞作都表現出他那一片救世的悲懷，並不是一般出世而不入世的道教中人可以比擬的。不過，這些作品還不是我們研究丹陽詞要着眼的地方，最重要的應該要看他與重陽的特別關係，如何悟道，對道的狂熱追求，與世的決絕，得道的喜悅，及其詞在形式上的一些特色。

說到丹陽與重陽的關係，實至爲密切，一方面是由於丹陽是重陽最先教化的弟子，一方面是因爲重陽教化丹陽時，經過了一段相當長的時期和特別的形式，而且重陽爲了教化和丹陽爲了悟道互相唱和了不少詞篇。從丹陽的「繼韻」和「次韻」可以窺見其悟道的情況，如《玉花洞》（繼重陽韻）：

得其真遇，怎敢怠慢，勤修功果。緊擒意馬，無令顛劣，便把心猿鎖。　逢魔逢難全然可。蓋謂無煙火。本師說破，無初這箇，爭甚閑人我。（《重陽分梨十化集》，卷上，葉十一上；《全金元詞》，上冊，頁二九九—三〇〇）

又如《黃鶴洞中仙》（繼重陽韻）：

不敢心狂走。極謝師真守。芋栗今番六次餐，美味常甘口。　不作東牟叟。不戀東風柳。參從風仙物外遊，共飲長生酒。（《重陽分梨十化集》，卷下，葉一上；《全金元詞》，上冊，頁三〇〇）

丹陽悟道日深，對道的追求日益狂熱，於是對塵世的眷戀便日漸退減，最後他決然放棄塵世，隨重陽修道。這從下面的一首《水雲遊》（繼重陽韻）便可見到：

思算思算。妻妾兒孫，休來戲翫。這冤親、繫脚繩兒，宜一刀兩段。　靈源悟徹元燦爛。這一番更換。馬風子、辭別家鄉，與風仙作伴。（《重陽分梨十化集》，卷上，葉四上；《全金元詞》，上冊，頁二九八）

他得道之後，便好像得到極大的解脫，所以他的心境是異常暢快的，如《上丹霄》（次重陽韻）云：

遇風仙，心開悟，騁顛狂。黜妻屏子便迎祥。逍遙坦蕩，恣情吟詠謾成章。就中行化覓知友，同共聞香。　烹丹鼎，下丹結，中丹熱，大丹涼。不須鍊白更燒黃。自然玉性，

㉜ 孫德謙《金史藝文略》（見《遼金元藝文志》，上冊，臺北：世界書局，一九六三），頁一五五。

萬般霞彩射人光。上丹霄，去住蓬島，永永圓方。（《重陽教化集》，卷二，葉五上下；《全金元詞》，上冊，頁二九四）

但丹陽能夠修身成道，完全是得力於重陽的教化，重陽對他來說可謂再生的父母，故此他對重陽既感激又敬仰，而且唯命是從。在他的詞裏就常常提到重陽的名字。如《漸悟集》卷上《卜算子》：

師父重陽號。鍊就重陽寶。紫詔重陽赴玉京，方顯重陽好。　我為重陽到。養為重陽造。特為重陽守服居，符合重陽道。（葉十五下；《全金元詞》，上冊，頁三一一）

又

我遇重陽悟。曾得重陽趣。鍊就重陽絕盡陰，陰就重陽著。　性命重陽聚。三曜重陽輔。不到重陽不做仙，仙自重陽做。（葉十六上；《全金元詞》，上冊，頁三一一—三一二）

可見丹陽是多麼尊敬重陽，他對重陽執弟子禮又是何等的摯誠了。除上引兩首外，其他提及重陽的還有很多，如《重陽教化集》卷一之《折丹桂》；同書卷二之《玉女邀仙輩》；《重陽分梨十化集》卷上之《神光燦》；同書卷下之《黃鶴洞中仙》、《黃河清》、《憶王孫》、《玉京山》[33]；《洞玄金玉集》卷七之《爇心香（本名《行香子》）．上街化導》；同書卷九之《蓬萊閣．讚重陽眞人》；同書卷十之《桃源憶故人．重陽師父相引登蓬萊閣》、《離苦海．讚重陽眞人顯異》、《得眞樂．混元劉法師昇化以詞讚之》、前調《讚重陽眞人出現》；《漸悟集》卷上之《踏雲行》「重遇重陽」、《長思仙》「遇重陽」；同書卷下之《遇眞人》、《無夢令．感師》、《蘇幕遮．自害風》、《瑞鷓鴣》「風仙風害得眞風」；《丹陽神光燦》之《滿庭芳．重陽眞人昇霞之前》、同調《重陽眞人昇霞之後》、同調《謝咸陽王法師》……

等等，裏面或直稱重陽，或稱師父、害風、害風仙、風仙不等，總之都是涉及王重陽的作品。

詞中不僅屢屢提到重陽，更提到他的同學丘處機、劉處玄、譚處端、郝大通等人，如《洞玄金玉集》卷八之《清心鏡（本名《紅窗迥》）．寄譚劉丘三師兄鹿衣》，同調《寄長春丘師兄》；同書卷十之《桃源憶故人．寄譚劉郝三師友》；《漸悟集》卷上之《西江月》「海島丘劉譚馬」；同書卷下之《無夢令》「譚馬丘劉四絕」、《萬年春．甯解元許却菴門以詞督之》、《調笑令．四仙韻》；《丹陽神光燦》之《滿庭芳．蒙師父訓誨》。提到他自己的名字的亦有不少，如《洞玄金玉集》卷十之《金蓮出玉花（本名《減字木蘭花》）．寄任節級》、《滿庭芳．赴萊州黃籙大醮作》；《漸悟集》卷上之《踏雲行》「馬鈺平生」、《望蓬萊》數首；同書卷下之《蘇幕遮．在長安弄鐵馬騎道友索詞》；《丹陽神光燦》之《滿庭芳．寄鄠縣晏公及道衆》等就是。詞中提及自己及別人的名字是王重陽的慣技，今丹陽亦喜用此手法，這大概是受到重陽的影響吧。

丹陽詞每喜用疊字，更有在一詞之中重複用一字達十一次之多者，如《漸悟集》卷上之《翫丹砂．寄趙居士》：

淨淨清清淨淨清。澄澄湛湛湛澄澄。冥冥杳杳杳冥冥。　永永堅堅堅永永，明明朗朗朗明明。靈靈顯顯顯靈靈。（葉三十六下；《全金元詞》，上冊，頁三二五）

又如同書卷上之《長思仙》：

朝清清。暮清清。清淨清閑清淨清。清清清更清。　抱靈靈。固靈靈。靈顯靈明靈顯

㉝ 以上的詞篇都是「繼重陽韻」之作，據此也可以窺見丹陽與重陽是如何的親切。

靈。靈靈靈更靈。（葉二十下；《全金元詞》，上冊，頁三一五）

《翫丹砂》一首重複用一字達四次之多，《長思仙》則多至十二次，這不能不說是丹陽詞的特色了。這樣的疊字法似乎是從李清照《聲聲慢》「尋尋覓覓」一首演變出來的，而更邁進了一步。後來喬吉的《天淨沙．即事》「鶯鶯燕燕春春，花花柳柳眞眞，事事風風韻韻，嬌嬌嫩嫩，停停當當人人。」通體疊字，最似丹陽手法，不知是否受了丹陽詞的影響？

丹陽《登仙門》二首，幾乎每句都以「也」字作結，極似散文，今錄出一首，其餘可覘：

師也師也。重陽師也。處玄機，靜中清也。起金蓮，玉花社，有誰知也。化人人，漸歸道也。這扶風，非開悟，亦非愚也。辨假真，稍能明也。細尋思，心豁暢，略無疑也。想師範，沒人過也。（《漸悟集》，卷下；葉三十七下；《全金元詞》，上冊，頁三四八）

重陽愛讀柳永詞[34]，丹陽亦愛讀柳永詞，故有《五靈妙仙．借柳詞韻》和《玉樓春．借柳詞韻贈雲中子》之作（俱見《洞玄金玉集》卷九）。重陽有《五更出舍郎》及《五更令》，丹陽亦有《無夢令．五更寄趙居士》和同調《五更》（見《漸悟集》卷下）。這兩組詠五更的《無夢令》，各包含五首，寫作方法與重陽的《五更出舍郎》及《五更令》如出一轍。茲舉重陽的《五更令》及丹陽的《無夢令．五更》的第一首如下，藉作比較：

五更令　　王重陽

一更初，鼓聲傻。槌槌要，敲著心猿意馬。細細而，擊動錚錚，使俱齊擒下。萬象森羅空裏掛。潑焰焰神輝，惺惺灑灑。明光射入寶瓶宮，早兒嬌女姹。（《重陽全眞集》，卷八，葉十下；《全金元詞》，上冊，頁二一三）

無夢令・五更

馬丹陽

一鼓乾坤入洞。便把虛無拈弄。離坎自交宮，澄湛寂然無夢。無夢。無夢。別我魔軍大慟。（《漸悟集》，卷下，葉十上；《全金元詞》，上冊，頁三三一）

總之，在丹陽詞裏，與重陽詞相似的地方很多，這也許是因爲他們本來就唱和甚多，也許是因爲丹陽有意學重陽，亦可能是互相影響之故。

譚處端，字通正，號長眞子，初名玉，字伯玉，寧海人。生於金太宗天會元年，卒於金大定二十五年（一一二三～一一八五），年六十三。十五歲志於學，詠《葡萄篇》膾炙人口。弱冠涉獵詩書，工草隸。後入道。大定丁亥聞重陽度馬鈺，往執弟子禮。重陽遂授以四字秘訣，更今名字。後與馬鈺、丘處機、劉處玄從重陽西遊，至汴，重陽遺訓命與馬、丘、劉主掌教門後，仙化而去。四子殯葬禮終，徙居終南劉蔣村，即重陽之舊隱，傳襲其道十有餘年，其後各從所之，傳播教義。長眞則往來於洛川之上，行化度人，從其學道者甚衆。卒於洛陽。有《水雲集》傳世。集前有大定丁未（即大定二十七年，一一八七）東牟州學正范懌序，集後亦有二

---

34 如他的《解佩令》就有小序說：「愛看柳詞，遂成。」現錄出如下：

平生顛儍，心猿輕忽。樂章集、看無休歇。逸性攄靈，返認過、修行超越。仙格調，自然開發。

四句七上，慧光崇兀。詞中味、與道相謁。一句分明，便悟徹、耆卿言曲。楊柳岸、曉風殘月。

見《重陽全眞集》，卷七，葉二上下；《全金元詞》，上冊，頁一九九。

序，一爲范懌之子（佚其名）序，一爲無名氏序。范懌大定丁未年（一一八七）序說：「其述作賦咏，舉筆即成。詩頌詞章，僅數百篇。又述語錄，骷髏落魄歌，驚悟世人，皆包藏妙用，敷暢眞風，引人歸善，甚有益於時也。濬州全眞菴主王琉輝等鏤板印行，廣傳四方，値丙午歲（一一八六）大水漂沒，其板散亡，掖水長生先生劉公……遣門人徐守道、李道微、于悟仙等詣吾鄉，屬余爲序，欲再命工發槧，以永其傳。」㉟范懌之子（佚其名）後序說：「値丙午間，濬郡大水，漂沒其板，神仙長生劉公聞之，不勝憫悼，即命工重刊於東萊全眞堂，今又値累年兵革，天下無有全者，路鈐高友並其妻孟常善，舉家孜孜慕道，往來於淮楚間，訪尋眞人遺藁。乃於門弟子處疑若神授得其全帙，恐其斯文泯絕，今復鏤板印行於山陽城西菴。」㊱無名氏序說：「蕭師（按，佚其名）……謂予曰：『頃有道友張志全不遠數千里而來，携斯長眞子譚師父平世述作《水雲集》一部，特以見遺……忝屢經兵火，將諸全眞玄奧之書板集俱已焚毀殆盡，唯有此集幸好事者藏諸屋壁，仍存焉。若不再行鏤板傳於四方，誠恐泯絕，又闕將來慕道者參訪耳。願爲重刊之序。』……時己丑年重陽日。」㊲從這些記載，可見《水雲集》是經歷過不少滄桑的。己丑年爲至元二十六年（一二八九），在至元十八年辛巳（一二八一）焚經之後，《水雲集》仍能免此災難，實爲極幸運之事。《道藏》有《水雲集》三卷㊳，題「崑崙山長眞子譚處端述」。中下兩卷載詞，共一百五十餘闋。《全金元詞》又從《鳴鶴餘音》、《金蓮正宗仙源像傳》各輯錄一首，總共一百五十六首。《道藏輯要》收《水雲集》一卷。

水雲詞的內容雖不離修道煉丹，但文字較丹陽詞雅潔，而且也略帶一點文學趣味，所以讀起來頗覺爽快，不似丹陽詞那麼枯燥。水雲詞最特出的地方是飄逸空靈，充分表現出長眞的雲水襟懷。在他的詞裏，「水雲」、「逍遙」、「物外」、「自由」、「自在」、「飄逸」、

「山水」、「閒雲」、「灑脫」、「瀟灑」、「靈空」……一類的字眼屢見不鮮。他的襟抱是曠達的、灑脫的，如雲水一般無拘無束，自由自在。看《行香子》：

得得無修。無惑無求。放心閑、無喜無憂。逍遙自在，雲水閑遊。趣空中玄，玄中妙，妙中幽。　落魄婪耽，垢面蓬頭。恣陶陶、真樂歌謳。隨緣一飽，真箇風流。這般來，無無來，有有來由。（《水雲集》，卷中，葉十五上下；《全金元詞》，上冊，頁四〇八）

再看《減字木蘭花》：

逍遙自在。去去來來無罣礙。一片靈空。處處圓明無不通。　無分內外。瑩徹周沙含法界。遍照無私。明月高穹秋夜時。（《水雲集》，卷下，葉十三上下；《全金元詞》，上冊，頁四一九）

又

水雲皮袋。似水如雲長自在。自在閑人。閑裏搜尋物外身。　任行任住。色外真空閑

---

❸❺ 見《水雲集》，序葉，葉一下～二上。
❸❻ 見《水雲集》，卷下，葉十八下～十九上。
❸❼ 同上，葉十九下～二十上。
❸❽ 參❻。

裏做。欲覓真空。秖在南山盡靜中。(《水雲集》，卷下，葉十三下；《全金元詞》，上冊，頁四一九)

又看《如夢令》：

不染俗情非是。不慢下貧趨貴。不敢受人欽，自在逍遙雲水。雲水。雲水。守一無為徹底。(《水雲集》，卷中，葉十二上；《全金元詞》，上冊，頁四〇六)

如此一類的篇章竟佔集中過半以上的篇幅，而「水雲」或「雲水」二字不下數十見。以上所舉的四個例子裏，就出現過六次。集名《水雲》，可謂名副其實了。

他的詠物之作，文學意味雖不甚濃厚，但亦不像丹陽只顧借題發揮，說教談道。試看《水雲集》卷中《酹江月・詠竹》一首：

愛君嘉秀，對雲菴親植，琅玕叢簇。結翠筠梢津潤膩，葉葉竿竿柔綠。漸胤兒孫，還生過母，根出蟠蛟曲。瀟瀟風夜，月明光透篩玉。　雅稱野客幽懷，閑窗相伴，自有清風足。終不凋零材異衆，豈似尋常花木。傲雪欺霜，虛心直節，妙理皆非俗。天然孤淡，日增物外清福。(葉二下；《全金元詞》，上冊，頁四〇〇)

自然地長眞子也有不少說理談道之作，如《瑞鷓鴣》：

修行非易亦非難。應物慈悲認內閑。意上有塵山處市，心中無事市居山。　常耕清淨田三段，定守無為舍一間。地久天長專一志，自然結就紫金丹。(《水雲集》，卷下，葉六上；《全金元詞》，上冊，頁四一四)

他更要舉出一些歷史事實，說明塵世是虛幻的，故此勸人及早修身悟道，如下面的《沁園春》就是。詞云：

自古愚賢，日月輪催，盡沉下泉。歎張陳義斷，因名利恣，奢華後主，破壞家園。楚廟江邊，漢陵原畔，勢盡還空皆亦然。英雄輩，盡遺留壞塚，衰草綿綿。　嗚呼往事堪憐。染虛幻浮華逐逝沿。又爭如省悟，塵勞夢趣，貧閑歸素，保煉丹田。越過輪迴，超昇苦海，直上清涼般若船。逍遙岸，會玄明瓊路，同訪桃源。（《水雲集》，卷下，葉二上；《全金元詞》，上冊，頁四一二）

詞中更有尊儒崇佛之語，闡明全眞教三教合一的宗旨，茲錄兩闋以證之：

瑞鷓鴣．贈郭公

休心損事養根源。寂淡清虛守自然。積德仁風師孔孟，僻潛高潔傚顏原。　定觀明月三秋夜，妙趣玄風九夏天。詩酒琴書誰可並，野夫常許似龍眠。（《水雲集》，卷下，葉六下—七上；《全金元詞》，上冊，頁四一四—四一五）

望蓬萊

行大道，認取坎和離。一點來時顛倒處，兩般消息與搜披。玄妙不難知。　休外覓，識取自菩提。有相身中成鍛鍊，無為路上證牟尼。指日跨雲霓。（《水雲集》，卷下，葉七下；《全金元詞》，上冊，頁四一五）

此外，如卷中之《滿庭芳．贈福昌縣趙殿試》，卷下之《瑞鷓鴣》「修行休覓虎龍兒」（二首）、前調「本來眞性是玄機」等，都能表現出三教合一的思想。《酹江月》一首却敍述了全眞教的源流，具有相當的歷史價值。茲摘錄有關部分如下：

吾門三祖，是鍾呂海蟾，相傳玄奥。師父重陽傳妙語，提挈同超三島。……（《水雲集》，卷中，葉一上；《全金元詞》，上册，頁三九九）

所謂「鍾呂海蟾」即鍾離權、呂嵒和劉海蟾㊴。他們是全眞教所依託的遠祖，而重陽王嚞則是全眞教的眞正開山祖。

《水雲集》亦有紀錄樂聲的詞篇，卷下的《搗練子》五篇，每篇上下片的末尾各有「囉哩唛、哩唛囉」六字，在上文總論裏已舉了一首爲例，於此不再贅述。這裏只想看看其中一首《滿庭芳》的樂聲標記，其下闋云：

真空。離色相，閑閑閑裏，慢慢休愡。恁婪躭布素，物外飄蓬。飢則巡門覓飯，飽來後、明月清風。逍遙處。哩唛囉唛，落魄恁西東。（《水雲集》，卷中，葉八上；《全金元詞》，上册，頁四〇四）

詞中疊字也用得甚妙（雖然不及丹陽詞那麼多），如下面的《憶王孫》：

無無無有有無無。悟得無無便不愚。日月年時損壯麤。見元初。萬道霞光攢寶珠。（《水雲集》，卷下，葉十二下－十三上；《全金元詞》，上册，頁四一九）

王處一，字子淵，號玉陽子，舊名字不詳，寧海人。生於金熙宗皇統二年，卒於金宣宗興定元年（一一四二～一二一七），年七十六。大定八年（一一六八），年二十七，聞王重陽至

㊴ 鍾離權相傳是唐末人，號正陽子、正陽眞人，爲呂嵒師父，道教一大宗師，生平事蹟見《金蓮正宗記》，卷一，葉二下～五下；《金蓮正宗仙源像傳》，葉十四上～十五上；《歷世眞仙體道通鑑》（《道藏》，冊一四

四），卷三十一，葉一上～五上。呂嵒，字洞賓，號純陽子、純陽眞人，自稱回道人，爲唐末道士。事蹟見《金蓮正宗記》，卷一，葉五下～九上；《金蓮正宗仙源像傳》，葉十五上～十六下；《歷世眞仙體道通鑑》（《道藏》，冊一四七），卷四十五，葉一上～四上；元苗善時《純陽帝君神化通紀》（《道藏》，冊一五九）；《呂祖志》（《道藏》，冊一一一二～一一一三）；清火西月重編《呂祖全書》（《道藏精華》，第九集之四）。現代學者有不少考證呂嵒的文字，如C.E. Couling, The Patriarch Lü, Reputed Founder of the Chin Tan Chiao, *Journal of the North China Branch of the Asiatic Society*, 58, (Shanghai, 1927), pp.157-71；佐伯好郎，《〈呂祖全書〉考》，《東方學報》，第五期，（京都，一九三四年十二月），頁八七～一六〇；羅香林，《唐元二代之景敎》，（香港：中國學社，一九六六），頁一三五～一五二。鍾、呂二人爲有名的「八仙」的成員。關於「八仙」的研究，可參看浦江清《八仙考》，見《清華學報》，第十一卷第一期（北京，一九三六），頁八九～一三六。（此文後來收入《浦江清文錄》，北京：人民文學出版社，一九五八，頁一～四六）。劉海蟾本名劉操，字宗成，海蟾其號，宋仁宗時（一〇二三～一〇六三）道士。事蹟見《金蓮正宗記》，卷一，葉九上～十一下；《金蓮正宗仙源像傳》，葉十六下～十八上；《歷世眞仙體道通鑑》（《道藏》，冊一四八），卷四十九，葉五上～七上；《消搖墟經》（《道藏》，冊一〇八一），卷一，葉十七下～十八上。鍾、呂、劉三人都是全眞敎的大宗師。道敎相傳南北二宗的道統如下：

王玄甫→鍾離權↘呂嵒→王重陽—北七眞（北宗）
　　　　　　　↘劉海蟾↗→張紫陽等南五祖（南宗）

北宗就是全眞敎。至於詞中沒有提到的王玄甫又怎樣會冠於鍾離權之上呢？《金蓮正宗記》說：「帝君（按：即東華帝君）姓王氏，字玄甫，道號東華子，……授度門人正陽眞人鍾離雲房，……全眞之道，由此濫觴，故立之以爲全眞第一祖也。」卷一，葉一上下。又可參看《歷世眞仙體道通鑑》，卷二十，葉五上下《王玄甫傳》。

寧海，往執弟子禮，重陽爲制今名，從居崑崙煙霞洞。明年辭居查山。後居靈光洞，志行確苦，制鍊形魄。九年後，出遊齊魯間，大肆其術度人。大定二十七年（一一八七），世宗徵至燕京，居之天長觀，嘗問衞生爲治，對曰：「保精以養神，恭己以無爲。」世宗嘉之。明年求還山。章宗承安二年（一一九七），再徵至便殿，問衞生，對如告世宗者，賜紫，號體玄大師，居之崇福觀。後以母年九十求還山侍。泰和元年（一二〇一）及三年（一二〇三），詔兩設普天醮於亳州太清宮，度道士千餘人，其年母逝。七年（一二〇七）居聖水玉虛觀，元妃送道經一藏。大安元年（一二〇九），請居華陽觀，二年（一二一〇）醮薊州玉田縣，謂其徒曰：「若聞空中劍楯聲乎，北方氣運將回，生齒必有橫罹其毒者。」是年果蒙兵南牧。宣宗貞祐四年（一二一六）居天寶觀。明年，沐浴衣冠，拜上下四旁而逝。姚燧《王宗師道行碑銘》述其行實甚詳[40]。著有《華山志》一卷，又有《雲光集》四卷，俱見《道藏》[41]。《雲光集》第四卷爲詞，共九十五首。《道藏輯要》胃集作《雲光集》一卷。

玉陽詞純粹是勸人脫離塵世，鍊身修道之言，沒有甚麼特色。單就詞題來看，便有不少勸道之作，如《青玉案・警俗迴心》、《行香子・勸人改惡遷善》、前調《勸徐老奉善》、《蘇幕遮・誡道人相爭》、前調《勸休網罟》、前調《勸迷徒》、前調《勸般戶》、前調《勸修煉》（三首）等，茲舉《行香子・勸人改惡遷善》爲例：

> 欲趓災凶。心喜顏紅。把般般、萬事休窮。當持淨念，欽慕玄風。每樂真歡，搜真趣，悟真空。　朗月當胸。照破邪蹤。有雲朋、霞侶相逢。同超法界，共返仙宮。禮大羅尊，諸天聖，玉虛宗。（《雲光集》，葉二十三上；《全金元詞》，上冊，頁四四八）

如此口吻全是宗教家的作風，與一般文人的作品有很大的差別。

大概是因爲玉陽傳道心切吧，所以他不惜使用贈詞、敍事詞的方式去達成他的理想。集中贈詞特別多，有《滿庭芳·贈盧宣武》（二首）、前調《贈萊陽縣宰劉顯武》、前調《贈出家衆》、前調《贈范明叔》、前調《贈出家》、前調《贈廣陵鎭散人》、《滿路花·贈三州五會善衆》、前調《贈文山周先生》、《青玉案·贈皇親四官人》、前調《贈衆道友》（二首）、前調《贈福山縣仁壽保善衆》、前調《贈贛楡善衆》、《驀山溪·贈都下門人》、前調《贈劉七翁》、前調《贈卑一翁》、《踏雲行·贈劉妙眞化緣》、前調《贈文登王志明》、前調《贈登州韓一翁》、前調《贈道人》、《行香子·贈濱州小胡》、前調《贈萊州劉小童》、前調《贈不語王哥》、《蘇幕遮·贈蓬萊李一翁》、《望蓬萊·贈小童》等二十多首，這些都是說教談道之作，充分表露出玉陽的救世思想。茲錄二闋如後：

踏雲行·贈文登王志明

箇箇修真，人人辨道。玄機妙理須尋討。時時常爇寶瓶香，朝朝每把心田掃。　步步清涼，神光覆罩，十分賢聖加恩報。紫霞堆裏玉容光，長春境界無衰老。（《雲光集》，葉二十下；《全金元詞》，上冊，頁四四七）

㊵《王宗師道行碑銘》全名爲《玉陽體玄廣度眞人王宗師道行碑銘》，見《甘水仙源錄》，卷二，葉十一下～十八上。

㊶參❻。

行香子・贈萊州劉小童

無相容光。莫放飄颺。散玄珠、寶顆真祥。隨情流轉，定落空亡。更道難成，功難就，業難當。　處志精誠，把握陰陽。遍靈宮、寶殿行香。金童作對，玉女成行。得五門開，雙關透，出崑岡。（《雲光集》，葉二十二下；《全金元詞》，上冊，頁四四八）

敘事詞亦不少，如《滿庭芳・住鐵查山雲光洞作》、前調《三宣到都住持天長觀復敕修新道院乃作》、前調《黃縣久旱請作黃籙醮得飽雨作》（二首）、前調《贛榆縣諸王廟黃籙醮罷贈衆》、前調《丹陽昇霞作黃籙醮罷憶師遂作》、《木欄花慢・贛榆縣諸王村三殿廟黃籙醮罷作》、《青玉案・詔赴太清宮普天醮作》等都是，不過也不外是說教而已。如《木欄花慢・贛榆縣諸王村三殿廟黃籙醮罷作》云：

恣逍遙豁暢，乃容膝小金山。用妙力加持，興洪大醮，真聖臨壇。恩光徧施下界，救存亡、離苦列仙班。明貫從容法體，宴居一味蕭閑。　迴環誘演幽深，將內外事都刪。聚五蘊清涼，天寧地靜，撞透三關。皇天助弘大道，度群生、萬類不為難。指日金書詔下，永辭俗海塵寰。（《雲光集》，葉十下—十一上；《全金元詞》，上冊，頁四四一）

玉陽又常爲門人作詞，指導他們如何修鍊和說明修鍊的好處，如《驀山溪・示門人》：

出離苦海，須要明修鍊。漸漸滅塵情，默默神功斡旋。虛無造化，丹鼎紫芝香，金花結，玉泉流，全體神光滿。　千災不染，萬病都消散。七竅總沖和，八脈飛升內院。九宮十地，六賊杳無形，三光顯，三童傳，一性無移變。（《雲光集》，葉十六—十七上；《全金元詞》，上冊，頁四四四）

玉陽之所以不遺餘力地傳播全眞教義，完全是由於他對全眞教懷有一種狂熱的信仰。也正因爲如此，所以在他的心中便虛構了一個超現實的理想境界。集中《歸朝歡・繼古韻五首》對於這個神化的境界描寫得最爲淋漓盡致，其中一首說：

無限神光常圍簇。瑞靄祥雲盈滿目。青鸞赤鳳舞仙宮，不投塵世棲凡竹。性珠明九曲。靜中鍊金並鍊玉。做生涯、坐觀浮世，幾度黃河綠。　天女天男天衣祿。仙語仙言仙稟覆。謝天謝地謝神祇，免教玉性拖泥漉。聖真常照燭。不虧功行丹漸熟。透晴空、太玄之外，無寵還無辱。（《雲光集》，葉十九下；《全金元詞》，上冊，頁四四六）

從他的詠懷詞中，又可窺見他得道後的暢快心境，如《滿庭芳・述懷》：

苦海奔波，荆山勞役，欲求寶璧嘉祥。周而復始，豁地悟真常。兩湊玄關運度，升靈曜、飛出扶桑。迴光看，璇璣萬象，一一現明堂。　人還窮此理，塵緣悉屏，世夢都忘。覺身心和暢，無限清涼。萬化收歸鼎內，紅光迸、丹熟馨香。吞服了，還童返老，出自滿庭芳。（《雲光集》，葉七上下；《全金元詞》，上冊，頁四三九）

又如《蘇幕遮・述懷》：

我風狂，真九百。豁蕩乾坤，爽氣猶嫌窄。大道通融非有隔。地靜天清，寸步輕輕驀。晚雲收，秋月白。萬象參羅，燦燦流清色。休道東牟無羽客。妙用玄機，得得真常得。

（《雲光集》，葉二十四下；《全金元詞》，上冊，頁四四九）

我們可以這麼說，雲光詞通體是「道詞」，從文學的觀點來看，它們是沒有多大價值的。

劉處玄，字通妙，號長生子，舊名字不詳，東萊（今山東省掖縣）人。生於金熙宗皇統七年，卒於金章宗泰和三年（一一四七～一二〇三），年五十七。事孀母以孝聞，及長，誓不婚宦，屢欲出家，母未之許。大定九年（一一六九）王重陽攜丘、譚、馬至，處玄竭蹶趨迎。重陽愛其專勤，收爲徒，命今名及號，時方弱冠之年而已。重陽逝後，處玄廬於劉蔣村。大定十四年（一一七四）秋游京洛，居洛城東北之雲溪。十六年（一一七六）還武官拜母，卜太基之陰麓，建靈虛祖堂而居。承安二年（一一九七），章宗召問至道之要，處玄對曰：「寡嗜慾則身安，薄賦歛則國泰。」明年還山，敕賜故居，菴額曰靈虛觀。泰和三年（一二〇三），忽鳴鼓集衆，告以行期，遂曲眠左肱而逝。事跡詳秦志安《長生眞人劉宗師道行碑》㊷。著《仙樂集》五卷㊸，第四卷載詞六十四首。存詞共計六十五首㊹。《道藏輯要》胃集本作《仙樂集》一卷。

仙樂詞最特出的地方是描寫超逸灑脫的胸襟。在長生的眼中，生命只是一種負累，根本是不值得眷戀的。何況生命又是這麼虛幻，百年歲月瞬息便逝，甚麼功名，甚麼利祿都會煙消雲散，所以長生詞無一不流露出厭倦俗世的情緒和對神仙境界的幻想與嚮往。如《江神子》：

道心不與世心同。悟和空。物塵容。達理明真，應變自然通。憎愛是非俱不染，遊福地，伴松峰。　鍊成鶴體碧霄中。任西東。訪蓬宮。出了陰陽，仙壽永無窮。海變松枯真不朽，超三界，從仙翁。（《仙樂集》，葉一上下；《全金元詞》，上册，頁四二三）

又如《上平西》：

想人生，老與少，似春秋。恰幼年，卻變白頭。莫爭空假，無常氣斷臥荒丘。大都三萬六千日，多病多愁。　崇真道，敬真聖，明真理，了真修。侍二尊、至孝全周。全家拔宅，功成同去到瀛洲。出離生死無來去，閬苑清遊。（《仙樂集》，葉二下；《全金元詞》，上册，頁四二四）

但是像蓬萊、瀛洲一般的神仙樂地在現實世界中是不存在的。在現實中可以找到的只有泉林和丘壑。它們與擾攘的塵世比較起來自然是清靜得多，長生爲了要使幻想成爲事實，嚮往有所歸宿，於是把這些地方當爲世上的樂地，現實中的蓬萊與瀛洲。集中便有不少篇章描寫他對林壑的鍾愛，茲舉兩闋如下：

酹江月

厭居人世，似孤雲飄逸，鶴昇霄漢。自在無拘空外去，撒手直超彼岸。到處為家，琴書為伴，信筆閑吟嘆。洞天高臥，任他人笑懶慢。　夏近百尺森松，水簾響嘵，飛入龍泉澗。渴飲霞漿仙會處，童稚唇歌舌誕。趓了輪回，完全性命，迷者應難趕。忘名絕利，一任人非人讚。（《仙樂集》，葉八上；《全金元詞》，上冊，頁四二七—四二八）

行香子

歷徧人間。却羨名山。洞天清、坐聽潺湲。萬株松檜，千頃雲煙。好伴琴書，真念道，樂安閑。　養就靈鉛，命耀光圓。行功成、蓬島為仙。出離生滅，萬古相傳。旣免輪

---

42 見《甘水仙源錄》，卷二，葉一上～五上。

43 見《道藏》，參6。

44 唐圭璋從「《雲水集》卷下後」附錄輯得《滿庭芳》一首，加上《仙樂集》原有的六十四首，總共六十五首。《滿庭芳》見《全金元詞》，上冊，頁四三五。

回，六銖掛，去朝元。（《仙樂集》，葉九上；《全金元詞》，上冊，頁四二八）

這些作品充分表現出長生的灑脫襟懷。雖然內裏仍少不了道家氣味，但比起那些專爲說教言理而發的實在有一段距離。此外，如《酹江月》「古今販骨」、《驀山溪》「人間華麗」、前調「紅蓮池畔」、《玉堂春》「道德清平」、《惜黃花》「大翁出去」、《青杏兒》「念道玉嬢多」、前調「迷者似河沙」、《武陵春》「辛酉仲春遊坎上」、《定風波》「甘雨及時貴似油」、《望蓬萊》「形如鶴」等都是這般襟懷的寫照。

可惜他如此襟懷仍不能寫出一些富有文學性的篇什來。如果要勉強的舉出一首，就只好舉其《滿路花》了：

霜林飄赤葉，徧地湧黃金。賓鴻離塞北，足聲音。淵明歸去，獨酌樂清吟。酩酊真歡笑，高臥雲山，忘塵世，偽難侵。頓然覺，應物無心。道妙自然深。壺中仙景，異外休尋。四時花放，論古更明今。要到乘風去，三島十洲，蓬萊別有高吟。（《仙樂集》，葉八下—九上；《全金元詞》，上冊，頁四二八）㊺

我們要欣賞的是前片，尤其是「霜林飄赤葉，徧地湧黃金」兩句，可以算是較爲「清切可誦」的㊻。後片就完全是道詞的作風了。

集中更有詠三教的篇章，如《驀山溪》「七旬相近」、《玉堂春》「仙觀靈虛」、《感皇恩》「道釋與儒門」就是。在總論裏已舉出一首，這裏無須再錄了。仙樂詞也有藏頭拆字之作，全學重陽，並無特別之處，且落理障。

丘處機，小名丘哥，字通密，號長春子，舊名字不詳，山東登州棲霞縣（今山東縣）人。

生於金熙宗皇統八年（一一四八），卒於蒙古成吉思汗二十二年（一二二七），年八十。幼亡父母，未嘗讀書。自少聰敏，後知向學，日記千言，能久而不忘。年十九，棄俗入道，隱居山東寧海州崑嵛山煙霞洞。年二十，謁王重陽於寧海州全眞庵，請爲弟子，重陽爲訓今名、字與號。後隨重陽、丹陽等西遊。重陽卒後，隨丹陽、長眞、長生居重陽故鄉劉蔣村祖庵，共爲亡師修治墳墓。年二十七，西入磻溪，持心修鍊。越數年，遷居隴州（今陝西隴縣）西北之龍門山，苦修如磻溪時，遠方學者咸敬禮之。年四十，徙居終南山祖庵。大定二十八年（一一八八），奉詔至京，主萬春節醮，蒙賜巾袍。後由終南山東歸棲霞，住太虛觀。蒙古成吉思汗十四年（一二一九），太祖成吉思汗自乃蠻命近臣劉仲祿至萊州求之，明年應召北行，時處機七十三歲。越二年，至撒馬爾干，覲見太祖於附近行在。上問：「眞人遠來，有何長生之藥？」對曰：「有養生之道，而無長生之藥。」此後，凡講道三次，拳拳以好生戒殺爲勸。時太祖行在設大雪山之陽，故史稱長春之講道爲「雪山講道」。蒙古成吉思汗十九年（一二二四，時處機七十七歲）返抵燕京。《元史・丘處機傳》云：「時國兵踐蹂中原，河南北尤甚。民罹俘戮，無所逃命。處機還燕，使其徒持牒招求於戰伐之餘，由是爲人奴者，得復爲良，與濱死而得更生者，毋慮二三萬人。中州人至今稱道之。」㊼其有功於民可見。越數年，卒於燕京。事跡詳

㊺ 此詞據《道藏》本《仙樂集》（冊七八五），因爲《全金元詞》排印時有所闕漏。《道藏》本於「淵明歸去」之後有「獨酌樂清吟。酩酊眞歡笑，高臥雲山」十四字，而《全金元詞》則付闕如。

㊻ 饒宗頤語，見《詞籍考》，頁二七五。

㊼ 見《元史》卷二〇二，《釋老傳》，頁五二二五（總頁七七五七）。

《元史》、李志常（長春弟子）《長春眞人西遊記》、陳教友《長春道教源流》、姚從吾《元邱處機年譜》㊽。

長春著有《磻溪集》六卷，見《道藏》㊾。《彊村叢書》覆晦木齋藏書舊鈔《磻溪集》本，收詞一百三十四首，又補遺二首；陶湘《景宋金元明本詞》彙刻本，所收與朱本同。近人周泳先《唐宋金元詞鈎沉》從《鳴鶴餘音》補得八首。唐圭璋《全金元詞》從《道藏》其他典籍及一些文人筆記㊿中輯補若干首，共計一百五十二首。饒宗頤嘗取《集》本（即《彊村叢書》覆晦木齋藏書鈔《磻溪集》本）與《道藏》本（詞載第五、第六兩卷）互勘，認爲「《集》本譌字較多，《藏》本文義較可據（手民誤筆亦略見）。」[51]

在全眞七子的詞集中，丘長春的《磻溪詞》算是相當典雅的一部了，所以《彊村叢書》亦加收錄，而世人知道長春能詞的也較多。平心而論，《磻溪詞》雖然比較上典雅一點，但大部分仍作道家語，純粹爲抒情而發，具有濃厚的文學趣味的不多，在一百五十餘首之中，値得欣賞的不過幾十首而已。

《磻溪詞》的內容頗爲廣泛，有述懷、有說理、有勸世、有記事、有即興、有寫景、有詠物。其中說理及勸世之作純是道家語，乏善可陳。我們要討論的主要是寫景和詠物兩類作品，其次是即興、述懷與記事。集中寫景詞不算少，如《無俗念・暮秋》、《水龍吟・夜晴》、《月中仙・賞月》、《雙雙燕・春山》、《金蓮出玉花・青峰》、《玉爐三澗雪・暮景》（二首）、《無漏子・秋霽》、《賀聖朝・靜夜》等篇，雖非盡是佳製，然妙言雋語亦屢見其中。茲舉《無俗念・暮秋》一詞如下：

霜風蕩颺，舞飄零、木葉斜飛阡陌。極目長郊凝望處，衰菊斕斒猶坼。點點蒼苔，漫漫

朝露，澌結清霜白。山川高下，盡成一片秋色。　瀟灑萬物催殘，淒涼天氣，愁損征
徒客。水谷雲根無可翫，獨有蒼蒼松柏。悟道真仙，忘機逸士，亘古同標格。欺寒壓衆，
自來天地饒得。（《磻溪集》，卷五，葉三下—四上；《全金元詞》，上册，頁四五四）

此詞清麗幽雅，瀟灑自然，誠爲不可多得之作。他如「雲收雨霽。露出青峰寒骨勢。野靜天空。岌岌高橫碧落中。」（《金蓮出玉花·青峰》，《磻溪集》，卷六，葉九上；《全金元詞》，上册，頁四六九）又如「杲日西沉遠隴，輕飆南起洪崖。……漸漸放開心月，微微射透靈臺。澄澄湛湛絕塵埃。瑩徹青霄物外。」（《玉爐三澗雪·暮景》，《磻溪集》，卷六，葉十二上；《全金元詞》，上册，頁四七一）又如「日落風生古洞，夜深月照寒潭。澄澄秋色淨煙嵐。獨弄圓明寶鑑。」（前調，同上）又如「夕陽紅，秋水澹。雨過碧天如鑑。籬菊綻，寒鴻歸，長郊葉亂飛。」（《無漏子·秋霽》，《磻溪集》，卷六，葉十四下；《全金元詞》，上册，頁四七二）都是十分清切的寫景句子。

㊽《長春眞人西遊記》二卷，見《道藏》，册一〇五六；陳敎友《長春道敎源流》（荔莊藏板；臺北：廣文書局影印，一九七五），尤其是卷二、卷三；姚從吾《元邱處機年譜》，見《東北史論叢》，（下），頁二一四～二七六。

㊾參❻。

㊿爲《鳴鶴餘音》、《西遊記》、《金蓮正宗記》及《淸河書畫舫》。從《鳴鶴餘音》補一首，《西遊記》補六首，《金蓮正宗記》補一首，《淸河書畫舫》卷六引《書史會要》補一首，共補九首。關於《磻溪詞》的版本和數量問題，詳情可參前面⓭引拙文《丘處機的〈磻溪詞〉》，頁一四一。

51 見《詞籍考》，頁二八三～二八四。

云：《磻溪集》的詠物詞最出色又最爲人所傳誦的無疑是《無俗念・靈虛宮梨花詞》了。詞

春游浩蕩，是年年、寒食梨花時節。白錦無紋香爛漫，玉樹瓊葩堆雪。靜夜沈沈，浮光靄靄，冷浸溶溶月。人間天上，爛銀霞照通徹。渾似姑射真人，天姿靈秀，意氣舒高潔。萬化參差誰信道，不與群芳同列。浩氣清英，仙材卓犖，下土難分別。瑤臺歸去，洞天方看清絕。（《全金元詞》，上册，頁四七六）

楊愼（一四八八～一五五九）《詞品》說：「邱長春詠梨花《無俗念》云云。長春世之所謂仙人也，而詞之清拔如此。」[52]的確，此詞高潔清絕，靈秀異常，眞是不食人間煙火之作。其餘詠物之作頗多，如《無俗念・枰棋》、前調《蓑衣》、前調《竹》、前調《月》、《月中仙・對松》、《萬年春・土埪》、前調《衲衣》、前調《杜鵑》都是。《無俗念・枰棋》說：「初似海上江邊，三三五五，亂鶴群鴉出。打節衝關成陣勢，錯雜蛟龍蟠屈。」（《磻溪集》，卷五，葉二下；《全金元詞》，上册，頁四五二）前調《月》說：「露結霜凝，金華玉潤，淡蕩何飄逸。」（《磻溪集》，卷五，葉三下；《全金元詞》，上册，頁四五四）描寫的手法都甚爲出色。況周頤（一八五九～一九二六）評二詞說：「……其形容棋勢，如見開匳落子時。『淡蕩飄逸』，尤能寫出月之神韻。向來賦此二題者，殆未曾有。」故他認爲是「精警清切之句」[53]。

長春的即興之作雖然不多，但亦頗清新可喜，如《忍辱仙人・春興》：

春日春風春景媚。春山春谷流春水。春草春花開滿地。乘春勢，百禽弄舌爭春意。澤又如膏田又美。禁煙時節堪遊戲。正好花間連夜醉。無愁繫。玉山任倒和衣睡。（《磻

溪集》，卷六，葉四上；《全金元詞》，上冊，頁四六六）

這詞清麗流暢，爽朗自然，把春天欣欣向榮的景物和作者歡樂喜悅的心情表現得淋漓盡致。誰會想到這是出於道人之手？

長春的詠懷篇什倒有不少（共計十餘篇），如《無俗念・歲寒守志》、前調《述懷》、《滿庭芳・述懷》、《瑤臺月・自詠》、《漢宮春・苦志》、《鳳棲梧・述懷》、《黃鶴洞中仙・自述》、《金蓮出玉花・自述》、《玉爐三澗雪・自詠》、《解寃結・自詠》、《好離鄉・述懷》、《蓬萊閣・述懷》、《下手遲・自詠》、《水雲遊・自詠》等，或述修道之苦志，或詠生活之閒適，或道思想之超脫，或寫胸襟之曠逸，總之不離一個高人逸士的描寫。茲錄兩篇如下：

黃鶴洞中仙・自述

故里在天涯，海上無名士。因遇終南陸地仙，挈我來游此。　素愛斷蓬飛，野鶴孤雲志。頂笠披簑人不知，便是風狂子。（《磻溪集》，卷六，葉五上；《全金元詞》，上冊，頁四六七）

---

52 見《詞品》（唐圭璋編《詞話叢編》本，冊二，臺北：廣文書局影印，一九六七），卷二，葉七下（總頁四一八）。

53 見況氏《蕙風詞話》（香港：商務印書館，一九六一），卷四，頁八八。

好離鄉・述懷

獨坐向南溪。一事無能百不知。所愛冥冥煙雨後，東西。雲綻峩峩列翠微。蒼骨太虛齊。冉冉寒光映日飛。何事中心看不足，忘歸。似有膏肓病著肌。（《磻溪集》，卷六，葉十五下；《全金元詞》，上冊，頁四七三）

最後我要一談的是長春的記事詞。集中記事之作不下七、八首之多。但大都沒有多少文學價值。這裏要特別介紹的是一首《滿庭芳》。先錄其詞如下：

幼稚抛家，孤貧樂道，縱心物外飄蓬。故山墳壠，時節罷修崇。幸謝鄉豪併力，穿新壙、起塔重重。遺骸並，同區改葬，遷入大塋中。人從。關外至，皆傳盛德，悉報微躬。耳聞言，心下感念無窮。自恨無由報德，彌加志、篤進玄功。深迴向，虔誠道友，各各少災凶。（《磻溪集》，卷五，葉十下；《全金元詞》，上冊，頁四五八）

此詞有小序說：「余自東離海上，西入關中，十五餘年，捨身求道，聖賢是則，墳塋罷修，考妣枯骸，孰加憐憫。邇聞鄉中信士，勠力葬之，懷抱不勝感激，無以爲報，遂成小詞，慇懃寄謝云。」[54]這首詞不獨記述了鄉人爲他的父母修墳一事，而且更透露了他的倫理思想和求道慾望。後者從「幼稚抛家，孤貧樂道，縱心物外飄蓬」三句可以看出；前者則從他對鄉人之修墳「感念無窮」及希望他們「各各少災凶」可以看到。這說明長春雖遊心物外，但儒家的倫理思想如「父子之情」、「朋友之誼」仍然深深的藏在他的心中。這首詞雖爲記事之作，但其中的價值却在記事之外。

郝大通，字太古，號廣寧子，寧海人，生於金熙宗天眷三年，卒於完顏永濟崇慶元年（一一四〇～一二一二），年七十三。家故饒財，爲州首戶。少孤，事母孝，稟賦穎異，識度夷曠，蕭然有出塵之資。讀書喜《易》，研精尤甚。因洞曉陰陽律曆之術，不樂仕進。慕司馬季主、嚴君平之爲人，以卜筮自晦。大定七年（一一六七）遇王重陽，明年乃棄家入崑崙山，禮重陽於煙霞洞，求爲弟子。重陽納之，賜名璘，號恬然子。十二年（一一七二）至歧山，遇神人，授今名字及道號。二十二年（一一八二），過灤城，又與神人遇，受《大易》秘義，自爾爲人言未來事，不差毫髮。至鎭陽，居觀升堂演道，遠近來聽者常數百人。已而闡化諸方，專以利物度人爲務，由是郝太古之名聞天下。有《太古集》十五卷行於世。生平事跡詳元徐琰《郝宗師道行碑》[55]。《道藏》收錄《太古集》四卷，不及詞[56]。唐圭璋從《鳴鶴餘音》及《金蓮正宗記》輯錄太古詞二首，見《全金元詞》。雖然太古只存詞二首，並非其全豹，但是從這兩首詞亦可窺見太古悟道後之灑脫與超拔之道家襟懷。其《無俗念》一首如下：

十年學道，遇明師、指破神仙真訣。一句便知天外事，萬載千年疑絕。見色明心，聞聲

---

[54] 見《全金元詞》，上冊，頁四五八。《磻溪集》亦錄此小序，惟文字略有差異，茲鈔錄如後，藉作比較：「余因求道，西留關中十五餘年，聞鄉中善士，爲葬先考妣，不勝感激，遂成小詞寄謝云。」卷五，葉十下。

[55] 全名爲《廣寧通玄太古眞人郝宗師道行碑》，見《甘水仙源錄》，卷二，葉十八上～二十四下。

[56] 《太古集》卷一爲《周易參同契簡要釋義》，卷二及卷三言天地、八卦、氣數、圖象之學，卷四收《金丹詩》三十首，全部皆言煉丹（內丹）之事。見《道藏》，冊七九八。據徐琰《郝宗師道行碑》，《太古集》有十五卷之多，今存本只有四卷，散佚的自然不少，可能其中有詞也說不定。

悟道，此理難言說。玄關斡運，心生無限歡悅。放開匝地清風，迷雲散盡，露出青霄月。萬里乾坤明似水，一色寒光皎潔。玉戶推開，珠簾高捲，坐對千巖雪。人牛不見，悟箇不生不滅。（《鳴鶴餘音》，卷一，葉九上下；《全金元詞》，上册，頁四二三）

這詞雖不免道家言語，但讀來亦頗爽朗，尤其是下片，以自然之景反托心胸之境，可算清麗可喜，較諸《太古集》卷四《金丹詩》三十首之全作「鉛汞」、「刀圭」一類丹家詞語，不知要勝多少倍了。

孫不二，號清靜散人，舊名字不詳，寧海人。生於金太祖天輔三年，卒於世宗大定二十二年（一一一九～一一八二），年六十四。性甚聰慧，在閨房中，禮法嚴謹。素善翰墨，尤工吟詠。既笄，適馬鈺丹陽。生三子，皆教之以義。大定七年（一一六七）遇重陽，欲從之入道，惟愛心未盡，猶豫不決。更待一年，始拋三子，竹冠布袍，詣本州金蓮堂禮重陽而求度，重陽乃賜之今法名及道號，授以天符雲篆秘訣。重陽逝去，重與丹陽相見，參同妙旨，轉涉理窟。其後相別，東西各處一方，鍊心環堵。七年之後，三田返復，百竅周流，遂起而東行，遊歷洛陽，勸化接引，度人甚多。生平行實詳樗櫟道人《金蓮正宗記》57。有《孫不二元君法語》一卷及《孫不二元君傳述丹道秘書》三卷傳世，收《道藏輯要》胃集。《全金元詞》錄詞二首，皆輯自《鳴鶴餘音》。

存詞二首爲《卜算子·辭世》及《綉薄眉》。《卜算子》是他的辭世之作，時爲壬寅年（一一八二）十二月二十九日58。這詞所說純爲修鍊之事、丹家之言，沒有甚麼文學趣味。《綉薄眉》一詞雖類同前調，却有一點文獻價值，不妨錄出看看：

勸人悟。修行脫免三塗苦。明放着跳出門戶，譚馬丘劉，孫王郝太古。法海慈航，寰中普度。（《鳴鶴餘音》，卷六，葉十二上；《全金元詞》，上冊，頁三九九）

所謂文獻價值，是指詞中直接點出譚（處端）、馬（鈺）、丘（處機）、劉（處玄）、孫（不二）、王（處一）、郝（太古）七人，即世人所謂的「全眞七子」。上文已指出馬丹陽在詞中愛提到師父王重陽及同學如丘、劉、譚、郝的名字，現在又見到孫不二亦有此好，這是否表示他們夫婦二人的作品也互相影響呢？

（原載香港中文大學《中國文化研究所學報》，第十九卷，一九八八）

---

57 《全蓮正宗記》有《清靜散人傳》。見卷五，葉九上～十一下。《傳》說：「先生（按：指王重陽）贈之詩曰：『分梨十化是前年，天與佳期本自然，爲甚當時不出離，元來只待結金蓮。』仍賜之法名曰『不二』，道號曰『淸靜散人』。」

58 《淸靜散人傳》有如下的記載：「一旦書《卜算子》云……書畢告門人曰：『師眞有約，各赴瑤池，仙期至矣。』沐浴更衣，問左右曰：『天氣早晚。』皆對曰：『卓午矣。』遂結跏趺，奄然端坐，而處順焉。顏色如生，香風滿室，瑞氣繚繞，低覆原野，終日不散，時壬寅年（一一八二）十二月二十九日也。」參上注。

從〈任風子〉雜劇看元雜劇與道教的關係

一

元代的雜劇與道教結下了不解之緣，它與道教關係的密切，可使人讀後，多少也可以沾染些仙人氣息。它的取材多與道教的典故有關。神仙顯示的幻想，都給予雜劇這種中國文學形式強大的生命及活力。

要了解道教和元雜劇的關係，首先要淸楚二者在元代的情況。先來看看雜劇。

在中國文學史上，元代可以說是一個雜劇的年代。世稱宋詞元曲，雜劇之所以能在元代盛行，是因爲它能深刻地反映出當時的社會背景，廣泛地包孕了當時的歷史現實和生動地描繪了當時社會的生活面貌。題材上，無論縱橫宇宙，古今上下，歷史偉迹，市井瑣聞，英雄風雲，兒女戀情，都能兼收並蓄；技巧上，其體物之工，寫情之妙，均沁人心脾，爽人耳目，故能代表一代文學而睥睨千古。

元雜劇的數量，可謂洋洋大觀，綜合元末以至近代各家曲籍記載，統計得元代雜劇之有目可稽者共七百三十餘本❶。後雖經六百餘年散佚，流傳至今考訂有撰人名氏者四十八家，作品

---

❶ 參羅錦堂《現存元人雜劇本事考》（中國文化事業股份有限公司，一九六〇年），第一章，第一節「總目凡例」，頁一～六。

一百本，另無名氏作品六十一本，共一百六十一本❷。此外，還有一些殘存於戲曲選中的單折，但已非全曲，又無賓白❸，詳細情節也無從得知。儘管如此，我們單就上列的數字，也可知道雜劇在元代流行的盛況了。

再看道教，在元代的宗教史上，道教是極其活躍的。《元史・釋老傳》記載的道教四派爲：正一、全眞、大道、太乙❹。除正一教是原來流傳南方的符籙派道教外，其他三支是金元時興起的道教新派。其中流傳最廣，影響最深的是全眞教❺。全眞教在元代信奉的人很多，元好問（一一九〇～一二五七）曾記當時的情況，說：

黃冠之人十分天下之二，聲焰隆盛，鼓動海岳。❻

又元代的道士相當受帝王的重視，如全眞教主邱處機（一一四八～一二二七），受世祖之詔書，不辭跋涉，帶領弟子，行萬餘里，經數十國，到了雪山去覲見太祖，深得器重，受封而歸❼。

所謂上有所好，下必效尤，元代的百姓也相當崇尚道教。這一方面，尤其反映於元代知識份子的行爲中。金末元初，士人遭亂，竄身道籍的事例甚多❽。而全眞道士與士人交往的情況也甚爲普遍，在元代的著名文人如元好問、王惲（一二二七～一三〇四）、姚燧（一二三八～一三一三）等人的文集中，就有不少爲全眞道士或宮觀而作的碑銘文，或爲之題寫的詩文作品❾。

凡此，皆可反映出道教在元代流傳的盛況。

❷ 此說見上引書「序說」，頁一～二。但據明臧懋循編選《元曲選》（北京：中華書局，一九五八年）及隋樹森編《元曲選外編》（北京：中華書局，一九五九年）共收雜劇一百六十二種。其中無名氏作品四十五種。以下本文各劇的引文，均據這個版本，不另作注。

❸ 如《元刊雜劇三十種》中所收諸劇以記曲詞爲主，多賓白不全，或竟全無賓白。正末或正旦以外的白幾乎全都省略，僅只是「外末云了」、「外末問了」這樣的記著，並不把「白」寫出來。就是正末正旦的白也很簡單，只示其大意而已。此書原爲元坊間刻本，通行本有日本京都帝大覆刻本，上海中國書店據覆刻石印本及珂羅版影本。今世界書局有鄭騫校訂《元刊雜劇三十種》（臺北：世界書局，一九六二年），又名《古今雜劇三十種》；又有徐沁君校《新校元刊雜劇三十種》（北京，中華書局，一九八〇年）。

❹ 《元史・釋老傳》（《二十五史本》，上海：開明書局，一九三五年），卷二〇二，頁四五四～四五六。

❺ 有關全眞教的研究，可參陳垣《南宋初河北新道教考》（北京：中華書局，一九六二年），「全眞篇」上、下，頁一～八〇；錢穆「金元統治下之新道敎」、《人生》（香港），卷三十一，第三期（一九六六年），頁三～五；孫克寬「全眞教考略」，《大陸雜誌》（臺北），第八期（一九五四年），頁三〇九～三一三。

❻ 元好問（一一九〇～一二五七）《清眞觀記》，見《元遺山先生全集》（重鐫本，讀書山房刻本，秀容書院藏版，清光緒七年〈一八八一〉），卷三十五，頁二〇。

❼ 關於邱處機的政治活動見《元史》，卷二〇二，頁四五五；《新元史》（《二十五史》本），卷二四三，頁四六二。另可參姚從吾「元邱處機年譜」，《東北史論叢》下（臺北：正中書局，一九五九年），頁二一四～二七六。

❽ 可參《甘水仙源錄》，卷八，頁二二～二三，有關知常姬眞人的事迹。見《道藏》（上海：商務印書館據上海涵芬樓影印本影印明正統十年〈一四四五〉重輯本影印，一九二四～一九二六年），冊六一三。

❾ 陳垣《南宋初河北新道教考》對全眞敎與當時名士交往的情況有詳盡的敍述，文中不復贅，頁一五～一二三。

道教（尤其是全眞教）既在元代知識分子中廣泛流傳，順理成章地也就與文學發生了關係。最明顯地將這關係顯現出來的是元代的雜劇，而應運而生的是那些「神仙道化」劇。

二

「神仙道化」一名最先見於明朱權（一三七八～一四四八）《太和正音譜》裏的「雜劇十二科」，其首的就是「神仙道化」❿。

十二科的分類是以題材爲標準。雖然朱氏並沒有爲每一類別作出舉例，而科與科之間又沒有明顯的界說，但我們至少可以知道宗教戲劇是當日很重要的一種，其中「神仙道化」、「神頭鬼面」⓫乃至「隱居樂道」⓬各種劇都與宗教有關。

事實上，宗教在元代雜劇的促成上盡了不少力量，「神仙道化」劇的出現就是一個最佳例證，而元雜劇的資料中顯示出「神仙道化」劇爲數不少。據羅錦堂教授《現存元人雜劇本事考》的分類中，相當於「神仙道化」劇的「道釋劇」就有二十二本，分爲：

一、道教劇（凡十四本）

莊周夢　誤入桃源　張生煮海　黃粱夢　藍采和　鐵拐李　竹葉舟　岳陽樓　城南柳

昇仙夢　金童玉女　翫江亭　任風子　劉行首

二、釋教劇（凡八本）

西遊記　東坡夢　忍字記　度柳翠　猿聽經　來生債　冤家債主　看錢奴⓭

羅教授指出：

> 道釋劇相當於十二科中之神仙道化。……舉凡元雜劇中之道教劇，蓋無一不與神仙顯示，度脫凡人有關，……至於釋教劇，在元劇中亦有數本，其主題多為弘法度世與因果輪迴

⓾ 雜劇十二科：一神仙道化、二隱居樂道（又曰林泉丘壑）、三披袍秉笏（即君臣雜劇）、四忠臣烈士、五孝義廉節、六叱奸罵讒、七逐臣孤子、八鏺刀趕棒（即脫膊雜劇）、九風花雪月、十悲歡離合、十一烟花粉黛（即花旦雜劇）、十二神頭鬼面（即神佛雜劇）。見朱權《太和正音譜》（中國戲曲研究院編《中國古典戲曲論著集成》（北京：中國戲劇出版社，一九五九年」，第三冊），頁二四。

⓫ 雜劇十二科之一，見上注。又青木正兒說：「『神頭鬼面』大概是指鬼神出現一類的事。」見青木正兒著，隋樹森譯《元人雜劇概說》（香港：中華書局，一九七七年），頁二八。（此書原名《元人雜劇序說》，現改用上名，見「譯者序」。）

⓬ 雜劇十二科之一，見⓾。青木正兒說：「『隱居樂道』大概是以隱遁者的生活爲主題，但是也往往帶神仙味。」見《元人雜劇概說》，頁二七。

⓭ 見羅錦堂《現存元人雜劇本事考》，頁四四五～四四六。又羅氏分元雜劇爲八類：一歷史劇、二社會劇、三家庭劇、四戀愛劇、五風情劇、六仕隱劇、七道釋劇、八神怪劇。見前引書第三章「現存元人雜劇之分類」，頁四一九～四五二，此章曾載於《新亞學報》，卷四，第二期（一九六〇年二月），頁二七九～三〇六。

之說，而又仙佛混淆，非盡佛說也。⓮

又據青木正兒《元人雜劇概說》云：

> 「神仙道化」不消說是取材於道教傳說的，就現存的作品來看，則有兩種：一種是神仙向凡人說法，使他解脫，引導他入仙道；一種是原來本為神仙，因犯罪而降生人間，既至悟道後又回歸仙界。我的意見，把前者稱為度脫劇，把後者稱為謫仙投胎劇。⓯

趙幼民在《元雜劇中的度脫劇》一文說：

> 因而本文所謂的「度脫劇」⓰，都是專指仙佛度人成仙成佛，以解脫人世間苦痛的雜劇，而所說的人都是與佛道有緣的人。⓱

胡可立在《柳翠劇的兩種類型》一文說：

> 「度脫劇」主旨是勸人看破人間一切榮華富貴，酒色財氣，出家修行以成仙或獲得永恆的生命。⓲

么書儀《元雜劇中的〈神仙道化〉劇》一文說：

> 按照他（按：即朱權）對「隱居樂道」和「神仙道化」兩科的區分，前者應是描寫山林隱逸的生活和思想，後者應是演述道教的度脫和飛升的故事。⓳

綜合以上的說法，我們大概可以知道「神仙道化」劇的定義和內容。《太和正音譜》中的「神仙道化」劇是指那些專描繪仙佛度脫人類或精怪成仙成佛的故事。無論是道教劇或釋教劇⓴，其主旨在以解脫塵寰，逍遙物外為依歸，着重表現人世間的不可留戀。作品大都是以對永恒仙界的肯定和對人世紅塵的否定。可以說「神仙」和「道化」就是「神仙道化」劇的特點。若就羅錦堂教授《現存元人雜劇本事考》依據王國維的《宋元戲曲考》與馬廉的《錄鬼簿

新校注》及前人曲籍㉑的統計，有全曲留存的「神仙道化」劇就有二十二種之多㉒。其中屬於

⑭ 同上，頁四四五。

⑮ 見青木正兒著，隋樹森譯《元人雜劇概說》，頁二六～二七。

⑯ 趙氏這裏的「度脫劇」是主張把青木正兒所說的「謫仙投胎劇」併歸於內，而通名之曰：「度脫劇」。他說：「其所言『謫仙投胎劇』，雖是指神仙犯罪謫貶人間，一種犯罪行爲的補償，然其在人間所受物慾至悟道的步驟、方法、過程，均如凡人欲成仙者。因此，我仍以爲此類亦當列入度脫劇之中。」見趙幼民〈元雜劇中的度脫劇〉上，《文學評論》，第五集（一九七八年六月），頁一五五。

⑰ 見趙幼民〈元雜劇中的度脫劇〉上，頁一五五。

⑱ 見胡可立〈柳翠劇的兩種類型〉，《文學評論》，第四集（一九七七年五月），頁二五五。

⑲ 見么書儀〈元雜劇中的《神仙道化》劇〉，《文學遺產》，卷十八，第三期（一九八〇年十二月），頁六四。

⑳ 朱權《太和正音譜》中並沒有指出「神仙道化」劇乃單指那些取材於道教傳說的劇本。實際上，「神仙道化」劇的特點就在於「神仙」和「道化」，因此，釋教劇如〈忍字記〉、〈度柳翠〉等，乃演佛度脫凡人的故事，故理應列於「神仙道化」的範圍內。

㉑ 同❶。

㉒ 由於元雜劇的「神仙道化」劇中，道化和隱逸常常混雜在一起，故學者往往將一些隱居樂道的劇本如〈七里灘〉、〈陳摶高臥〉等也列入「神仙道化」劇的範圍中，如么書儀〈元雜劇中的《神仙道化》劇〉一文如是。又呂薇芬〈馬致遠的《神仙道化》劇和它產生的歷史根源〉一文說：「馬（致遠）作流傳至今僅七種，而『神仙』劇却佔四種：〈岳陽樓〉、〈任風子〉、〈陳摶高臥〉、〈黃粱夢〉。」見《文學評論叢刊》，卷七（一九八〇年十月），頁五五。但按「雜劇十二科」中已有「隱居樂道」一類，故〈七里灘〉、〈陳摶高臥〉等劇仍應列於其中。

道教範圍的「道教劇」十四種（見上文），約佔了現存元人雜劇的十分之一，單從這個比數看來，已經可以知道道教在元代是極深入民心的。

固然，「道教劇」的產生及流行與當時全眞教在北方的盛行有着密切的關係。其題材多爲演述全眞教五祖七眞㉓的事蹟。但更值得注意的是這些「神仙道化」劇中，道化和隱逸經常交織在一起，此乃因爲全眞教根本就是一個「苟全性命於亂世，不求聞達於諸侯」㉔的隱修會，「隱逸」就是全眞教的教義。因此，要淸楚「神仙道化」劇的定義和內容，不能忽略其中「隱逸」的思想。若論及元雜劇和道教的關係，除了《太和正音譜》中「神仙道化」一科裏的「道教劇」外，還得注意那些提倡摒棄名利，淵靜以明志的「隱居樂道」劇。

三

我們說過元雜劇和道教結下不解之緣，而這個「緣」正好從「神仙道化」劇與道教的關係中反映出來。可以說「神仙道化」劇和道教二者之間有着一個相互影響的關係。

道教在元代的流行，顯現在文學上的一個明顯的反應就是「神仙道化」劇的產生；而「神仙道化」劇的產生不但能展示出道教在元時的發展情況，爲其深入民心作出佐證，更重要的是由於戲劇本身的流播，使道教北宗更加風行，其教義和思想更加深刻地滲入群衆，引起山林隱逸，虛無仙界的渴想，且及於明代，也爲後世戲劇提供了寶貴的題材。

在現存的二十二種「神仙道化」劇中，就其取材而論，道教多於佛教，這完全是由於道教（尤其是全眞教）在元代的宗教史上是極其活躍的。例如全眞派道士邱處機極受成吉思汗的禮遇，並「錫之虎符，副以璽書，不斥其名，惟曰神仙。」㉕可見元代的道士是相當受到帝皇重視的。此外，元代的百姓也極崇尚道教，就現存的有關道教的「神仙道化」劇來說，大多以北宗祖師們的通俗故事爲題材，劇中的度脫事蹟每有其根源。道教北宗的承傳：

太上老君→東華帝君→鍾離權→呂純陽→王喆→馬鈺、邱處機、譚處端、劉玄處、郝大通、王處一、孫不二。㉖

道教「神仙道化」劇的度脫故事：

1. **〈張生煮海〉——東華仙度化金童玉女。**

㉓ 全眞教五祖爲東華子（戰國時人）、鍾離權（漢人）、呂純陽（唐人）、劉海蟾（後梁人）、王重陽（一一一二～一一七〇）；七眞爲馬鈺（一一二三～一一八三）、譚處端（一一二三～一一八五）、劉處玄（一一四七～一二〇三）、邱處機（一一四八～一二二七）、王處一（一一四二～一二一七）、郝大通（一一四〇～一二一二）及孫不二（一一一九～一一八二）。七眞事跡見元樗櫟道人編《金蓮正宗記》，《道藏》，册七五；元趙道一編《歷世眞仙體道通鑑續編》，《道藏》，册一四九；元李道謙編《甘水仙源錄》，《道藏》，册六一一。

㉔ 諸葛亮〈前出師表〉，見段熙仲、聞旭初編校《諸葛亮集》（北京：中華書局，一九六〇年），「文集」，卷一，頁五。

㉕ 《元史・列傳》（《二十五史》本），卷二〇二，頁四五五。

㉖ 《元史・列傳》（《二十五史》本），卷二〇二。又可參看傅勤家《中國道教史》（商務印書館，一九七二年），頁二一〇；青松仙觀重刊《呂祖全書》（香港：德信印務公司影印存版，一九六五年），卷一，「呂祖全書仙派源流」，頁六；或憩園藏板《呂祖全書》，第一卷。

2.〈莊周夢〉——太白金星度化莊周。
3.〈誤入桃源〉——太白金星度化劉晨、阮肇。
4.〈黃粱夢〉——鍾離度呂洞賓。
5.〈藍采和〉——鍾離度許堅。
6.〈鐵拐李〉——呂岩度鐵拐李岳。
7.〈竹葉舟〉——呂岩度陳季卿。
8.〈岳陽樓〉——呂岩度梅、柳二精。
9.〈城南柳〉——呂岩度岳州柳樹精。
10.〈昇仙夢〉——呂岩度桃、柳樹精。
11.〈金童玉女〉——鐵拐李度金童玉女。
12.〈翫江亭〉——鐵拐李度金童玉女。
13.〈任風子〉——馬丹陽度屠戶任風子。
14.〈劉行首〉——馬丹陽度青樓女子劉倩嬌。

如此看來，各劇的度脫事蹟大多附會道教北宗祖師們的度脫故事。我們再看看元代寫作「神仙道化」劇數量最多的曲家馬致遠（約一二五〇～一三二一以後）的作品：

1.〈黃粱夢〉——鍾離度脫呂洞賓。
2.〈岳陽樓〉——呂洞賓度脫梅柳樹精。
3.〈馬丹陽〉——王喆度脫馬鈺。㉗
4.〈任風子〉——馬鈺度脫任屠。

這四本劇中的度脫事蹟，大都涉及全眞教道統的承傳，可說是有本之作，馬致遠是這樣的把全眞教的道統處理在他的幾種作品裏面。於此可看出道教在元代深入民心的情況。

此外，「神仙道化」劇中往往表現出道教所提倡的高遠隱逸的思想，這與道教在知識份子和群衆中的廣泛影響不無關係。

我們說過全眞教根本就是一個隱修會，正如王惲《秋澗集》《奉聖州永昌觀碑》云：

> 後世所謂道家者流，蓋古隱逸清潔之士，岩居澗飲，草衣木食，不為軒裳所羈，不為榮利所怵，自放於方之外，其高情逸韻，凌烟霞而薄雲月，誠有不可及者。自漢以降，處士素隱，方士誇誕，飛升煉化之術，祭醮禳禁之科，皆屬之道家，稽之於古，事亦多矣。徇末以為本，凌遲至於宣和極矣。弊極則變，於是全真之教興焉。淵靜以明志，德修而道行，翕然從之，實繁有徒，其特達者名潛戶牖，自名其家，耕田鑿井，自食其力，垂慈接物，以期善俗，不知誕幻之說為何事，敦純樸素，有古逸民之風焉。㉘

這裏指出了全眞家的特點乃敦純樸素，無涉虛妄怪誕，有古逸民之風，提倡摒棄名利，淵靜以明志的思想。

㉗ 傅惜華《元雜劇全目》（作家出版社，一九五七年）所載佚本中有〈王祖師三度馬丹陽〉一種。元鍾嗣成《錄鬼簿》通行本亦載有〈王祖師三度馬丹陽〉一目。清姚燮《今樂考證》（見《中國古典戲曲論著集成》，第十集）認爲卽〈馬丹陽三度任風子〉劇，但從此劇正名看，演的是王喆度馬鈺故事，二者應分別爲兩劇。

㉘ 王惲《秋澗先生大全文集》（商務四部叢刊本，冊一五），卷五十八，《大元奉聖州新建永昌觀碑銘》，頁一一二。

這種出世遁隱的思想，配合元代這樣一個黑暗動盪，知識份子充滿強烈苦悶和絕望的思想情緒的社會，就成爲了「神仙道化」劇成長的溫床，也正就是「神仙道化」劇湧現的直接原因。

「神仙道化」劇實際上反映了元代知識份子的人生態度，既對現實不滿，又不敢用鬥爭來改變現實，只好企圖從神仙、隱士的生活來尋求安慰，以擺脫人世的苦悶。這種深感對現實的黑暗和絕望，轉而向隱逸或虛無飄渺的神仙世界尋求解脫的意識形態，在戲劇中有強烈的反映。

事實上，雜劇與道教之所以能發生關係並互相影響，完全架構在元初所呈現出的政治及宗教背景之上。人民生活在異族政治力量壓抑之下，要求平等對待而不可得，只有轉求助於宗教，企圖以精神的昇華，彌補現實人生的不足，進而探求人生的眞正意義，宗教和藝術是他們的唯一出路。在元代，他們選擇了道教和雜劇。

四

宗教與文學往往有着不可割切的關係。在中國，道與佛，從魏晉開始，到唐宋以後，就與中國文學有着不可分解的因緣。魏、晉的詩歌與散文，含有比較多的道家成份；唐人的詩，道、佛兩家氣息並重，筆記小說却以道家成份居多；宋人的文學，又似乎偏向於禪；到了元代的戲曲，就出現了「神仙道化」劇，其中以道的成份多於佛。

這樣的劃分，似乎有點勉強，但從另一角度出發，我們可以意識到某一特定的宗教能夠凌駕於其他宗教而影響某一時代的文學，其背後必然有它特殊的原因。試以唐李義山（八一三～

八五八）《錦瑟》詩爲例：

錦瑟無端五十絃，一絃一柱思華年。莊生曉夢迷蝴蝶，望帝春心託杜鵑。滄海月明珠有淚，藍田日暖玉生烟。此情可待成追憶，只是當時已惘然。㉙

這首詩處處含有道家的情緒，其中「莊生夢蝴蝶」、「望帝託杜鵑」、「滄海珠淚」等等神仙幻化的故事，皆是與道家、道教有關的典故㉚。固然，這與義山所處的時代㉛道家思想流

㉙《全唐詩》（北京：中華書局，一九六〇年），第八冊，卷五三九，頁六一四四。

㉚「莊生夢蝶」——《莊子‧齊物論》：「昔者莊周夢爲蝴蝶，栩栩然蝴蝶也。自喩適志與，不知周也。俄然覺，則蘧蘧然周也。不知周之夢爲蝴蝶與？蝴蝶之夢爲周與？」「望帝托杜鵑」——《華陽國志‧蜀志》：「周失綱紀，蜀侯蠶叢稱王。復有王曰杜宇，敎民務農，一號杜主。七國稱王，杜宇稱帝，更名蒲卑。會有水災，其相開明決至參山以除水害，帝遂委以政事，禪位于開明。帝升西山隱焉。時適二月，子鵑鳥鳴，故蜀人悲子鵑鳥鳴也。」「滄海珠淚」——合「滄海遺珠」與「鮫人泣泪成珠」而成。《新唐書‧狄人傑傳》：「（仁杰）舉明經，調汴州參軍，爲吏誣訴。黜陟使閻立本召訊，異其才，謝曰：『仲尼稱觀過知仁，君可謂滄海遺珠矣。』」任昉《述異記》：「南海中有鮫人室，水居如魚，不廢機織，其眼能泣，則出珠。晉木玄虛〈海賦〉云：『天深水怪，蛟人之室。』」

㉛李義山，生於唐憲宗元和八年（八一三），卒於唐宣宗大中十二年（八五八）。一生經歷了憲、穆、敬、文、武、宣六朝。

行有關。唐朝，乃道教的極盛時代[32]，義山明顯地是受到了道家這種思想潮流的影響，倘若無此修養，無此感情，是絕對做不出這種詩境的，這就是宗教對於文學家所產生的潛移默化的力量。

同樣地，元代「神仙道化」劇的得以產生，且成長爲戲劇文學中的傳統題材，形成元曲一個很重要的文學特色，自亦有其特別因素，殊非偶然。「神仙道化」劇的產生是一種複雜的文學現象，由多種因素造成，我們可以從下列各方面探討它所以產生的歷史根源。

一、政治

元代，可以說是漢民族的一個噩夢。蒙古人馬上得天下而又想馬上治之。武力統治的結果使漢人受到了壓制。蒙古、色目、漢人、南人四等之分，南宋人爲最下等[33]；官、吏、僧、道、醫、工、匠、娼、儒、丐十級之分，讀書人僅高於丐[34]。四等之分剝奪了漢人的政治地位。十級之分否定了漢人的文化地位。法統、道統爲異族所奪，漢民族的自尊受到嚴重打擊，這正是蒙古人的最終目標。蒙古人明白到知識份子在社會中的影響力，要成功地統治中土，就得分化知識份子的思想和立場。於此，除了運用如十級之分的輕視漢族士人的心理政策外，他們還採取了一連串的手段來消蝕士人們的精力，鉗制他們的思想，防止反抗意識和民族思想的傳播。在文學上，自唐、宋時代樹立起來的載道的文學理論必定得不到重視或容許，文壇上就失去了指導、監督和批評的力量。反之，那本爲道學先生們認爲是末技的戲曲文學，却就因着它的「卑不足道」而得到提倡，蓬勃滋長起來[35]，非單如此，元代的政府似乎還刻意認可宗教戲劇

㉜ 唐室與老子同姓李，尊老子爲國祖。太宗立國之初，正式命令天下，以道敎爲國敎。高宗時追號老子爲太上玄元皇帝。玄宗學玄學於玄元廟，以《道德經》爲群經之首，王侯以下都習之。又建玄元廟於各地。天寶元年，加號玄元皇帝曰大聖祖，置崇玄館，設玄學博士，諸州設玄學生，應舉名曰道學。宮廷亦均奉道敎，公主、妃嬪等，多入道爲女冠或女眞。可見道敎於唐時極受尊崇。見《唐書・禮書》的封禪、祭神條。道士的傳記則見隱逸方伎各傳。《舊唐書・經籍志》，道家入子部，見《舊唐書》（《二十五史》本），卷四七，頁三二六四～三二六五。另《新唐書・藝文志》列神仙三十五家五十部三百四十一卷，見《新唐書》（《二十五史》本），卷五九，頁三七六七。唐代道敎盛行情況，可參傅勤家《中國道敎史》（商務：一九七二年），頁一七四～一七六；小柳司氣太《道敎概說》（商務：一九二六年），頁六二～六三。

㉝ 元室將全國人民分爲蒙古人、色目人、漢人、南人四等，階級的歧視與待遇的不公平，便以此爲等差。只要我們翻開《元史》，到處皆可發現這種階級歧視的事實。詳細的討論可參考蒙思明《元代社會階級制度》（北京：中華，一九八〇年重印本）之「元代法定之種族四級制」一節。

㉞ 實際上，「一官二吏，九儒十丐」之說，元代典章中並沒有記載。鄭思肖《鐵函心史・大義略序》提及：「韃法：一官、二吏、三僧、四道、五醫、六工、七獵、八民、九儒、十丐，各有所統轄。」見《鐵函心史》（世界書局影印歐陽竟無鑄刻《心史》），卷下，頁七八上。謝枋得《疊山集・送方伯載歸三山序》說：「我大元典制，人有十等，一官二吏，先之者貴之也。七匠八娼，九儒十丐，後之者賤之也。吾人品豈在娼之下，丐之上乎？」見《疊山集》，卷二（《四部叢刊續編》，冊四四二）。二者有異，可見此種說法，雖甚流行，但其實恐無一確定的事實根據。

㉟ 關於元代帝王與臣僚喜好雜劇的事實，可參日人吉川幸次郎著，鄭清茂譯《元雜劇研究》（臺北：藝文印書館，一九七七年），上篇，第一章「元雜劇的聽衆」，頁五一～六二。

的存在㊱，並加以支持。（元雜劇的資料中顯示出與宗教有關的劇本爲數不少）。元代政府雖然提倡戲劇，但却仍有一定的限制，元代就曾有法令禁止某種戲劇的演出：

一、諸妄撰詞曲，誣人以犯上惡言者處死。㊲

二、諸民間子弟，不務生業，輒於城市坊鎮演唱詞話，教習雜戲，聚衆淫謔，並禁治之。㊳

可見，誨淫誨盜的劇目固然受到排斥，但最令元政府敏感頭痛的却還是那些對政治有所譏刺嘲諷的戲劇。因此，元代的政府寧可對宗教劇表示贊同，甚至表現出鼓勵之意，因爲宗教劇既不誨淫盜，又不會對政治有所譏刺。

在這種情況下，元代的「神仙道化」劇就因着政府對宗教劇的寬容和提倡得以萌芽成長了。由於這類劇本的內容多描繪淸靜淡泊，空濶無礙的神仙情緒，以脫離塵俗，物外逍遙爲依歸，除作爲宗教宣傳外，還孕含相當程度的消極出世，逃避現實的思想傾向，在一部分士人中，更加深化了那種原本已經存在的消極悲觀的思想情緒。這種潮流，元代政府是極表歡迎的，對他們來說，「神仙道化」劇的產生簡直是正中下懷，元政府對宗教劇的容忍，實在是一種有意識的暗中推動。其結果是，「神仙道化」劇憑着它是一種宗教劇的天然優勢而得以生存。

二、宗教

「神仙道化」劇的產生，與元政府給予宗教絕對的自由有密切的關係。元代統治者提倡一切宗教，佛、道、也里可溫、答失蠻等全都置於朝廷保護之下㊴。當然，元政府的目的只在於利用宗教作爲痲痺人民意志的工具，以鞏固自己的統治，但宗教也乘此機會得以發揚，其中尤以釋、老二教的影響遠遠超過其他宗教。宗教的蓬勃並且影響到元代的雜劇文學，此中尤以盛行於元代的全眞教的影響最爲深遠。

在現存的「神仙道化」劇中，受佛教影響而產生的作品有李壽卿的〈月明和尚度柳翠〉和鄭廷玉的〈布袋和尚忍字記〉；受道教影響而產生的作品則有馬致遠的〈馬丹陽三度任風子〉、〈呂洞賓三醉岳陽樓〉、〈邯鄲道醒悟黃粱夢〉；岳伯川的〈呂洞賓度鐵拐李岳〉；賈仲名的〈鐵拐李度金童玉女〉；谷子敬的〈呂洞賓三度城南柳〉；戴善甫的〈瘸李岳詩酒翫江亭〉；范康的〈陳季卿悟上竹葉舟〉；李好古的〈沙門島張生煮海〉；王子一的〈誤入桃源〉以及無名氏的〈馬丹陽度脫劉行首〉、〈漢鍾離度脫藍采和〉、〈老莊周一枕蝴蝶夢〉、〈呂洞賓桃柳昇仙夢〉。其中宣傳道教的作品比宣傳佛教的作品爲多。這不單只證明了佛、道二教在雜劇

㊱ 宗敎劇（尤其是道敎劇）是得到元代統治者承認的。杭州道士馬臻《霞外集》（汲古閣收《元人十種詩》）有一首題爲〈大德辛丑五月十六日灤都殿朝見謹賦絕句〉詩云：「淸曉傳宣入殿門，簫韶九奏進金樽。敎坊齊扮群仙會，知是天師朝至尊。」《群仙會》就是元朝宮廷演出的北雜劇劇目。這類劇目，人物衆多，其裝扮又光鮮新奇，在舞臺上每每出現極其熱鬧喧囂乃至擁塞的場面，最適宜在內宴之際，表演一番；更象徵了元王朝的昇平盛世以及封建統治的穩固，因此元朝蒙古族統治者就大力提倡，廣爲宣傳。

㊲ 《元史・刑法志》三（《二十五史》本），卷一〇四，頁二七四。

㊳ 《元史・刑法志》四，同上，頁二七八。

㊴ 諸敎在元代之流行情況可參《元史・釋老傳》（《二十五史》本），卷二〇二，頁四五四～四五六。

中所反映的是後者的影響比前者爲大，從後列的十四種雜劇中，大部分爲敷演全眞教眞人的事蹟及典故，更可看出當時全眞教的深入民心。

元代的人民能夠無條件地接受全眞教，而劇作家更喜歡以之作爲寫作的材料，理由很多。首先，全眞教自金代咸陽人王重陽（一一一二～一一七〇）[40]所創，而經過元太祖優禮其第二代教主長春眞人邱處機後，聲名大噪，加以上有好者，下必甚焉，民間信奉者日衆。由於得到太祖的抬舉，更加助長了全眞教的流播。

其次，全眞教得到士人及民間的歡迎，是與它的本質有關。全眞教流行於元代，正當北方士人遭亡國之痛，苟存性命於亂世之中，有滿目山川之嘆，而當時作爲新道教的全眞教却一反以往，不重符籙而重遁迹苦修，提倡和光同塵，修眞保性，正投合士人避世的意願，是比較爲一般人所接受的，陳垣《南宋初河北新道教考》中便說出了這點，他說：

> 況其創教在靖康之後，河北之士正欲避金，不數十年又遭貞祐之變，燕都覆亡，河北之士又欲避元，全真遂為遺老之逋逃藪。[41]

全眞教所宣揚的避世遁迹的思想，在絕望如元代這樣的社會中，是很受到一般人的嚮往的，雜劇作家自不例外，如尙仲賢曾任江浙行省務官，其後也「棄官歸去捻淵明」，寫了〈陶淵明歸去來兮〉雜劇[42]，表示從此隱居不仕。

總之，全眞教徒恬愉靜退的高蹈之行，正切合一般人士反樸歸眞的意向，而又與歷代士人「窮則獨善其身」[43]的傳統思想相符，此教能在元社會中廣泛傳播，自是毫無疑問。時人仰慕全眞，人人輒言全眞，全眞教的流行已經成爲一種社會意識形態，難怪舉凡有關全眞教的教義思想、人物故事，往往就是一本很好的戲劇題材了。

故說，全眞教在北方的盛行，以及它在知識份子中的廣泛傳播，對雜劇作者的世界觀的深刻影響，乃是元代「神仙道化」劇蓬勃生長的重要原因。

三、社會

元代擾攘紛亂的社會狀況，是逼使「神仙道化」劇產生的另一個重要因素，可以說「神仙道化」劇的出現根本就是一種社會需要，是當時特定的社會狀況社會矛盾的產物。這方面，「神仙道化」劇的出現實際上肩負兩個使命。

一、表達劇作者的心聲。

二、作為民間普羅大衆發洩被壓迫情緒的途徑。

元代社會的黑暗和動盪，不用贅述，重要的是在黑暗社會中知識份子和民間的強烈苦悶和

㊵ 王重陽，名喆，又作嚞，重陽是他的號。有關他的記載可參看《金蓮正宗記》，卷二，頁一上～一〇上；《歷世眞仙體道通鑑續編》，卷一，頁一上～一一下；《甘水仙源錄》，卷一，頁二下～一四上；元李道謙編《七眞年譜》，《道藏》，冊七六，頁一上～九上；元劉天素、謝西蟾編《金蓮正宗仙源像傳》，《道藏》，冊七六，頁一八上～二三上。

㊶ 陳垣《南宋初河北新道教考》，頁一五。

㊷ 元鍾嗣成《錄鬼簿》，《中國古典戲曲論著集成》，冊二，頁一一一。

㊸ 《孟子·盡心》上，見朱熹《四書集註》（上海：中華，據吳縣吳氏仿宋本敎刊），《孟子》，卷七，頁五。

絕望的思想情緒，這正是元代「神仙道化」劇湧現的直接原因。

蒙古人統治中國後，首先是種族上的仇視，其次就是對知識份子作出打擊，除了十級之分，列九儒十丐，輕視書生外，更於元代開國後，八十年間廢除科舉，堵塞了一般知識分子進身之路，加上他們原來信仰的思想教條和道德準則在現實面前動搖和崩潰，就促成了知識分子感到絕望和苦悶。再則是經濟上的非常酷虐的剝削和掠奪，於是，物質上的困頓和精神上的無所依凭，使知識分子產生了各種變態心理。玩世不恭是其一，對人生厭棄絕望是其二。

因此，在元代的「神仙道化」劇中強烈地表現出隱士思想的特點。這是當時社會的現象、時代的一種反映，是文人的普遍心聲。知識分子對現實失望，但又苦於無力救世，這種矛盾的苦痛經過長久壓抑，最後惟有把尋求幸福的目光從人世轉向虛無的仙界，以求解脫。如此一來，隱逸、神仙、輪迴的題材正好給這些惶惶無所依傍的知識分子提供了一條高雅的退路。

至於民間，在元代這許許多多種族、經濟和政治的重壓與威脅之下，一般民衆跟雜劇作者一樣，也是如此的生活下去，支持下去。苦難中的老百姓也和知識分子有着共同的遭遇，共同的憤懣，共同的願望，那麼，一般老百姓的苦痛和不平又往那裏抒發？答案也是戲劇。通過劇中的情節故事和人物的形象及性格的代入與認同，抒發其抑鬱感慨之懷，因此「神仙道化」劇也在這種需求下而產生了。它不單是元代文人或平民階級的自我解脫，更正如羅錦堂教授《現存元人雜劇本事考》中說：

> 此類道釋劇……在苦悶不平之元代社會中，實不啻為一劑清涼散。㊹

可以說，元代的「神仙道化」劇是有着一定的時代意義的。

五

從以上的討論，我們知道元代的「神仙道化」劇的促成，宗教是盡了不少力量，尤其是道教，它的影響是遠超過於其他宗教的。爲了得到證明，以下試從《任風子》一劇中的道教色彩探求二者的關係。

首先，讓我們認識《任風子》的作者馬致遠（約一二五〇～一三二一以後）。馬致遠，大都人，他的年代較難確定，王國維《宋元戲曲考》列他在從金末至至元（一二三〇～一二七九）的四五十年作家中㊺，相當於鍾嗣成《錄鬼簿》所說的「前輩名公」時代㊻。馬致遠無論在散曲和雜劇裏，都帶有很濃厚的「自我色彩」。並且眞正能夠代表普遍的元代人民的那種消極厭世的悲觀思想。尤其在元代的雜劇作家中，馬致遠居於一個十分重要的地位，歷來對他的評價都是很高的。元代周德清《中原音韻・序》中「關、馬、鄭、白」並提，

㊹ 同❶，頁四四六。

㊺ 見王國維《宋元戲曲史》（上海：商務，《文藝叢刻甲集》，一九一五年），頁一〇六。

㊻ 鍾嗣成《錄鬼簿》說：「馬致遠，大都人，號東籬，任江浙行省務官。」，頁一〇八。又馬致遠的生平可參考孫楷第《元曲家考略》（上海：古籍出版社，一九八一年），頁一二九～一三三；譚正璧《元曲六大家略傳》（上海：文藝，一九五五年），頁二二二～二六六。

最早尊致遠爲元曲四大家之一㊼。明朱權《太和正音譜》認爲馬東籬之詞：

有振鬣長鳴，萬馬皆瘖之意。又若神鳳飛鳴於九霄，豈可與凡鳥共語哉。㊽

且列馬致遠於元曲一百八十七人之首。

致遠所作雜劇十七本㊾，現存的只有七種：

一 呂洞賓三醉岳陽樓

二 馬丹陽三度任風子

三 邯鄲道醒悟黃粱夢

四 太華山陳摶高臥

五 破幽夢孤雁漢宮秋

六 半夜雷轟薦福碑

七 江州司馬青衫淚

首四種向來都被列入「神仙道化」劇的範圍裏。實際上，馬致遠也是元代寫作「神仙道化」劇數量最多及最出色的作家㊿，這與他的思想傾向有着密切的關係。他的雜劇往往表現出一種超世絕俗的性格，在字裏行間流露出一種消極的厭世悲觀情緒。兼且，在現存的四本「神仙道化」劇中，表現的完全是道教的思想和氣氛，這實非偶然。

元代黑暗的政治及動盪的社會，帶給知識分子的是普遍的消極意識，馬致遠並不能例外；加上當時道教流行，深入人心，尤其是全眞教的高風節行，更加爲知識分子所仰慕，士人與道士結交往還，也深受道家思想影響，馬致遠就是此中的例子，難怪他的作品中往往流露出道教的氣息，隱逸和出世的思想十分濃厚。

無可否認，馬致遠的思想受道教影響是極深的，這在他所寫作的「神仙道化」劇中可以看得到。

先說馬氏劇本的取材。馬致遠的「神仙道化」劇全是敷演全眞教祖、眞人悟道飛升的故事，或描述眞人度脫精怪、屠戶的過程。其中〈黃粱夢〉演鍾離度脫呂洞賓，〈岳陽樓〉演呂洞賓度脫柳樹精，佚本〈馬丹陽〉演王喆度脫馬鈺，〈任風子〉演馬鈺度脫任屠，明顯地是取材自全眞教道統的承傳歷史，是有本可尋的。由此可以推知，馬致遠必然是對全眞教的歷史及其承傳有深入的認識及研究。正如羅錦堂教授在《現存元人雜劇本事考》說：

> ……敷演宗門教旨極為精微，非沈潛內典者不能率爾操觚也。51

東籬自是對道門宗旨有相當認識，才能寫出這樣的劇本。

其次是馬致遠的隱逸傾向。馬致遠的出世人生觀是很濃厚的，他一再的吟咏着：「林泉隱

---

47 周德清《中原音韻》，《中國古典戲曲論著集成》，冊一，頁一七五。

48 同10，頁一六。

49 參張逸〈馬致遠的生平及其著作〉，《學術季刊》，卷六，第三期（一九五八年三月），頁一三五。另有主張十三種之說，可參譚正璧《元曲六大家略傳》，頁二二六～二二八。

50 若依張逸十七種的說法（見上注），則馬氏還有兩本已佚的雜劇：〈馬丹陽〉和〈桃源洞〉，它們也應屬於「神仙道化」劇的範圍。

51 同1，頁四四七。羅氏此說本指「釋教劇」的作者而言，今移用於此，亦極適合。

居誰到此，有客淸風至。會作山中相，不管人間事；爭甚麼半張名利紙」[52]，「白髮勸東籬，西村最好幽棲」[53]，以及「種春風二頃田，遠紅塵千丈波；倒大來閑快活」[54]等避世意味濃厚的句子。到後來，他就眞的歸隱林下以終[55]。

形成他棄俗歸隱這種傾向的原因很多，諸如感仕途之不遇、歎人世之無常、信命運之有定、對自然的陶醉等等，而不容忽視的是他對神仙的企慕。這完全是受了道教思想的影響。例如在《陳摶高臥》一劇中，寫陳摶修仙所過的恬靜散淡的生活情形，說：

〔隔尾〕則與這高山流水為擅信。抵多少野草閒花作近鄰。滿地白雲掃不盡。你與俺緊閉上洞門。休放個客人。我待靜倚蒲團自在盹。[56]

又說：

〔離亭宴帶歇指煞〕把投林高鳥西風裏放。也強如啣花野鹿深宮裏養。你待要加官賜賞。敎俺頭頂金紫冠。手執碧玉簡。身穿白鶴氅。昔年舊草庵。今日新方丈。貧道啊除外別無技倆。本不是貪名利世間人。則一個樂琴書林下客。絕寵辱山中相。推開名利關。摘脫英雄網。高打起南軒吊窗。常則是烟雨外種蓮花。雲臺上看仙掌。[57]

「金紫冠」、「白鶴氅」都是道士的特徵，正好說明馬致遠的隱逸是有着「入道」的傾向的。很明顯，他的思想是老莊思想與方士思想的混合，在看徹人世，隱居林泉之外，同時又渴慕神仙，希望逃到神仙的幻想中，這是道教思想對他的影響。

爲了進一步證明馬致遠的思想與道家思想有着密切的關係，我們可從他的散曲入手。在他現存的散曲及套數作品中[58]，含道家或道教思想的比比皆是，例如：

閑與仙人醉秋蓮。[59]

說道丹陽寄奴來。60
高枕上夢隨蝶去了。61
壽星捧玉杯，王母下瑤池。樂聲齊衆仙來慶喜。62

---

52 《〔雙調〕清江引．野興》，見隋樹森編《全元散曲》（中華書局，一九六四年），頁二四三。以下所引馬致遠散曲，均據此本，不另作注。

53 《〔般涉調〕哨遍．張玉嵒草書》，同上，頁二六二。

54 《〔南呂〕四塊玉．嘆世》，同上，頁二三七。

55 楊蔭深說：「……（馬致遠）後乃退居山林，日與『酒中仙、塵外客、林間友』以蹉跎其『剪裁冰雪，追風陪月』之生涯。」見《中國文學家列傳》（上海：中華書局，一九三九年），頁三二四。又梁乙眞《元明散曲小史》說他：「……但不久跳出了宦海，退隱林下，和『手把芙蓉』的仙人，和『弄花醉月』的詩人作伴去了。」轉引自譚正璧《元曲六大家略傳》，頁二六三。

56 《元曲選》，册二，頁七二三。

57 同上，頁七三一。

58 據任中敏所輯《東籬樂府》，得小令一〇四首，套數十七。隋樹森編《全元散曲》，得馬致遠小令一一五首，套數十六，殘套數十七。

59 《〔仙呂〕青哥兒．十二月》，《全元散曲》，頁二三一。

60 同上，頁二三二。

61 《〔雙調〕清江引．野興》，同上，頁二四四。

62 《〔中呂〕粉蝶兒》，同上，頁二五七。

似神符堪咒。[63]

別離期限數，占卜掛錢排。[64]

誰說百年後，則落得莊周，歎打骷髏。[65]

宜閬苑泛浮槎。[66]

其中道教的人物、典故、語言、仙境……不一而足，總之，就是與道教有關。

在元代，士人除了與道士往還外，他們入道的情況也很普遍。元代的曲家中，無論出家為道士或與道教拉上關係者，大不乏人，如：

錢　霖——棄俗為黃冠，更名抱素。號素庵[67]。

顧德潤——道號九山[68]。

黃子久——其居松江在延祐末，是時已黃冠野服矣[69]。

陳存甫——以福州人寓杭州。晚居婺州為道士[70]。

其他如白樸有方外之交都梁道士李道純[71]，史九散人喜莊列之學，以散仙自稱[72]等等。可見，在元代的曲壇中，曲家入道為黃冠，或與道教中人往還是頗為流行及普遍的，若說馬致遠是其中的一份子，也並非沒有可能。

當然，在現存的資料中並沒有證據指出馬致遠亦為道教中人，但從當時社會流行的風氣——文人與道士往還，馬致遠對道教的認識以及他在散曲和雜劇作品中所表現的思想傾向，三者配合，而肯定馬致遠是受到道教思想的影響，當無疑問。

馬致遠受到道教深刻的影響，而這種影響，在他的「神仙道化」劇中便表露無遺，〈任風子〉就是其中的一本。

先談〈任風子〉所表現的道教精神。

據〈任風子〉一劇的內容，它所表現的道教精神有二：一、度脫衆生；二、隱逸思想。

「度脫」一辭，源出自佛教經典。如《無量壽經》說：

> 錠光如來興出於世，教化度脫無量衆生。73

至於「度脫」的意義，《摩訶般若波羅蜜大明咒經》說：

---

63 《〔般涉調〕哨遍·張玉嵒草書》，同上，頁二六〇。

64 《〔商調〕集賢賓·思情》，同上，頁二六五。

65 《〔香調〕行香子》，同上，頁二七一。

66 《〔雙調〕新水令·題西湖》，同上，頁二六六。

67 鍾嗣成〈錄鬼簿〉，頁一三三。

68 同上。

69 孫楷第《元曲家考略》，頁七八。

70 同上，頁一四四。

71 參考吉川幸次郎《元雜劇研究》，頁八五。

72 同上，頁九一。

73 見清彭際清述《無量壽經起信論》，《續藏經》（日本藏經書院刊印，一九〇五～一九一二），第一輯，第三二套，冊三，頁二六二。

觀自在菩薩，行深般若波羅蜜多時，照見五蘊皆空，度一切苦厄。[74]

即是以度一切苦厄，解脫一切執着，生死煩惱之苦爲主。然「度脫」在道經上亦然。《隋書經籍志四・道經類》即言：

> 道經者，云有元始天尊，生於太元之先，禀自然之氣，冲虛凝遠，莫知其極。所以說天地淪壞，刼數終盡，略與佛經同，以為天尊之體常存不滅……授以秘道，謂之開刼度人，然其開刼非一度矣。[75]

同樣地，度脫的目的是解脫人類與生俱來的苦難和災禍。「度脫」就是道教的傳統，是道教中人的責任和人生的目標。到了元代，這種「度化」、「救世」的思想更加盛行，而「勸世修道」幾乎成了當時道教人士一切活動的目標，此中尤以全眞教爲表表者。

就以其教祖王重陽爲例，其一生活動都以勸世修道爲鵠的，他勸人「人要悟黃芽，勿戀榮華。俗家出了做仙家。」[76]「浮名浮利何日了？勞神勞氣幾時休？塵世莫淹流。須早悟，三教理玄幽。擺脫恩山祛愛海，得歸蓬島赴瀛洲。」[77]「酒色財氣，戀也兀底！福謝身危。忽爾年齡限滿。差小鬼便來追喚。當時間，領拽到閻王前面。憨漢和骨骰，軟軟也兀底。」[78]完全是道家「人生如夢」的精神。王喆以「度脫衆生」爲全眞教的指標這種思想行爲深深地影響着他的弟子如馬鈺、丘處機……等，他們紛紛以其師爲榜樣，以度脫衆生爲務。王惲《秋澗大全集》中就曾記載全眞道士教化俗人修道之事。其卷五十三《衞州胙城縣靈虛觀碑銘》說：

> 壬辰，金人撤守……。明年，京城大飢，人相食，逃死北度者，日不下千數，既抵河津，人利用其財賄，卒不時濟，莩死風雪間，及已濟即沈溺者，亦無慮千百數。時全眞敎大行，所在翕然從風。雖虎苛狼戾，快於嗜殺之徒，率授法號，名會首者皆是也。師時在

衞，目其事，愀然嘆曰：人發殺機，一至此也！吾挐舟而來，正為此爾……，遂稅駕河上，起觀……以此道場為設教張本之自，於是仁風一扇，比屋回心，貪殘狼戾，化而柔良，津人跛俗悔禍徼福於門者，踵相接矣……由是而觀，非好生大德，殆於人心者，其能若是哉！[79]

全眞教「度脫衆生」的思想與熱情，不單使元代高壓統治下苟延殘喘的老百姓受惠，更加感動了當時的知識分子，如馬致遠、尙仲賢、史九散人之流，既受道教濟度衆生的思想影響，然又却偏苦於無力救世，唯有將這腔熱忱轉而以文學寄托之，藉着雜劇去歌頌、傳播「度脫」的精神。正如馬致遠的劇本〈任風子〉第一折馬丹陽有〔詩云〕：

我與他閻王簿上除生死，紫府宮中立姓名，指開海角天涯路，引得迷人大道行。[80]

點明馬丹陽此次前來終南山，只爲「點化此人，歸于正道」[81]，「指與你條大道長生路」

---

[74] 《摩訶般若波羅蜜大明咒經》（失譯者名），見《大正新修大藏經》（日本大正一切經刊行會刊印，一九二二～一九三三），卷八，頁八四七。

[75] 《隋書》（《二十五史》本），卷三五，頁一一三。

[76] 王喆〈浪淘沙〉詞，見《重陽全眞集》，卷五，頁五上。《重陽全眞集》見《道藏》，冊七九三～七九五。

[77] 王喆〈望蓬萊〉詞。同上，卷一三，頁二下。

[78] 王喆〈換骨骰歎貪婪〉詞。同上，卷三，頁四上～下。

[79] 王惲《秋澗先生大全集》，卷五十三，《衞州胙城縣靈虛觀碑銘》，頁七。

[80] 《元曲選》，冊四，頁一六七〇。

[81] 同上，頁一六七四。

82、「點化他成了仙道」83。

爲了達到「度脫」的目的，馬丹陽不惜用盡種種手段，如明知點化得甘河鎮人不吃腥葷，攪壞了屠戶生意，必然招致殺生之禍，但卻仍以身犯險。〈任風子〉第一折馬丹陽云：

……若到的甘河鎮，將一方之地都化得不吃腥葷，你道為何？此人是屠戶之家，他見我化的一方之地，都吃了齋素，攪了他買賣，他必然來傷害我性命，他若來時，點化此人，歸於正道。84

第二折又云：

……果然這任屠殺生太衆，性如烈火，如今要殺貧道。……可用俺神通秘法，點化此人。俗說能化一羅剎，莫度十七斛。我教他眼前見些惡境頭，然後點化此人。85

「捨身濟度」已經是道教中人一大前提了。而且，度脫的目的是解脫人類與生俱來的苦難和災禍。爲求被度者徹底覺悟人生所追求的東西是毫無價值的，生命的眞諦是修仙成道，更不憚麻煩，兩次三番的細心引度。首先，馬丹陽使用「神通秘法」，使任屠覺悟生命無常，自願出家，見第二折：

〔神子殺正末科下〕〔正末云〕有殺人賊也！
〔丹陽云〕任屠，你做甚麼？
〔正末云〕哎喲！有殺人賊也，還我頭來。
〔丹陽云〕你才要殺我，倒問我要頭？你自摸摸你那頭去。
〔正末云〕師父，放任屠回家去吧。
〔丹陽云〕你要去自去，誰當着你哩？

……

（（正末）做沈思科云）父母生我，是來處來；我若死了，便是去處去。他着我休迷了正道，這先生敢教我跟他出家去。罷罷罷，稽首，任屠情願跟師父出家。[86]

爲了使任屠決心出家，丹陽還對他進行了多方面的考驗，如第二折：

（丹陽云）你要出家，你可是甚麼善男信女？……（詩云）將你那嬌妻幼子都休顧，便有玉海金山也不慕，一心唯想你生身何處來，我方才指與你條大道長生路。……[87]

（丹陽云）任屠，你堅心要出家麼？……任屠你要出家，我與你十戒：一戒酒色財氣、二戒人我是非、三戒因緣好惡、四戒憂愁思慮、五戒口慈心毒、六戒呑腥啖肉、七戒常懷不足、八戒克己厚人、九戒馬劣猿顛、十戒怕死貪生。此十戒是萬罪之緣，萬惡之種，既要學道，必當戒之。[88]

爲了表示堅決及苦心，還要任屠：

……俗衣盡都去了，身穿着道袍，腰繫着雜絛，每日在菜園中，修行辦道，早晨打五

---

82 同上，頁一六七五。
83 同上，頁一六七六。
84 同上，頁一六七〇。
85 同上，頁一六七三。
86 同上，頁一六七四。
87 88 89 同上，頁一六七五。

百桶水，日中打五百桶水，天晚打五百桶水。繳轆轤，偎隴兒，撥畦兒，打勤勞，受辛苦，口誦《道德經》云：「道可道，非常道。名可名，非常名。」89

關於這種種對任屠的磨鍊，馬丹陽解釋說：

〔詞云〕任屠，不是我故意的磨滅經年，也只為修仙事全要精專，待他時有一日功行成滿。才許你離塵世證果朝元。90

及後，任屠看破世情，摔子休妻，但馬丹陽還放心不下，還要讓他看見「惡境頭」。先見妻子惡姻緣：

〔丹陽云〕此人省悟了，菜園中摔死了幼子，休棄了嬌妻，功行將至，再教他見妻子惡因緣，然後引度他歸於正道，未為遲也。91

再使「六賊」92魔障任屠：

〔六賊上云〕奉師父法旨，魔降任屠，走一遭去。……93

又使徠兒上前索命：

〔徠兒上云〕自家是任屠的孩兒，十年前在菜園中摔殺了，我如今問他索命，走一遭去。……94

三番四次的引度，無非是希望被度者眞正徹悟「酒、色、財、氣、人、我、是、非」的虛妄而達永生的彼岸。兼且，這個度脫的過程也並非一時的，共經歷了十年光景。第四折說：

〔正末上云〕自從跟着師父出家，在這菜園裏打勤勞，修行辦道，可早十年光景也。95

這一次「度脫」，不但歷時十載，其過程又異常繁複，可見，「度脫」並不是一件簡單的事情，非人人皆可爲之，度人者是要有足夠的耐性及苦心才可「功德圓滿」的。《任風子》一劇中所展現的，正是道教這種苦心孤詣的偉大精神。

〈任風子〉一劇中所表現的另一個道教精神便是「隱逸思想」。

實際上，度脫和隱逸是分不開的。「度脫」追求的是生命的永恒——成仙。然而，「神仙」是含有逃避現實的傾向的，就是以美麗的想像創造出一個仙境，讓自己在裏面沈緬、陶醉，這和隱逸並無兩樣，二者所追求的都只是「物外自由身」[96]而已。

在元代的雜劇中，「隱逸」的思想是很普遍的。如〈岳陽樓〉中的呂洞賓勸人：

> 參透玄關，堪破塵寰，待學他嚴子陵隱在釣魚灘，管甚麼張子房燒了連雲棧。競利名，

---

90 同上，頁一六七六。

91 同上，頁一六八〇。

92 六賊——道家以色、聲、香、味、觸、法六塵爲媒，而引動劫奪諸善之惡，故以賊喻之。以色爲眼之賊，香爲鼻之賊，聲爲耳之賊，味爲舌之賊，觸爲身之賊，法爲念之賊，謂之六賊。另道家又稱此六賊爲六塵，謂此六塵之境，能由六根而染汚濁之塵，故謂六塵。六塵能生六欲，學道者應將之全部排遣。參李叔還編纂《道教大辭典》（臺北：巨流圖書公司，一九七九年），頁一〇八～一〇九。

93 《元曲選》，冊四，頁一六八一。

94 同上。

95 同上，頁一六八〇。

96 〈黃粱夢〉第一折〈油葫蘆〉，《元曲選》，冊二，頁七七八。

為官宦，都只為半張字紙，却做了一枕槐安。97

〈城南柳〉一劇歌頌隱修的生活，說：

甘老江邊，富貴非吾願，清閑守自然，學子陵遁迹在嚴灘，似呂望韜光在渭川。98

當然這種隱逸思想並非自元代開始。在中國，隱逸思想歷來在傳統精神文化上都佔有崇高和重要的地位，這可以溯源到戰國時代的陰陽家和「方士」之流，甚至還可以更早些99。至於講到道教與隱逸思想，二者更不可分離，原始道教開始就有老莊爲代表的隱士思想了100。南懷瑾說：「與其說：道教淵源於黃、老或老、莊，毋寧說：道家淵源於隱士思想，演變爲老、莊或黃、老，更爲恰當。」101可見「隱逸」與道教，二者是有血脈相連的關係的。一直以來，「隱逸」都是道教的基本精神。在〈任風子〉一劇中就瀰漫着這種氣氛。

上文說過，〈任風子〉一劇的主要精神在於宣揚「度脫」的精義，而實際上「隱逸」與「度脫」是相連貫的。度脫追求的是一個擺脫了人我是非，不用追名逐利，不用爲生活而感到惶惶不可終日的「永恒的仙界」。這裏，「隱逸」正好就是過渡往「永恒的仙界」的橋樑，所以說，「隱逸」和「度脫」這兩種精神是相連貫的。劇中，任屠受馬丹陽指點，傾慕退隱的生活：

高山流水知音許，古木蒼烟入畫圖。學列子乘風，子房歸道，陶令休官，范蠡歸湖。雖然是平日凡胎，一旦修真，無甚功夫，撇下這砧刀什物，情取那經卷藥葫蘆。102

在未得道之前，任屠先過一些隱居的生活。第二折說：

〔煞尾〕再誰想泥猪疥狗生涯苦。玉兎金烏死限拘。修無量藥有餘。朱頂鶴獻花鹿。唳野猿嘯風虎。雲滿窗月滿戶。花滿蹊酒滿壺。風滿簾香滿爐。看讀玄元道德書。學習清虛莊列衙。小小茅庵是可居。春夏秋冬總不殊。春景園林賞花木。夏日山間避炎暑。秋天籬邊玩松菊。冬雪檐前看梅竹。皓月清風為伴侶。酒又不飲色又無。財又不貪氣不出。我準備麻繩拽轆轤。提挈荆匡擔糞土。鋤了田苗。種了蔬菜。老做莊家小做屠。[103]

第三折說：

〔中呂粉蝶兒〕每日在園內修持，栽排下久長活計。……[104]

〔醉春風〕石鼎內烹茶芽，瓦罐中添淨水，聽得一聲雞叫五更初，我又索起。……[105]

〔紅繡鞋〕我自撇下酒色財氣，誰會離茶藥琴棋？[106]

---

97 同上，頁六二三。

98 同上，頁一一九三。

99 可參南懷瑾《禪與道概論》（臺北：老古文化，一九七〇年），「隱士思想與道家」一節，頁一三九～一四五。

100 道教之始，有老莊的無爲自然思想作爲理論上的根據。及至《淮南》和稷下學派的神仙方術思想聯而爲一，道教面目正式成立。漢以後，道教的理論上出了兩大人物，即後漢著《參同契》的魏伯陽和晉朝著《抱樸子》的葛洪（二八四～三六四）。

101 同99，頁一四〇。

102 《元曲選》，冊四，頁一六七六。

103 同上。

104 同上，頁一六七七。

105 106 同上。

第四折說：

〔雙調新水令〕我雖不曾倒騎鶴背上青霄，今日箇任風子積功成道，編四圍竹寨籬，蓋一座草團瓢，近著這野水溪橋，再不聽紅塵中是非鬧。〔駐馬聽〕散誕消遙，雖不曾閬苑仙家採瑞草，又無甚憂愁煩惱，海山銀闕赴蟠桃，新種下黃花三徑有誰澆，白雲滿地無人掃，人道我歸去早，春花秋月何時了？[107]

任屠在得道之前，先對自己的意志進行磨鍊，最好的考驗就是過一些「酒又不飲色又無」、「提挈荆匡擔糞土」、「鋤田」、「種菜」的艱苦生活。平日只是「在園內修持」或「看讀玄元道德書，學習清虛莊列術」，又無甚消遣，只有「賞花木」、「玩松菊」、「看梅竹」、「皓月清風爲伴侶」。這種恬淡平靜的隱居生活，在一般人眼中是無法忍受的，但却正是道教中人所渴望的最高享受，是過渡往「仙界」的最基本精神，這全都在〈任風子〉一劇中展現出來。

次談〈任風子〉的題材。

〈任風子〉一劇取材於道教的傳說，演的是馬丹陽度脫屠戶任風子的故事。這個故事中的主角任風子，實無其人，只爲一虛構或假托的人物。讓我們先看看〈任風子〉一劇的本事。

〈任風子〉述漢伏波將軍馬援之裔馬丹陽成道後，到處度脫衆生。按天地人三才，頂分三髻，正一髻是去人我是非四罪；右一髻是去名利富貴四罪；左一髻是去酒色財氣四罪。他因甘河鎭的任屠（任風子）有「半仙之分」[108]，特地前去點化他。他先化了甘河鎭一鎭地方都吃齋素。任屠生日，衆屠戶都來送禮相賀，因說起馬丹陽化得一鎭的人不吃腥葷，影響屠戶的營業。任屠便道：「攬人買賣，如殺父母。」[109]應該把丹陽殺掉。他便持刀去殺；不料沒有殺掉，反而被馬丹陽點化，覺悟爲徒。馬丹陽授以十戒，每日在菜園中修行辦道，早晨、中午、晚上各打五百桶水。後更休妻摔子，以示修行志堅，意念不爲塵俗所動，後經十年之久，畢竟成了大道。

任風子的事，《歷世眞仙體道通鑑》⑩中找不到。王利用（約一二二九～一三〇六）所撰《全眞第二代丹陽抱一無爲眞人馬宗師道行碑》中則載有馬丹陽度脫屠者劉清的故事，云：

……師（按：即馬丹陽）嘗補試郡庠，夜夢二衣褐者，一素補兩肩，跪且泣曰，我輩十餘萬命在公所主，言訖而去。逐之，入屠者劉清圈中，壁有字云，我輩巳亥十萬人，太半巳經辛巳殺，此門若是不慈悲，世世軸頭常廝抹。旣覺，聞屠聲，往視之，則清之子阿澤屠二猪，其一肩白，欲止則弗及也。始悟巳亥猪也。辛巳，清之歲屬也。詣街士孫子元占之，以決其惑。因稽壽幾何。曰，君壽不踰四十九。師嘆曰，死生固不在人，曷若親

---

⑩ 同上，頁一六八〇。

⑩ 在「度脫劇」的度脫點化過程中，被度脫者的器根是決定的關鍵。如〈藍采和〉鍾離云：「……此人有半仙之分，貧道直至下方梁園棚內，引度此人。」（《元曲選》，冊三，頁九七一。）〈城南柳〉呂洞賓云：「這岳州城南一株柳樹，生數百餘年，有仙風道骨，敎我度脫他。」（《元曲選》，冊三，頁一一八七。）這種情況顯示出在宿命論的力量下，這些偶謫人間的主角，只要業緣滿足，必然可以被度返回天鄉，這早已被天命所決定了的。

⑩ 《元曲選》，冊四，頁一六七二。

⑩ 元趙道一《歷世眞仙體道通鑑》，共五十三卷，見《道藏》，冊一三九～一四八。

有道為長生計。已而與客奕棊，乃失聲曰，此一著下得是不死矣。……[111]

〈任風子〉一劇的故事大概由此演化而來，以《道行碑》中所記馬丹陽度劉清事爲大綱，加添趣味性的情節及枝葉，配以道教度脫傳統的特定模式，構成了這個在舞臺上搬演的戲劇。

劇中人物的身份並沒有改變，任風子仍然是一個屠戶，馬丹陽這個角色當然保留不變，只於情節上及人物上有所增刪變易。爲了使故事更加「道教化」，更加適合作道教教義的宣傳，馬致遠在劇中增加一些描述道家「神通」的情節。如第二折，任屠前往殺害馬丹陽：

〔馬丹陽上云〕貧道馬丹陽離了仙鄉，來此終南縣甘河鎮，化一草庵居住，不勾半年，將此一方的人，都化的吃了齋素。果然這任屠殺生太衆，性如烈火，如今要殺貧道，或白晝而來，或黑夜而至，可用俺神通秘法，點化此人，這早晚敢待來也。[112]

馬丹陽不消半年已化得一方的人都吃齋素，又預知任屠會前來殺害，又有神通秘法，這些都顯示了道教的神仙法力。又當任屠正欲殺害馬丹陽時，反被神子取下首級：

〔神子殺正末科下〕〔正末云〕有殺人賊也。
〔丹陽云〕任屠，你做甚麼？
〔正末云〕哎喲！有殺人賊也，還我頭來。
〔丹陽云〕你才要殺我，倒問我要頭？你自摸那頭去。
〔正末云〕師父，放任屠回家去吧。
〔丹陽云〕你要去自去，誰當着你哩？
〔正末云〕師父，我來時一條路，如今三條路，不知往那條路去？
〔丹陽云〕你來處來，去處去。〔做沈思科〕父母生我，是來處來，我若死去，便是去處去，他着我休迷了正道，這先生敢教我跟他出家去。罷罷罷。稽首，任屠情願跟師父出家。

〔丹陽云〕你要出家，你可是甚麼善男信女？你恰才提短刀越牆而過，要殺我，如今可要跟我出家，你聽者：〔詩云〕你將那嬌妻幼子都休顧，便有玉海金山也不慕。一心唯想你身心何處來，我方才指與你條大道長生路。俺這神仙則許你神仙做，你那凡夫則尋凡夫去。[113]

自此，馬丹陽便說得任風子決心出家了。但作者還在後來加插了一些情節，這些情節的加插，目的在於顯示任風子向道的決心，加強故事的說服力，使觀衆也相信道教的確是值得人放棄塵世間一切名利富貴而一心一意皈依的。正如任屠的決心把妻子休棄：

〔旦云〕你不家去呵，與我個倒斷，你休了我者。……

〔正末云〕你要休書，等我問師父去。……

〔丹陽云〕……從那裏起你那一念。妻是你的誰？誰是你的妻？休呵在的你，不休不在你。

〔正末云〕師父說：休呵便在我，不休呵不在我。罷罷罷。我知道了也，師父則是教我

---

111 王利用〈全眞第二代丹陽抱一無爲眞人馬宗師道行碑〉，見《甘水仙源錄》，卷一，頁一九—二〇。《道藏》，冊六一一。

112 《元曲選》，冊四，頁一六七三。

113 同上，頁一六七四～一六七五。

休了的是。[114]

任屠還摔殺親兒：

〔四煞〕……〔旦云〕任屠，你看這孩兒。

〔正末唱〕將來魔合羅孩兒。〔做摔科〕知他誰是誰。

〔旦哭云〕任屠，你怎麼把孩兒摔殺了？〔正末唱〕

〔五煞〕由你待叫吖吖叫到明，哭啼啼哭到黑，折悲歌休想我有還俗意。……

〔小叔云〕哥哥，跟俺嫂嫂家去吧。

〔正末唱〕哎！你箇無梁桶的哥哥枉了提。休則管閑淘氣，絮的你口困，休想我心回。

〔煞尾〕由你死共死活共活，我二則二一則一，我休了嬌妻摔殺幼子，你便是我親兄弟，跳出俺那七代先靈將我來勸不得。[115]

「休妻殺兒」固然是一種誇張手法，安排這樣的情節都只爲了顯示任屠的決心，更加強調道教正道乃使人甘心捨棄一切而嚮往無疑，正如任屠所唱：「休想我有還俗意」、「休想我心回」，甚至「七代先靈將我來勸不得」。

最後，於第四折中，作者還加插了一些任屠看見「惡境頭」的情節。如任屠遇上六賊：

〔六賊上云〕奉師父法旨，魔障任屠，走一遭去。可早來到也，任屠，開門來。[116]

六賊向任屠索取金珠財寶、猿、馬，還把任屠推倒。

此外，任屠又見徠兒索命：

〔徠兒上云〕自家是任屠的孩兒，十年前在菜園中摔殺了我，如今問他索命，走一遭去。[117]

使用「惡境頭」來度脫俗人出家，是「度脫劇」慣用的手法⑱，馬丹陽或其他道教的祖師雖然未必眞有此幻變的法力，但將道教諸祖「人神化」幾乎已是「道教劇」的一個特色⑲，而這種「人神化」的情節的安排，其積極的作用就在於加強道教的吸引力。

以上所舉例的加插的情節都是《道行碑》中所沒有的，全是作者虛構出來，除了是一種藝術手法的運用外，也反映了當時道教的發展情況已經逐步平民化並進一步接近群衆。道教已經

---

⑭ 同上，頁一六七九。

⑮ 同上。

⑯ 同上，頁一六八一。

⑰ 同上。

⑱ 「度脫劇」裏，神仙度脫凡人的過程中，特別重視累劫修行。被度者在成正果前，必經一番波折——劇中的所謂「惡境頭」——而醒悟。如〈城南柳〉中，呂洞賓請其他七仙幫忙，施展騙術，使老柳見「惡境頭」。（第四折）〈黃粱夢〉中，呂洞賓受盡精神和肉體上各種折磨和痛苦，包括了見妻子惡姻緣，孩兒被摔殺。（第一折）〈藍采和〉裏，鍾離更直說：「此人若不見惡境頭，怎肯出家。」（《元曲選》，冊三，頁九七三。）

⑲ 曾永義指出在「度脫劇」裏，被度者雖經仙佛說以富貴不足持，再喻以功名不足戀，但仍是執迷不悟，此時此際，仙佛就假藉其超越力量，幻設出各種可驚可愕的事蹟，使被度化的人頓然開悟，隨其出家修道，位列仙班。參《說戲曲》（臺北：聯經，一九七六年），頁五九。道祖運用「神通法力」點化凡人，幾乎是「度脫劇」的一個不成文規律，如〈藍采和〉第一折、〈翫江亭〉第二折及〈黃粱夢〉第四折，都是敷演這樣的情節。

不再是一個純理論式的宗教，在某些情況下，它仍會運用一些較現實的手法去作宗教上的宣傳，正如〈任風子〉一劇中的馬丹陽度脫任屠根本就是一種宗教行動，故此，劇中往往也流露着一種道教氣息。

又在衆「度脫劇」中，仙人下凡度脫凡人都有一特定的模式，因此，劇中的情節也往往爲了配合這個模式而設計。雜劇如〈城南柳〉、〈劉行首〉、〈昇仙夢〉等的情節，幾乎如出一轍：道祖下凡來度脫有「半仙之分」的柳精、鬼仙或金童玉女轉世的人身，被度者却不能掙脫「金枷玉鎖」，道祖遂以不生不滅進行誘惑，以「六道輪迴」進行恐嚇；之後，又略施小計，或說破其來歷，或使被度者遇到危難（惡境頭），或使執迷不悟的人夢中經歷一生，最後醒悟歸道。

〈任風子〉一劇也有類似的情節鋪排：

一、仙人向凡人說法。

二、被度者必有神仙之分。

第一折：

〔冲末扮馬丹陽上詩云〕……貧道昨宵看見青氣冲天，下照終南山甘河鎮，有一人任屠，此人有半仙之分，因而稟過祖師，前去點化他。[120]

三、點化方法：讓被度者見「惡境頭」。

第二折：

〔馬丹陽上詩云〕……可用俺神通秘法，點化此人。俗說：能化一羅刹，莫度十七斜。我教他眼前見些惡境頭，然後點化此人，還早晚敢待來也。[121]

四、點化的最終目的：令被度者除却生死，成仙及達於正道。

第一折：

〔詩云〕我（按：即馬丹陽）與他閻王簿上除生死，紫府宮中立姓名，指開海角天涯路，引得迷人大道行。⑫²

〔詞云〕……也只為脩仙事全要精專，待他時有一日功成行滿，才許你離塵世證果朝元。⑫³

度脫的固定模式，劇中的特定情節，並非偶然或純是創作，劇作家是有所依據的，藍本自然就是流傳下來的道教故事。故〈任風子〉一劇的情節安排是有其目的的，並非單只將原來故事擴大，加上趣味性的情節，使故事更加戲劇化，更加適合舞臺搬演那麼簡單。除了背景及題材上實有其相沿的習套，演的是道教北宗全眞派道統的一環——馬丹陽的度化故事——外，劇中情節的穿插也是經作者細意安排，使整個劇本更加有效地散發出它所蘊含的道教教義。

此外，本劇所演述的無疑是一個道教的故事，但佛經上也有相類似的題材。《佛祖統紀．往生惡輩傳》記：

長安京姓，本為屠，因善導和尚勸人念佛，滿城斷肉。京嫉之，持刀入寺，興殺害意，

---

⑫⁰ 《元曲選》，冊四，頁一六七〇。

⑫¹ 同上，頁一六七三。

⑫² 同上，頁一六七〇。

⑫³ 同上，頁一六七六。

又《往生西方略傳》：

……[124]

長安屠兒，姓京氏，名寶藏。因善導和尚勸人念佛，滿長安。斷肉人無買者。遂持刀詣寺，欲興害。指現西方，即便發心。誓捨身命，求生淨土。[125]

這個「放下屠刀，立地成佛」的意念，或許正是〈任風子〉一劇主旨的來源，羅錦堂教授《現存元人雜劇本事考》中也說：

按徑山書：廣額屠兒，在涅槃會上，放下屠刀，立地成佛。屠兒既可作佛，自可成仙，總在一念之轉移耳！此蓋作者本意也。[126]

一個佛教的思想竟然發生在一個道教的故事上，這一點非常有趣。也由於此，讓我們看到，劇本的作者馬致遠，不單受到了道教的影響，尤其是深深地受到了元時盛行的道教北宗全眞教的影響。

全眞教根本上就是儒、釋、道三教合一的。教祖王重陽教人必先讀《孝經》、《心經》與《道德經》[127]。他在創教之初，完全否定了傳統道教的祈福、鍊丹、呪術……等迷信想法，而以中國傳統的儒家的謙遜、佛教的慈悲以及道家的出世思想相結合、揉和並發揚三者之本質。元遺山《紫微觀記》論全眞說：

貞元正隆以來，又有全真家之教，咸陽人王中孚倡之，譚馬丘劉和之，本於淵靜之說，又無黃冠祈禳之妄，參以禪定之習，而無頭陀縛律之苦，耕田鑿井，縱身以自養，推有餘以及之人，視世間擾擾者，差為省便。[128]

其《太古觀記》又說：

全真家，其謙遜似儒，其堅苦似墨，其修以禪，其坱然無營，又似夫為渾沌氏之術者。[129]

其《紫虛大師于公墓碑》也說：

全真道有取於佛老之間……[130]

全眞教三教合一的思想反映了中國民族到了元代在心態上已經可以把儒、釋、道調和在一起，而這種思想在元代雜劇作者中所發生的作用是：在他們的作品裏往往有亦佛亦道的成份，或道教劇中有釋教的成份，或釋教劇中有道教的成份[131]。這就解釋了何以在〈任風子〉這樣的一個

---

[124] 宋志磐撰《佛祖統記‧往生惡輩傳》，見《大正新修大藏經》，卷四九，頁二八八。

[125] 轉引自大正大學，宮澤正順《道敎と仙敎——元雜劇「馬丹陽三度任風子」さ中心どへて》（日本道敎學會第三十五回大會要項，昭和五八（一九八三）年十月廿九日。

[126] 同❶，頁一六〇。

[127] 完顏璹〈全眞敎祖碑〉記：「眞人勸人誦《般若心經》、《道德清靜經》及《孝經》，云可以修證。」碑全名〈終南山神仙重陽眞人全眞敎祖碑〉，見《甘水仙源錄》，卷一，頁八上。

[128] 元好問〈紫微觀記〉，《遺山先生集》，卷三五，頁一五。

[129] 元好問〈太古觀記〉，同上，卷三五，頁一四。

[130] 元好問〈紫虛大師于公墓碑〉，同上，卷三一，頁七。

[131] 「釋敎劇」如〈忍字記〉第三折〔雙調新水令〕說：「……都做了一枕夢黃粱。……」（《元曲選》，冊三，頁一〇七四。）用的分明就是道敎的典故。實際上，當時民間的那種把儒釋道調和在一起的心態，讓雜劇故事的變化有極大的彈性，因此在元代雜劇裏往往有亦佛亦道的情況也誠不足怪，像〈陳季卿悟道竹葉舟〉裏，讓呂洞賓進入佛敎寺廟中去度脫陳季卿，就是其中一例。

道教劇中竟含有佛家的思想了。

次談其人物。

作爲一本「道教劇」，〈任風子〉所描寫的自然是道教的傳說故事，劇中人物亦自然大都與道教有關，且或可見諸道教史籍，如：**任風子**。

明王世貞編《列仙全傳》[132]卷八載：

> 任風子，范縣人，狀貌奇異，少孤，為酒家傭。遇異人授以仙術，遂修煉於安平鎮之真武廟，經旬不食，雖隆冬，單衣行乞於市，氣體完粹，雙目炯然，言休咎立應。弘治（按：即明孝宗年號）甲子冬，端坐而尸解，後有人見其在遼陽。[133]

但此傳所載之任風子的籍貫事蹟，既與本劇不同，其人又係生於明代，自非本劇所說的任風子（蓋馬丹陽乃金時人）。

雖然任風子的事不見於《歷世眞仙通鑑》，但《金蓮正宗記》的〈馬丹陽傳〉中則有馬丹陽度脫屠者劉清的事[134]。可能所謂任風子或即是劉清的道號，又或只是劇作者所虛構的人名，但無論如何，這裏所講述的「任屠」，是一個道教的人物——即使是虛構的。

馬丹陽

馬丹陽（一一二三～一一八三），生於金天會元年，一云名裕，字義甫，道號丹陽抱一眞人；一云名從義，字宜輔，後改名鈺，字玄寶，扶風人，漢馬伏波之後，登金貞元進士。大定間，遇重陽子王喆，授以道術。元世祖封丹陽抱一無爲普化眞人，元武宗加封爲眞君[135]。丹陽乃「全眞七子」之一，《元史．丘處機傳》謂：

（丘）年十九為全真，學於寧海之崑崙山，與馬鈺、譚處端、劉處玄、王處一、郝大通、孫不二，同師重陽王真人。[136]

他爲全眞教始祖王喆教化而入道之事，《重陽分梨十化集》馬大辨（約公元一一八三年前後在世）《序》詳記之，云：

丹陽先生……嘗謂其人曰：「我因夢遇異人，笑中得悟。」大定丁亥（一一六七）秋，果有重陽真人別終南，遊海島，欲結知友，同赴蓬萊，共體本師之約。東抵寧海，首往范明叔之遇仙亭。丹陽繼至，參謁真人，一見驩然，昔傾蓋，目擊而道存，知丹陽夙有仙契，遂丁寧勸以學道修真。丹陽識其諄誨，敬請真人詣至郡城，居之南庵。命其名曰全真。日夕與之講道於其中，必欲丹陽夫婦速修持，棄家緣，離鄉井，為雲水遊。其初夫

[132] 《列仙全傳》一書疑非王世貞所編，明刊本雖題「吳郡王世貞輯次」，但前面一篇李攀龍的序，無一言及王氏，反說是他自己搜羅群書而編的。今下引文乃據中文出版社出版之《繪圖列仙全傳》，故仍依其所題編者爲王世貞。

[133] 王世貞《繪圖列仙全傳》（株式會社，中文出版社，一九七一年），頁五九五。

[134] 馬丹陽度脫屠者劉清事已見於上節所引《全眞第二代丹陽抱一無爲眞人馬宗師道行碑》，此事又見於《金蓮正宗記》，卷三，「馬丹陽傳」，頁一上～一三下。

[135] 關於馬丹陽資料可參《金蓮正宗記》，卷三，頁一上～一三下；《甘水仙源錄》，卷一，頁一四上～二七下；《歷世眞仙體道通鑑續編》，卷一，頁一二上～二三上。洪應明編《消搖墟經》，卷二，頁三八下～三九下，《道藏》，冊一〇八一；《繪圖列仙全傳》，頁五四六。

[136] 《元史》（《二十五史》本），卷二〇二，頁四五五。又有關七眞資料可參看[23]所列各書。

婦易從也，真人誓鏁庵百日。是孟冬初吉賜渾梨，令丹陽食之。每十日索一梨，分送於夫婦，自兩塊至五十五塊。每五日又賜芋栗，各六枚。及重重入夢，以天堂地獄十犯大戒罪警動之。每分送則作詩詞或歌頌，隱其微旨。丹陽悉皆酬和，達天地陰陽奇偶之數，明性命禍福生死之機。由是屏俗累，改衣冠，焚誓狀，夫婦信嚮而師馬。137

《金蓮正宗仙源像傳》云：

重陽仙化，處機與馬（鈺）譚劉三友舉祖師仙蛻葬於劉蔣村。……丹陽於師卒後，遂頂分三髻；嚞者，三吉字以象師名。138

此即本劇頂分三髻之所由來而加以更易，可與劇中第一折馬丹陽所說對比一下：

……貧道祖居寧海，萊陽人也，俗姓馬，名從義，乃伏波將軍馬援之後，錢財過萬倍之餘，田宅有半州之盛，家傳秘行，世積陰功。初蒙祖師點化，不得正道，把我魂魄攝歸陰府，受鞭笞之苦，忽見祖師來救，化作天尊，令貧道似夢非夢，方覺死生之可懼也。因此遂棄其金珠，拋其眷屬，身掛一瓢，頂分三髻，按天地人三才之道。正一髻受東華帝君指教，去其四罪，是人我是非；右一髻受純陽真人指教，去其四罪，是富貴名利；左一髻受王祖師指教，去其四罪，是酒色財氣，方成大道，正授白雲洞主丹陽抱一無為普化真人。139

此段自述與前引三說完全配合，則劇中所指，蓋即道教的馬鈺無疑。

八 仙

〈任風子〉第四折末尾丹陽詩云：

為你有終始，救你無生死，貧道馬丹陽，三度任風子。〔衆仙各執樂器迎科〕

〔正末唱〕

〔尾〕衆神仙都來到，把任屠攝赴蓬萊島，今日箇得道成仙，到大來無是無非，快活到老。[140]

這裏的「衆仙」大概是指道教的「八仙」而言[141]。在元雜劇中，以「衆仙」一詞統稱「八仙」的還有〈城南柳〉，第四折這樣寫着：

〔做殺淨閉目科〕〔正末背劍打漁鼓簡子孤公各人改扮衆仙上〕[142]

隨後正末介紹此「衆仙」：

〔正末云〕這七人是漢鍾離、鐵拐李、張果老、藍采和、徐神翁、韓湘子、曹國舅。[143]

加上由正末扮演的呂洞賓，恰好是八個。推此，則〈任風子〉中的「衆仙」應是指八仙而言

[137] 《重陽分梨十化集》，序頁，頁一上～一下，《道藏》，冊七九六。
[138] 《金蓮正宗仙源像傳》，頁二三。
[139] 《元曲選》，冊四，頁一六七〇。
[140] 同上，頁一六八二。
[141] 元雜劇中往往以「衆仙」一詞指謂「八仙」，詳下文。
[142] 《元曲選》，冊三，頁一一九八。
[143] 同上。

了[144]。

「八仙」並無一定的指謂，雖然一般都以八仙爲：

一　漢鍾離
二　呂洞賓
三　張果老
四　韓湘子
五　李鐵拐
六　曹國舅
七　藍采和
八　何仙姑[145]

實際上，在元雜劇裏並非如此固定的，例如〈鐵拐李〉中有張四郎而沒有何仙姑，〈竹葉舟〉中有徐神翁而沒有曹國舅[146]。只不過在演述度脫故事的雜劇中，其第四折必於省悟之後，作列仙出場現身指點，因將群仙名籍數說一遍[147]，如：

〈岳陽樓〉：

〈水仙子〉這一個漢鍾離現掌着群仙籙，……這一個是鐵拐李髮亂梳。……這一個是藍采和板撒雲陽木。……這一個是張果老趙州橋騎倒驢。……這一個是徐神翁身背着葫蘆。……這一個是韓湘子韓愈的親姪。……這一個是曹國舅宋朝的眷屬。……則我是呂純陽愛打的簡子愚鼓。[148]

〈城南柳〉：

〔水仙子〕這個是攜一條鐵拐入仙鄉，這個是袖三卷金書出建章，這個是敲數聲檀板游方丈，這個是倒騎驢登上蒼，這個是提笊籬不認椒房，這個是背葫蘆的神通大，這個是種牡丹的名姓香。……貧道因度柳呵道號純陽。149

〈金安壽〉：

---

144 張曉風「元雜劇中之宗教劇與中古世紀宗教劇之比較」（中）也認為劇中「衆仙」應指「八仙」而言，說：「如《馬丹陽度任風子》等度脫劇，每每都是八仙一起上場。」見《哲學與文化》，卷三，第七期（七六年七月），頁四六。

145 浦江清〈八仙考〉一文中指出：「其（按，即八仙）次序可以隨便定的，因為不但得道的先後以及師承關係皆係傳說，並且即在傳說中亦不一致……」又說「此八仙的會合並無理由」。見〈八仙考〉，《清華學報》（北京），第十一卷，第一期（一九三六年），頁八九～一三六。此文又收於《浦江清文錄》（北京：人民學出版社，一九五八年），頁一～四六。本論文所列八仙的名字只為一較普遍的說法，關於八仙的來歷、會合的時代及原因，浦氏在其文中有詳細的討論。

146 參石兆原〈元雜劇裏的八仙故事與元雜劇體例〉，《燕京學報》，卷十八（一九三五年十二月），頁一六五～一六六。

147 〈岳陽樓〉、〈城南柳〉、〈鐵拐李〉、〈竹葉舟〉、〈金安壽〉、〈黃粱夢〉諸劇均如是，而〈任風子〉、〈劉行首〉及〈藍采和〉三劇則例外，只有衆仙出場而沒有作介紹。

148 《元曲選》，冊二，頁六三〇。

149 同上，冊三，頁一一九八。

〔鴛鴦煞〕……唱道漢鍾離綠蟻醺酣，唐呂公紅顏不改，韓湘子頃刻開花，張果老倒騎的驢兒快，藍采和達道詼諧，李先生四海雲游，全憑着這條拐。⑮⓪

八仙乃道教的後天仙眞。八仙於第四折出場乃元雜劇的慣用手法，是有一種完滿結束的意味。〈任風子〉中的「衆仙」大概也指八仙而言，其用意也在於此。

以上所討論的道教人物都在劇中佔一角色，由演員扮演出場，但另外還有一些值得注意的道教人物，在劇中只有被提及而却沒有正式出場的份兒，如：

東華帝君

〈任風子〉：

〔冲末扮馬丹陽上詩云〕……正一髻受東華帝君指敎，去其四罪，是人我是非；……⑮①

〔倘秀才〕遮莫你攝伏下北極真武，便請下東華帝主，我道你敢是箇南方左道術，便有甚縮地法，混天書，我與你箇快取。⑮②

東華帝君乃天界眞仙，據明張國祥編《搜神記》說：

東華帝君絕習在道氣凝寂，湛體無為，將欲啓廸玄功，生化萬物，先以東華至真之氣，化而生木公。木公生於碧海之上，蒼靈之墟，以主陽和之氣，理於東方，亦號東王公焉。與西華金母皆挺質太元毓神玄奧於東方溟涬之中，分大道醇精之氣，結而成形，與西華王母共理二氣，而養育天地，陶鑄萬物。凡天下三界十方男子之登仙得道者，悉所掌焉。⑮③

此爲東華帝君之出處。

又據《金蓮正宗記》載：

〔帝君〕生有奇表，幼慕真風，白雲上真見而愛之，曰：「天上謫仙人也。」及引之入道，授以青符玉篆、金科靈文、大丹秘訣、周天火候、青龍劍法。東華得之，拳拳服膺，三年精心，盡得其妙。遂隱居於崑崙山烟霞洞，結草庵以自居，額曰東華觀。韜光晦跡，百有餘年，而人未之知也。後徙居代州五臺山之陽，山中有紫府洞天。在人間數百歲，殊無衰老之容。開闡玄宗，發揮妙蘊，陰功濟物，玄德動天。故天真賜號東華帝君，又曰紫府少陽帝君。度門人正陽子鍾離雲房，嗣弘法教。所有聖遠，不能具述。全真之道，由此濫觴，故立之以為全真第一祖也。[154]

按東華帝君姓王，字玄甫，生於戰國時[155]。少陽帝君即其所化身也[156]。據《呂祖全書仙派源流》說：

……蓋少陽帝君王玄甫，傳正陽帝君鍾離雲房。……[157]

---

150 同上，頁一一〇六。

151 同上，冊四，頁一六七〇。

152 同上，頁一六七四。

153 張國祥《搜神記》，卷一，頁一一，《道藏》，冊一一〇五。

154 《金蓮正宗記》，卷一，頁一。

155 《金蓮正宗記》云：「帝君姓王氏，字玄甫，道號東華子……」同上。

156 同154。

157 參26。

則東華帝君乃道教北派之遠祖。

元代「神仙道化」劇中，以東華帝君爲主角現身度脫凡人的有〈張生煮海〉一本，劇中第一折東華仙自述成仙經過：

〈外扮東華仙上詩云〉海東一片雲紅霞，三島齊開瀾漫花，秀出紫芝延壽算，逍遙自在樂仙家。貧道乃東華上仙是也，自從無始以來，一心好道，修煉三田，種出黃芽至寶，七返九還，以成大羅神仙，掌判東華妙嚴之天。[158]

東華帝君又見於〈劉行首〉[159]、〈竹葉舟〉[160]及〈黃粱夢〉[161]三劇。

王祖師

〈任風子〉：

〈冲末扮馬丹陽上詩云〉……左一髻受王祖師指教，去其四罪，是酒色財氣，方成大道。……[162]

王祖師即全眞教祖王重陽（一一一二～一一七〇）[163]。重陽名喆，又作嚞，字知明，重陽是他的號，咸陽人。生於宋徽宗政和二年（公元一一一二年），卒於金大定十年（公元一一七〇年），年五十八[164]。金代完顏璹（一一七二～一二三二）的《終南山神仙重陽眞人全眞教祖碑》中說他美鬚髯，大目，身長六尺餘寸，氣豪言辯，甚得衆望。又說他弱冠修進士舉業，籍京兆府學；又善武略，曾於金天眷間（一一三八～一一四〇）應武舉，易名德威，字世雄，後文武兩無成，遂慨然入道，創立全眞教[165]。

〈任風子〉一劇中所提及的王祖師即王重陽，蓋王重陽這個全眞教祖師的行事在當時是十分流行的，他的名字家傳戶曉，順理成章地他就成爲「道教劇」中的一個角色了。雖然，王祖師一名只在〈任風子〉一劇中冲末口裏提及而沒有正式出場，但在元代的「道教劇」中以王祖師爲主角的，大概有上文提及的佚本〈王祖師三度馬丹陽〉，而在〈馬丹陽度脫劉行首〉一劇中也有正式出場。第一折開首說：

〔正末扮王重陽上云〕貧道姓王名嚞，道號重陽真人，……有正陽祖師純陽真人，……俺願學長生之術，遂棄却家業，跟他學道，傳得長生不死之訣，成其大道。呂祖引貧道至東海之濱，將金丹七粒，撒去水中，化成金蓮七朵，乃是丘劉譚馬郝孫王，恁七人可

158 《元曲選》，冊四，頁一七〇三。

159 〈劉行首〉：「〔東華帝君引衆仙上云〕見《元曲選》，冊四，頁一三三三。

160 〈竹葉舟〉：「〔冲末扮東華帝君執符節引張果、漢鍾離、李鐵拐、徐神翁、藍采和、韓湘子、何仙姑上〕」同上，冊三，頁一〇五七。

161 〈黃粱夢〉：「〔冲末扮東華帝君上詩云〕」同上，冊二，頁七七七。

162 《元曲選》，冊四，頁一六七〇。

163 同40。

164 見陳銘珪《長春道敎源流》（荔莊藏板，光緒年間刊本），卷一，頁二五上。又陳垣《南宋初河北新道敎考》中說：「王重陽生宋政和二年壬辰，卒金大定十年庚寅正月四日，壽應五九。因其庵壁留題，有『害風舊病發，壽命不過五十八』之句，解者謂是年閏五月，正月十一日始立春，故止五十八也。」見頁八。

165 完顏璹〈終南山神仙重陽眞人全眞敎祖碑〉，《甘水仙源錄》，卷一，頁二下～一〇上。

傳俺全真大道，你可化作一凡人，下人間度此六人成道。……[166]

於此王重陽自述其成道經過，與《甘水仙源錄》所記相同。

其他道教人物——如列子、赤松子等

〈任風子〉第二折：

〔二煞〕高山流水知音許，古木蒼煙入畫圖，學列子乘風，子房歸道，陶令休官，范蠡歸湖。[167]

第三折：

〔滿廷芳〕……〔旦云〕你敢待學張子房從赤松子修仙學道那。[168]

這兩支曲子提到的列子、子房、陶令、范蠡、赤松子諸人，雖然並沒有正式登場的份兒，但他們均是道教中人。

子房、范蠡、陶令都是古代著名的隱士，馬致遠爲了在劇中宣傳隱逸的思想，因此就將這些古人抬出來，也往往因爲這些古人實在太「典型」了，作者便毫不費力地傳達了自己心中的訊息。例如陶令，即陶潛（公元三七二～四二七），一名淵明，字元亮，潯陽人，晉朝詩人，志趣高潔，不慕榮利，詩極淡雅，文迹超逸，世稱靖節先生，爲隱逸詩人之祖[169]。元代知識分子特別推崇淵明，往往以陶潛自況[170]，自然地，淵明也就成爲元代「道教劇」的作者所特別喜愛援引的人物了。

以上三者——子房（張良）、范蠡、陶潛都是由於「隱逸」而與道教產生關係的。至於列子和赤松子，却是道道地地的道教人物。

首先說列子。《莊子・逍遙遊》：

……夫列子禦風而行，泠然善也。旬有五日而後反。彼於致福者，未數數然也。……(171)

另《莊子》雜篇第十〈列禦寇〉(172)即記列子事。此外，《列仙全傳》卷一也記載：

（列子）鄭人，名禦寇，問道於關尹子，復師壺丘子。九年能禦風而行，隱居鄭國四十年，無知者。著書行於世，唐天寶初册為冲虛真人，題其書曰冲虛真經，宋景德四年敕加

---

(166) 《元曲選》，册四，頁一三二六。

(167) 同上，頁一六七五。

(168) 同上，頁一六七八。

(169) 參《晉書・隱逸》之〈陶潛傳〉（《二十五史》本），卷九四，頁二二五四。

(170) 元代的知識分子特別推崇陶淵明，而以淵明自況的人頗多，這是因為元代隱士和晉代隱士都有着比較類似的黑暗處境，懷着相同的絕望心情。在晉代，陶潛以歌唱表示對隱逸生活的嚮往，對山林、田園的熱愛，同時展示其對黑暗政治的反感和反抗。同樣地，元代的詩歌、散曲乃至雜劇也頗多隱逸思想。如金亡不仕的元好問的作品中就不乏這種內容。此外，元代的知識份子，往往以淵明自況，詩人黃溍、倪瓚、張翥等，散曲家杜仁傑、陳草庵、白樸等的作品中，每每流露出傾慕淵明的心聲。甚至已經僥倖獲得高官的知識分子如至大間曾任翰林出為江西儒學提舉的滕斌，在他的散曲中也寫道：「……輸與淵明陶陶醉。儘黃菊，圍繞東籬，良田數頃，黃牛二隻，歸去來兮。」（〈〔中呂〕普天樂・氣〉，見《全元散曲》，頁三〇〇。）其他的可以想見。

(171) 莊周《南華眞經》，卷一，內篇「逍遙遊」第一，頁三，見《道藏》，册三四九。

(172) 同上，卷五，雜篇「列禦寇」第三十二，頁二六，見《道藏》，册三五一。

至德二字。[173]

至於元雜劇中所提到的赤松子，其實即道教極爲推尊的太上老君[174]。老君無世不出，其身前身後又皆元始天尊[175]所化身。赤松子就是老君於顓頊時的化身[176]，故說赤松子即太上老君。唐高宗時追尊爲「太上玄元皇帝」[177]。

這些道教人物，在元時極爲深入人心，早已成爲神仙或隱逸的「代號」，除了〈任風子〉一劇，我們還可以從其他劇本中找到證據。例如：

〈誤入桃源〉第一折：

〔混江龍〕……似這等鵾鵬掩翅，都只為虎狼磨牙，……情願做歸湖范蠡。……[178]

〈竹葉舟〉第一折：

〔陳季卿云〕道者，你說古來有那個是成了仙道的？

〔正末云〕待貧道略說一兩個，與你聽者。〔唱〕

〔那吒令〕豈不聞有一個列禦寇駕泠風徧八區。……有一個張子房追赤松別帝都。……[179]

又第二折：

〔正末引外扮列禦寇張子房葛仙翁上云〕……[180]

列禦寇自我介紹說：

貧道列禦寇，鄭國人也，當穆公時見子陽為相，專尚刑罰，貧道因此辭祿歸耕，後遇廣成子，傳其大道，遂得成仙。[181]

隨着張子房也說：

貧道張良，韓人也，九世相韓，秦始皇無道，滅我韓國，貧道私結壯士，闍擊始皇於博浪沙中，誤中副車，大索三日。貧道亡匿下邳，後因漢祖兵起，仗劍歸漢，興劉蹙項，得報韓讎，漢祖封貧道為劉侯。只為漢祖諸殺功臣，棄其侯印，隨赤松子入山，遂成仙道。[182]

---

[173] 《列仙全傳》，頁九二。但漢代劉向《列仙傳》及晉葛洪《神仙傳》均沒有關於列子的記載。

[174] 道敎託始於老子，其敎徒尊奉之爲「太上老君」，把老子神化起來，製造出許多如「天尊開刼」（參[75]）、「分身轉刼」的神話。其實從秦漢文獻中關於老子爲人行事的原始記述，他只是一位深湛玄思的隱世哲人，毫無一點神仙的行迹。道敎興起，所以附會於老子者，不過採取其「清淨無爲」的哲理作爲他們的理論根據而已。詳情可參孫克寬《寒原道論》（臺北：聯經，一九七七年），「唐以前老子的神話」一節，頁二一～五八。

[175] 元始天尊乃道敎最尊貴的神。關於他的神話見《隋書．經籍志》（《二十五史》本），卷三五，頁一一一三。

[176] 據說老君爲元始天尊化身，而又無世不出，伏羲時號赤精子，神農時爲大成子，黃帝時號廣成子，少昊時爲隨應子，顓頊時爲赤松子，帝嚳時爲籙圖子，帝堯時號務成子，虞舜時爲尹壽子，夏禹時爲眞甯子，商湯時爲錫則子，周文王時號爕邑子，成王時號育成子，康王時爲郭叔子，春秋時爲鬼谷子，漢初爲黃石公，漢文時爲河上公。參張君房撰《雲笈七籤》，卷二，頁一三，《道藏》，冊六七七。

[177] 見《唐書．高宗本紀下》（《二十五史》本），卷五，頁一七。

[178] 《元曲選》，冊四，頁一三五三。

[179] 同上，冊三，頁一〇四四。

[180] 同上，頁一〇四七。

[181] 同上，頁一〇四八。

[182] 同上。

可見，上面所說的道教人物在人們心目中早已有了一特定的意義（例如神仙、隱逸），只要看見他們的名字，很自然就會使人聯想到道教。表現在雜劇上183，劇作者意欲表達這些特定意義時，不期然就聯想到這些人物了。

所以說，〈任風子〉一劇的所以被認定爲一本「道教劇」，這些道教人物的出現是具有其相當關鍵性的。

最後說到〈任風子〉的語言。

作爲一本「道教劇」，必然處處充滿着道教的色彩和道家的意味，這一方面，可以從劇中的語言文字表現出來。這完全是一種需要，作者要宣傳一項道教教義（例如隱居、爲善），或演述一個道教的傳說，文字上當然脫離不了道家慣用的術語。

在〈任風子〉一劇中，馬致遠巧妙地運用了一套道家的語言，配合着劇中的人物及作者所欲表達的道家思想，使劇本中充滿了道教氣氛。這裏，可從幾方面去看。

一、與「神仙」有關的字眼

本劇演的是仙人馬丹陽度脫凡人事，自然充滿了神仙氣味，「神仙」一詞往往令人聯想起與道教有關，於是有關神仙的字眼，散佈全劇：

莊家每閒看神仙傳。184

貧道馬丹陽離了仙鄉，……可用俺神通秘法，點化此人。185

俺這神仙則許神仙做，你那凡夫則尋凡夫去。186

且喜任屠仙胎可在，便要出家。看他修行如何，再傳秘法，點化他成了仙道。187

〔旦云〕任屠，你撇下嬌妻幼子、家緣家計，跟那先生出家，幾時能夠做神仙？[188]

〔旦云〕你敢待學張子房從赤松子修仙學道那。[189]

〔駐馬聽〕……雖不曾閬苑仙家採瑞草，又無甚憂煩惱。……[190]

〔尾〕衆神仙都來到，把任屠攝赴蓬萊島，今日箇得道成仙，到大來無是無非快活到老。[191]

「神仙」、「仙鄉」、「仙胎」、「仙道」、「修仙」、「仙家」、「成仙」等充滿「仙味」的語詞，在劇中俯拾即是，故〈任風子〉一劇之所以使人覺得它是一部「道教劇」也就很自然了。

---

[183] 並不一定單指「道教劇」而言，因在別類劇本中往往也引用這些道教人物代表着某一個早已賦予他們的特定意義。這種情況的形成，主要是由於這些人物的「普遍性」使然。

[184] 《元曲選》，冊四，頁一六七二。

[185] 同上，頁一六七三。

[186] 同上，頁一六七五。

[187] 同上，頁一六七六。

[188] 同上，頁一六七七。

[189] 同上，頁一六七八。

[190] 同上，頁一六八〇。

[191] 同上，頁一六八二。

二、隱士口吻

元代的「神仙道化」劇，道化和隱逸常常混雜，結合在一起，劇本如〈金安壽〉、〈劉行首〉、〈黃粱夢〉等都是很好的例子。其中「逍遙」、「閑適」、「歸隱」之語屢見不鮮，或追羨神仙之悠然自得，或仰慕歸隱名士的清高雅潔。如〈黃粱夢〉：

> 俺閑遙遙獨自泉林隱，你虛飄飄半紙功名進，你看這紫塞軍黃閣臣，幾時得個安閒分，怎如我物外自由身。[192]

〈竹葉舟〉：

〈叨叨令〉俺那裏有蒼松偃蹇蛟龍臥，有青山高聳煙南潑。香風不動松華落，洞門深閉無人鎖。俺和你去來也麼哥，去來也麼哥，修真共上蓬萊閣。[193]

〈任風子〉一劇也不例外，它有着強烈的棄世避俗的性質。爲了發揮這個思想，馬致遠就在劇中用了濃烈的隱士口吻：

〈二煞〉高山流水知音許，古木蒼煙入畫圖，學列子乘風，子房歸道，陶令休官，范蠡歸湖。……[194]

〈中呂粉蝶兒〉每日在園內修持，栽排下久長活計，若不是我參透玄機，則這利名場，風波海，虛耽了一世，喫的是淡飯黃虀，淡則淡淡中有味。[195]

〈正末唱〉我雖不似張子房休官棄職，我待學陶淵明歸去來兮。……[196]

〈三煞〉我則要仙鶴出入隨，誰戀你香腮左右偎，你那綉衾不如我這粗紬被。我閒彈夜月琴三弄，誰待細看春風玉一圍？喒兩箇分連理，你愛的是百年姻眷，我怕的是六道輪迴。[197]

〈雙調新水令〉我雖不曾倒騎鶴背上青霄，今日箇任風子積功成道。編四圍竹寨籬，蓋一座草團瓢，近着這野水溪橋，再不聽紅塵中是非鬧。[198]

「列子」、「子房」、「陶令」表達了對古來隱士的傾慕；「淡飯黃虀」、「仙鶴出入隨」也正是隱逸生活的寫照。讀罷這些曲子，也不期然令人對高山流水、梅妻鶴子的退隱生活嚮往一番。

三、道經文字和道教術語

首先，是「點化」一詞。在「神仙道化」劇中，「度脫」是一個重要的主題，有「點化」、「開度」……的意味，在〈任風子〉一劇中，類似的詞彙屢見，如：

〈冲末扮馬丹陽上詩云〉……貧道祖居寧海。……初蒙祖師點化。……[199]

---

[192] 同上，冊二，頁七七八。
[193] 同上，冊三，頁一〇五七。
[194] 同上，冊四，頁一六七五。
[195] 同上，頁一六七七。
[196] 同上，頁一六七八。
[197] 同上，頁一六七九。
[198] 同上，頁一六八〇。
[199] 同上，頁一六七〇。

有一人任屠，此人有半仙之分，因而稟過祖師，前去點化他。……[200]

〔馬丹陽上云〕……可用俺神通秘法，點化此人。……教他眼前見些惡境頭，然後點化此人。……[201]

〔丹陽云〕……再傳秘法，點化他成了仙道。[202]

〔丹陽云〕此人省悟了。……再敎他見妻子惡姻緣，然後引導他歸於正道，未為遲也。[203]

〔詩云〕為你有終始，救你無生死，貧道馬丹陽，三度任風子。[204]

最末一句點出了「度脫」這個主題。雖然在〈任風子〉一劇中多用「點化」一詞，但其意義與他劇所用的「引度」[205]、「指引」[206]或「度」[207]等是相同或相若的。

此外，為了增加劇本的道教色彩，作者往往引用一些道教經文以及和道教有關的術語，其作用在於增加劇情的說服力。在〈任風子〉一劇中就曾引用老子《道德經》：

〔正末挑剌筐上云〕道可道，非常道。名可名，非常名。[208]

〔做放下擔子科云〕……口裏念道可道，非常道。名可名，非常名。[209]

〔唱〕可正是道可道，非常道。[210]

一句說話，在劇中重覆了三次，但又並不代表着甚麼特殊的意義，只證明了這種類似的道教語言已經甚為通俗化了，幾成為日常口頭語，動輒被引用。在劇中我們還可以找到其他例子：

〔丹陽云〕……我這紙筆是寫《黃庭》《道德經》的。[211]

〔寄生草〕你道他都修善，不喫羶。你道是先生每鬧了終南縣，道士每住滿全真院。莊家每閑看神仙傳，姑姑每屯滿七真堂，我道來搖車兒擺滿三清殿。[212]

〔梅花酒〕……〔唱〕師父道且忍着，我又不曾宴蟠桃，又不曾煉丹藥，不死呵幾時了。[213]

〔尾〕眾神仙都來到，把任屠攝赴蓬萊島。……[214]

---

200 同上。

201 同上，頁一六七三。

202 同上，頁一六七六。

203 同上，頁一六八〇。

204 同上，頁一六八二。

205 〈金安壽〉中鐵拐李云：「貧道既領仙旨，便索往下方，引度他二人走一遭去。」見《元曲選》，冊三，頁一〇九三。

206 〈誤入桃源〉中太白星官說：「……却化一樵夫，指引他到那桃源洞去。」同上，冊四，頁一三五三。

207 〈劉行首〉中馬丹陽云：「若要度你呵，你可下人間托生做女子，還了五世宿債，然後方可度你成道，你記者。」同上，頁一三二三。

208 《元曲選》，冊四，頁一六七六。

209 同上，頁一六七七。

210 同上，頁一六八一。

211 同上，頁一六七八。

212 同上，頁一六七二。

213 同上，頁一六八二。

214 同上。

「《黃庭經》」、「《道德經》」、「終南縣」、「全眞院」、「七眞堂」、「三清殿」、「蟠桃」、「丹藥」、「蓬萊」等都是與道教有關的。

以上所列舉的有關道教的語言或詞彙都是〈任風子〉一劇中的一個特色。通過這個語言上的特色，可以看出道教與雜劇二者的關係。「元人作曲，最尙口吻相肖。」㉕馬致遠即能圓滿地達到這個要求，完全站在道教的立場來創作〈任風子〉這個劇本，儼然一個道士在向聽衆講述一個道教的傳說故事。

六

《太和正音譜》中的「神仙道化」劇，廣義來說，可稱之爲「宗教劇」，包括「道教劇」和「釋教劇」，但又並不包羅盡所有的道教劇，因爲一部分描述道家隱逸思想的劇本如〈陳摶高臥〉、〈七里灘〉等，卻被放在「隱居樂道」一科中；那些表現道教陰陽術數如〈張天師〉、〈桃花女〉等，又被放在「神頭鬼面」一科中。

實際上，「雜劇十二科」的分類法，看似很有條理，實質意義上頗費斟酌。一種劇本，可能不會單屬一科，而一科中所包舉的又不只一項。而且科與科之間，其界說又難以肯定，結果就出現了上述那種錯綜複雜的情形了。

因此，我以爲「道教劇」這一名稱的內涵，若依據羅錦堂教授《元人雜劇本事考》中的分類，應包括：

一、道釋劇中的道教劇（十四本）

二、神怪劇（四本）

三、仕隱劇中的隱居樂道劇（二本）

合以上三者統稱之爲「道教劇」，而〈任風子〉一劇就是其中很有代表性的一本。通過了劇中所蘊含的道教色彩，反映出元代雜劇與道教實有着非常密切的關係，而道教對元代戲劇所作出的影響是深遠恒久的。至於要全面探討元代雜劇與道教的關係就必須從上述三類着手了。

---

215 王季烈《螾廬曲談》（商務，一九八二年），卷二，第五章，頁三七。

粵劇戲神華光考

我很早便知道有華光這位神靈，那時我大概八、九歲。我學習技擊的那間武館❶便是拜祀華光的。每年華光寶誕（農曆九月廿八日）我們武館同寅在師傅的領導下例必在酒樓大排筵席，慶祝一番，且有武術表演助慶。那時我只知道華光有三隻眼睛，除了如常人的一雙眼睛外，額頭還特別生有一隻，所謂「三眼華光」。至於爲何練武的人要拜華光則不得而知了。我的三位妹妹都是演粵劇的，都是「八和」（八和會館）子弟，而「八和」也是拜華光的，所謂「吃華光飯」。此外，家裏所供奉的神靈，其中一位便是華光。故此，我對華光頗爲「熟識」。六十年代末期我開始對粵劇研究發生興趣，同時對華光這位粵劇戲神的研究興趣也與日俱增。可是，由於其他方面的研究已佔了我很多時間，故惟有把華光研究暫時放下。八十年代開始，重新注意華光這問題，斷斷續續的搜集這方面的材料。直到幾年前讀到已故陳鐵兒先生的一篇文章——〈八和會館戲神考〉❷，我纔立下決心爲華光作一個深入的研究。陳先生的文章只有

❶ 武館名「漢雄國術社」，主其事者爲夏漢雄師傅。夏師傅的武術以白眉派爲主，參以洪拳、柔功和其他拳術，所以可以說是冶各種拳術於一爐的新拳術；後來名爲「柔功門」。參拙文〈我的繪畫生命歷程〉，見拙著《藝術論叢》（香港，光明圖書公司，一九九一），頁一三一—一三二。

❷ 見黃兆漢、曾影靖編訂《細說粵劇——陳鐵兒粵劇論文書信集》（香港，光明圖書公司，一九九二），頁二一五—二二五。

一部分是關於華光的（其他部分談「田竇二師」），不到二千字，雖然頗具啓發性，却不夠深入，可做的研究還有不少。於是我繼續耙梳有關神明、神話、神仙……一類的書籍，翻覆思索，從不同角度考慮，可是仍然遲遲不敢下筆。今年（壬申）農曆九月廿八日華光寶誕，我以名譽顧問身份參加香港八和會館第二十六屆職員就職典禮❸，見到「八和」子弟在華光先師面前❹人人工作，一心一意爲八和而努力，甚爲感動，深感這位戲神給予粵劇藝人的無窮力量，故決心搦筆撰寫此文，以償多年來之心願。

有關華光的材料，直接的和原始的並不多，而間接的、二三手的和零零瑣瑣的却不少。直接的和頗爲原始的材料，最重要的我相信是明代隆慶年間（一五六七—一五七二）或稍前成書的《南游記》❺。它是一篇長約五萬字的章回小說，內容講述華光出生到皈依佛道，終被玉帝加封爲「上善五顯靈官大帝」的故事。編纂者是余象斗❻。全書共四卷，現在將四卷的回目鈔出如下，以見其梗概：

卷一

玉帝起賽寶通明會

靈光在斗牛宮投胎

靈耀分龍會為明輔

卷二

靈耀大鬧琼花會

華光鬧天宮燒南天寶德關
華光來千田國顯靈
吉芝陀聖母在蕭家莊吃□
華光在蕭家莊投胎

---

❸ 典禮假座香港九龍尖沙咀新世界中心海城大酒樓夜總會舉行。是屆主席爲粵劇紅伶兼歌視紅星汪明荃小姐。

❹ 在禮堂舞台右邊設置神位，其主神卽爲華光先師，當時與會者無不上香叩拜，竭盡子弟之禮。

❺ 〈南游記〉是《四游記》之一，其他爲〈東游記〉、〈西游記〉和〈北遊記〉。有關此書之版本問題可參柳存仁教授著〈《四游記》的明刻本〉一文，見其《和風堂文集》，（下）（上海，上海古籍出版社，一九九一），頁一二六二—一二八七。柳教授又指出此書的成書時代說：「……我相信《四遊記》這類著作是比較吳承恩《西遊記》爲早的粗拙的作品，……」，見頁一二七六。吳氏《西游記》大概寫成於隆慶四年（一五七〇），參Professor Liu Ts'un-yan, "Wu Ch'eng-en: His Life and Career"一文，見其 *Selected Papers From the Hall of Harmonious Wind*, (Leiden, E. J. Brill, **1976**)，頁三五四。

❻ 余象斗，又名世騰、象烏，字仰止、文台，號三台山人，三台館主（山）人等，福建建陽人，爲明代著名通俗小說刊刻者和編纂者，主要活動于萬曆年間（一五七三—一六二〇）至崇禎（一六二八—一六四四）初年。參〈華光天王傳〉（按：卽〈南游記〉）孫遜撰之〈前言〉，頁一。見《古本小說集成》（上海，上海古籍出版社，一九九〇），第一二〇冊。按，本文除涉及考據外，一切引述〈南游記〉時皆根據北方文藝出版社之《四游記》本（哈爾濱，一九八五），因爲此版本「參照多家版本加以校勘，……對明顯錯訛加以訂正」。（見「出版說明」）而且印刷清晰，段落分明，便於使用。

券三

衆臣奏捉華光

華光佔清涼山

哪吒行兵收華光

華光與鐵扇公主成親

券四

華光鬧蜻蜓觀

華光鬧東岳廟

華光鬧陰司

華光火燒東岳廟

華光三下酆都

華光皈依佛道

卷一、卷二的靈光和靈耀實際上就是華光的前身，可見全書都是講述華光的。爲了方便以後考究華光故事的來龍去脈，於此我們不厭其煩的敍述《南游記》一書的內容大要如下：

相傳玉帝召開通明會鬥寶，諸仙各呈奇珍，東海龍王也取出夜明珠炫耀，却比不過馬耳山大王的寶珠，失了面子，從此兩家結下深怨。龍王殺死馬耳大王後，又聽說馬耳娘娘正在分娩，便乘機興兵進犯。正在這危急關頭，誰知娘娘才生下三天的嬰孩竟十分了得，挺身出城，殺了東海龍王。這嬰孩便是日後的華光。

原來靈鳥山上的世尊如來有個弟子，名叫妙吉祥童子，本是法堂前的一盞油燈，聽經問法，晝夜輝煌，天長日久，如來便念動咒語把它變成了人身。靈鳥山本是洞主獨火鬼的地盤，他對如來佔住此地暗懷不滿。一日前來尋衅，妙吉祥童子忍無可忍，放出三昧眞火，將獨火鬼燒死，犯了戒律。觀音世尊預知馬耳娘娘有厄，便建議如來把妙吉祥送去投胎。臨行前，如來佛特地賜給他「五通」本事：一通天、二通地、三通風、四通水、五通火；又給他一隻可以看見三界的天眼。因此妙吉祥首次投胎轉世時，有三隻眼睛，取名叫「三眼靈光」。

靈光殺死龍王後，不久就惹了禍。他在北極紫微大帝的靈虛殿裏擅自放走了妖魔，還偷了紫微大帝的金槍。大帝一怒之下念起咒來，把靈光困死在九曲珠內。靈光的一道眞靈却飄到妙樂天尊宮中，被天尊送往斗牛宮炎玄天王處。於是炎玄天王的公主便產下一個男嬰，左手掌上有個「靈」字，右手掌上有一個「耀」字，也長有三隻眼睛，取名叫「三眼靈耀」。

靈耀長大後，做了妙樂天尊的弟子。他頑皮的本性不改，又將妙樂天尊的寶物金刀騙得，用火煉成一塊三角金磚。此寶變化無窮，能擋陣助戰。不久，靈耀便奉玉帝之命，用金磚降伏了中界的吃人妖怪風火判官，於是被玉帝封爲火部兵馬大元帥。但因爲大鬧瓊花會和天宮，開罪了金槍太子與日官鄧化等天神，在天界無法容身，於是返下中界，從此自號「華光天王」。

華光到了中界，拜在朝眞山洪玉寺勸善大師的門下。他外出雲遊，與一系列神魔發生了大戰，降服了千里眼、順風耳、火漂將等妖。從此華光便在中界降魔擒妖，救災救難，爲民除害，華光祠也在各地建了起來。

兩年後，華光重遊回到了洪玉寺。勸善大師告訴他上帝已興兵前來捉他，讓他趕快帶着當年如來給他的五通一起化身投胎。華光便化成五通金光，來到南京徽州府婺源縣蕭家莊。這蕭家莊有一長者名叫蕭永富，年過四十，膝下無子，其妻范氏天天燒香求嗣。妖怪吉芝陀聖母吃掉了范氏，搖身變作了她的模樣，正遇上華光投胎，於是一胞產下了五子，華光是其中之一。

吉芝陀聖母喜愛吃人，蕭家莊不斷有人失踪。龍瑞王路過蕭家莊，決心爲民除害，遂顯出神通，將吉芝陀解去打入了酆都地獄。華光尋不到母親，只得仿冒太乙眞君設起道場，召集各方孤魂野鬼詢問。消息傳到玉帝那兒，以爲華光謀亂，派火部元帥宋無忌收捉華光，被殺得大敗而回。後來如來將華光返出天界後降鬼伏妖的經歷及尋母的苦心作了解釋，玉帝才下詔讓他官復原職，權坐中界永受香火。

華光受了天封後，去找龍瑞王追問母親下落。龍瑞王認爲他以妖爲母，反唇相譏，兩人交起手來。龍瑞王落荒而逃，一直逃到靈山如來蓮花座後，被華光用天眼看見，緊追不捨。如來收去了華光的天眼，他便把氣出到如來身上，舉起金磚朝如來腦門打去。如來用手一招，將金磚收來貼在胸前，相傳這就是如來胸前「卍」字的由來。

華光念叨着母親的下落，前往陰間東岳廟查看。東岳大帝取出錄鬼簿，華光這才知道吉芝陀聖母和范氏是兩個人。但因吉芝陀是生母，華光又三下酆都，大鬧陰司，設法救出了她。

吉芝陀聖母被救出後，吃人積習難改，這使華光十分苦惱。後來聽說吃了王母的仙桃可除吃人之念，便扮作花果山齊天大聖去偷仙桃，除了病根。但爲此惹怒了齊天大聖。大聖有個女兒叫月孛星，使動一個骷髏頭的法寶，喝聲某人的名字，那人二天之內便會死去，華光也幾乎遭到不測。幸虧勸善大師知道了此事，特來拯救他死裏逃生，並讓他與大聖說和，結拜成兄弟。

後來華光被玉帝加封爲「上善五顯靈官大帝」，永鎭中界，世守萬民祭享。百姓求子祈福，無不感顯應驗，香火很旺❼。

以上華光的故事雖然荒誕不經，但內容卻頗爲豐富有趣，情節亦不乏姿采；人物方面，描寫得相當生動，尤其是主人翁華光，塑造得頗爲豐滿傳神。我相信這樣的一個華光故事一定是經過一段頗長的時間纔發展得來的，換言之，它是長時期累積和演化出來的結果。余象斗只是華光故事的編纂人，他大抵是將當時流行的一些華光故事集合起來，加以編纂，或有可能再補上一點自己的虛構成份，終於成爲現時我們所讀到的《南游記》。華光故事在余象斗主要活動時期——十六世紀後期到十七世紀初期的流行情況或可更證之以余氏所編的另一本小說《北游記》❽。《北游記》是講述北方眞武玄天上帝的故事。華光也在此書出現。此書有一小節敍述他與玄天上帝的交涉❾，而這段情節則同時見於《南游記》❿。我認爲諸如此類的華光故事片段定然流行於民間，余象斗就把這些片段搬過來借過去的用在他所編纂的小說裏。

❼ 以上〈南游記〉的故事內容大要是根據《神仙世界》（上海，上海古籍出版社，一九九〇）所載張曉敏撰的〈華光〉一文略爲刪改而成，見頁一八九—一九二。惟張文誤作「上善王顯頭官大帝」。（實際上《四游記》本亦然；今從《古本小說集成》本，作「上善五顯靈官大帝」。）

❽ 〈北游記〉也是《四游記》之一，全名爲〈北方眞武祖師玄天上帝出身全傳〉，又名〈北游記玄帝出身傳〉。全書共四卷，二十四回，題「三臺山人仰止余象斗編」。見《古本小說集成》，第一二一冊。

❾ 此節名爲「祖師入天宮收華光」，見〈北方眞武祖師玄天上帝出身全傳〉（卽《北游記》），《四游記》本，前引，頁三三五—三三七。

❿ 見〈南游記〉卷二之「華光鬧天宮燒南天寶德關」一節，《四游記》本，前引，頁一〇五—一〇六。

《南游記》既然是華光故事成熟時期的果實，那麼，華光故事始於何時呢？這是個頗難找到滿意答案的問題。不過，我們卻頗爲可以肯定地說，華光故事最遲在元末明初——即十四世紀時已頗爲流行了。華光這個人物早已出現在元末明初人楊景賢⑪撰的《西游記雜劇》⑫。其第八齣「華光署保」便講述華光被觀音菩薩差遣爲十個保官之一——第六個保官，保護唐僧西游，同時通過華光之口，利用一段獨白和數支曲子，詳述了自己的生平事蹟和使命。最值得我們注意的是，他那事蹟部分與《南游記》所載的大致相若，或可說具體而微。雜劇的故事很多是來自民間的，尤其是環繞着唐僧西游取經的故事⑬，這大抵可作爲華光故事在十四世紀流行於民間之佐證。余象斗自然有機會讀到《西游記》這個雜劇，說不定裏面所提到的華光部分實際上已成爲他編纂《南游記》時的部分資料來源或參考材料。

無論如何，華光故事於元、明兩代——尤其是明代是頗爲流行的了。與余象斗的小說同時期而成書稍後的吳承恩（約一五〇六——約一五八二）著的《西游記》小說⑭也提到了華光。小說的第九十六回「寇員外喜待高僧，唐長老不貪富貴」的末尾就談到華光：

> 行者舉目遙視，只見大路旁有幾間房宇，急請師父道：『那裏安歇，那裏安歇。』長老至前，見是一座倒塌的牌坊，坊上有一舊扁，扁上有落顏色積塵的四個大字，乃『華光行院』。長老下了馬道：『華光菩薩是火焰五光佛的徒弟。因勦除毒火鬼王，降了職，化做五顯靈官。此間必有廟祝。』遂一齊進去。……⑮

小說中長老介紹華光的幾句說話，其內容與《南游記》所載的相差不遠。明代又有無名氏撰的雜劇《華光顯聖》⑯，可惜未見流傳之本，實際內容無由得知。但，顧名思義，所搬演的不外是華光顯示聖蹟的故事。明沈德符（一五七八——一六四二）《萬曆野獲編》論詞曲時有「《華光顯聖》……之屬，則太妖誕」⑰之語，可見此劇所講述的無非是些妖異荒誕的故事。至於是否與《南游記》相同，則不敢妄下斷言了。明末又出現《華光本行妙經》的道經，見《道藏》。

華光故事的始原——直接的始原與流行，據目前能夠考證的，最早只可以追溯到元末明初，即是楊景賢撰寫《西游記雜劇》的時代。但，倘若我們撇開「華光」一名不顧，只着眼華光故事的特有內容，那麼，我們便會發覺這些故事實有一個較早的來源。說得清楚一點，以上華光的故事實在是從別人借用過來的，而這些故事產生的時代比《西游記雜劇》成書時代還要早。

---

⑪ 楊景賢之生平考證見孫楷第《元曲家考略》（上海，上海古籍出版社，一九八一），頁四三—四四。

⑫ 見隋樹森編《元曲選外編》（北京，中華書局，一九六一），第二冊，頁六三三—六九四。

⑬ 參羅錦堂《現存元人雜劇本事考》（臺北，中國文化事業股份有限公司，一九六〇），頁二九五—三〇〇。

⑭ 有關《西游記》小說及環繞著此小說的問題可參Professor Liu Ts'un-yan, "Wu Ch'eng-en: His Life and Career"一文，見*Selected Papers from the Hall of Harmonious Wind*，前引，頁三二三—三四四。本文採用之版本爲一九七二年（一九八六年重印）香港中華書局出版之本子。

⑮ 《西游記》（香港，中華書局，一九八六），頁一〇八八。

⑯ 據王沛綸編著《戲曲辭典》（臺北，臺灣中華書局，一九六九），〈華光顯聖〉爲「雜劇名，明代無名氏撰。」頁四三七。又據傅大興撰《明雜劇考》（楊家駱主編，世界書局，一九六一），「其題目正名，均已無考。今日未見流傳之本。」頁二八五。

⑰ 《萬曆野獲編》（北京，中華書局，一九五九），卷二五，頁六四八。

我相信華光故事可遠溯到元代，而最早見於《三教源流搜神大全》⑱。在此書的卷五有〈靈官馬元帥〉傳，裏面的內容與《南游記》所述的幾乎無異，惟是篇幅極其簡短，全文不過五百來字，只是《南游記》的百份之一。就算時代較《南游記》爲早的《西游記雜劇》亦有受到《搜神大全》影響的跡象。無論如何，我深信《搜神大全》的〈靈官馬元帥〉傳是華光故事的最早根據。現在把全文鈔錄如下以見其實況及以資比較：

詳老帥之始終，凡三顯聖焉。原是至妙吉祥化身，如來以其滅焦火鬼壇有傷於慈也，而降之凡，遂以五團火光投胎于馬氏金母。面露三眼，因諱「三眼靈光」。生下三日能戰，斬東海龍王以除水孽。繼以盜紫微大帝金鎗，而寄靈于火魔王公主為兒，手書左「靈」右「耀」，復名「靈耀」。而受業於太惠盡慈妙樂天尊，訓以天書。凡風、雷、龍、蛇、馘鬼、安民之術，靡取不精。乃授以金磚三角，變化無邊。遂奉玉帝勑以服風火之神，而風輪火輪之使。收百加聖母而五百火鴉為之用，降烏龍大王而羽之翼，斬楊子江龍而福于民。屢歷艱險，至忠也。帝授以左印右劍，掌南天事，至顯也。錫以瓊花之宴，金龍太子為之行酒，至寵也。殊憶太子傲侮怒帥，火燒南天關，遍敗天將，下走龍宮，中戰離婁、師曠，偕以和合二神，仍答金龍以洩其憤。至不得已，又化為一胎而五昆玉二婉蘭，共產於鬼子母之遺體。又以母故而入地獄，走海藏，步靈臺，過酆都，入鬼洞，戰哪吒，竊仙桃，敵齊天大聖，釋佛為之解和，至孝也。後復入于菩薩座左，至慧也。玉帝以其功德齊天地而敕元帥于玄帝部下，寵以西方，領以答下民妻財子祿之祝，百叩百應。雖至巫家寃枉祈禱之宗，悉入其部，直奏天門，雷勵風行焉。⑲

可見《南游記》裏所述華光的特徵及華光故事的情節大體上已具備於此篇〈靈官馬元帥〉傳。

但，有一點很清楚的是，此傳從未提到「華光」一名。所以我把它視爲《南游記》華光故事的非直接的原始來源。它只是爲余象斗編纂華光故事時所借用了。它同時亦沒有提到馬元帥終被玉帝封爲「五顯靈官大帝」，雖然「靈官」兩字已見於傳名；而「五顯」一詞所指爲何，此傳也自然沒有交代。這大抵就是它只名「靈官馬元帥」，而不名「五顯靈官馬元帥」的原因。

宋人魯應龍（十三世紀時人）《閑窗括異志》說：「五顯靈官大帝，佛書所謂華光如來。」⑳如果他所指的五顯靈官大帝是我們上文所說的靈官馬元帥的話，他所說的卻沒有根據，或至少可以說是附會的，第一他沒提出馬元帥就是華光如來的證據，第二佛書所謂的華光如來其實即是佛陀（公元前五六五——公元前四八五）的「十大弟子」之一的舍利弗；而舍利弗，根據他的生平事蹟，並沒有與「五顯靈官大帝」一名有過交涉，更沒有發生過如後來的〈靈官馬元帥〉傳和《南游記》分別所載馬元帥與華光的神異故事。舍利弗（梵名 Śāriputra ），是「舍利弗多羅」的略稱。舊譯「奢利弗」、「富多羅」、「奢利補担羅」等。舊曾誤譯「身子」，亦意譯「鶖露子」、「秋露子」等。從母得名。其母爲摩伽陀國王舍城婆羅門論師之女，出生時以眼似舍利鳥，乃命名爲「舍利」；故舍利弗之名，即謂「舍利之子」。據《佛本行集經》

---

⑱ 此書有宣統元年（一九〇九）葉德輝之序文，詳談其版本源流，指出此書元代本名《搜神廣記》，到明代始改爲《三教源流搜神大全》。葉氏說：「……雖明人重刻，猶可推見元本眞面也。」見《繪圖三教源流搜神大全》（外二種）（上海，上海古籍出版社影印本，一九九〇），頁四。

⑲ 《繪圖三教源流搜神大全》（外二種），前引，頁二二〇—二二一。

⑳ 《閑窗括異志》見明商濬編、李穆堂輯《稗海》（槐蔭山房版，出版年缺），第一四冊，葉三上。

卷四十八〈舍利目連因緣品〉載，舍利弗自幼形貌端嚴，及長，修習諸技藝，通曉四《吠陀》。年十六即能挫伏他人之論議，諸族弟悉皆歸服。年少之時，與鄰村之目犍連結交，嘗偕伴赴王舍城外祇離渠呵之大祭，見衆人混雜嬉戲，頓萌無常之感，即剃除鬚髮，投六師外道中之刪闍耶毘羅胝子出家學道，僅七日七夜即貫通其教旨，會衆二百五十人皆奉之爲上首，然舍利弗猶深憾未能盡得解脫。其時，佛陀成道未久，住於王舍城竹林精舍，弟子阿說示著衣持鉢，入城中乞食。舍利弗見其威儀端正，行步穩重，遂問所師何人，所習何法。阿說示乃以佛陀所說之因緣法示之，令了知諸法無我之理。舍利弗旋即與目犍連各率弟子二百五十人同時詣竹林精舍皈依佛陀。據《十二遊經》載，舍利弗歸佛後，常隨從佛陀，輔翼聖化，爲諸弟子中之上首；復以聰明勝衆，被譽爲佛弟子中「智慧第一」。舍利弗一生爲僧伽長老崇敬，且屢爲佛陀所讚美。後較佛陀早入滅，七日後荼毘，葬遺骨衣鉢於祇園，須達多長者並爲之建塔。又據《法華經·譬喻品》所載，舍利弗得佛陀之記莂，於未來世當得作佛，號「華光如來」㉑。華光如來雖即爲舍利弗，但並不等於即爲五顯靈官大帝，或靈官馬元帥，更不是我們要談論的華光。但，後來的華光（如《南游記》所說的），傳說謂他與佛有關，可能是受了佛書如《法華經》所影響；或甚至在名稱上是受了魯應龍一輩所說（五顯靈官大帝即佛書所謂華光如來）的影響，這一點單看《南游記》的全名——《五顯靈官大帝華光天王傳》㉒就可知道其中情況了。很顯明，此書的編纂者余象斗根本上就認爲「五顯靈官大帝」是華光天王的名銜，五顯靈官與華光天王只是一人。但，實際上，五顯靈官卻另有其人，縱使華光天王就是靈官馬元帥，或說得正確一點，就是靈官馬元帥的演化。可是，世人往往把五顯靈官與華光混爲一談了㉓。

五顯靈官，又名五顯神、五顯大帝、五顯公，甚至名爲五行大帝、白顯大帝的㉔。更有把五顯神與五通神混爲一談的㉕。有關五顯神的記載很早，宋代就有了，而且其傳說是始於唐代的。宋洪适（一一一七—一一八四）的《夷堅三志》、《夷堅支志》，元代的《三教源流搜神大全》，清代的《古今圖書集成・神異典》，姚福均（十九世紀時人）的《鑄鼎餘聞》，翟灝（？—一七八八）的《通俗編》，李調元（一七三四—？）的《新搜神記》都可找到有關五顯神的記載㉖。它們大都集中記述五顯神的靈異事蹟。現在節錄《三教源流搜神大全》的記載如下：

按《祖殿靈應集》云：五顯公之神在天地間相與為本始，至唐光啓中乃降于茲邑。（筆者

㉑ 舍利弗的生平事蹟可參星雲大師監修《佛光大辭典》（高雄，佛光出版社，一九八九），頁三四九八—三四九九；又任繼愈主編《宗教詞典》（上海，上海辭書出版社，一九八一），頁六九一；又宗教編輯委員會主編《中國大百科全書・宗教》（北京、上海，中國大百科全書出版社，一九八八），頁三六〇。

㉒ 《古本小說集成》本的〈南游記〉便標出這個全名。關於此書的名稱可參柳存仁教授〈《四游記》的明刻本〉一文，見《和風堂文集》，前引，頁一二六二—一二六三。

㉓ 容肇祖已指出這一點，可參其〈五顯華光大帝〉一文，見周康燮編《廣東風俗綴錄》（香港，崇文書店，一九七二），頁一二一—一二二。

㉔ 參宗力、劉群編《中國民間諸神》（石家莊，河北人民出版社，一九八七），「五顯」一節，頁六三五—六四四；又朱元壽編著《神誕譜》（臺北，中午出版社，一九七五），「五顯大帝誕辰」條，頁一六四。

㉕ 此錯誤或誤會自古已然，宗、劉二氏合編之《中國民間諸神》所收錄之材料已顯示此點，可參看。同前注。

㉖ 同前注。《三教源流搜神大全》有關五顯神的記載見卷二「五聖始末」一節，前引，頁六五—六九。此處稱五顯神爲「五聖」、「五顯公」。

> 按：指安徽婺源縣）圖籍莫有登載，故後來者無所考據，惟邑悼耄口以相傳，言邑民王喻有園在城北偏，一夕，園中紅光燭天，邑人麇至觀之，見五神人自天而下，導從威儀如王侯狀，黃衣皂縧，坐胡床，呼喻而言曰：「吾授天命，當食此方，福佑斯人。訪勝尋幽，而來至止，我廟食此，則祐汝亦無憂。」喻拜首曰：「唯命。」言訖，禪雲四方，神昇天矣。明日，邑人來相宅，……良然佳處也。乃相與手來斬竹薙草，作為華屋，立像肖貌，揭處安靈，四遠聞之，鱗集輻湊。自是神降，格有功於國，福佑斯民，無時不顯。先是廟號上名「五通」，大觀中始賜廟額曰「靈順」。宣和年間封兩字侯，……理宗改封八字王號：第一位，顯聰昭應靈格廣濟王，……第二位，顯明昭烈靈護廣祐王，……第三位，顯正昭順靈衞廣惠王，……第四位，顯直昭佑靈貺廣澤王，……第五位，顯德昭利靈助廣成王，……[27]

從這段引文，我們可注意到兩件事：第一是五顯神的封號，其第一字皆爲「顯」字，所以稱爲「五顯神」。封號的簡稱是：顯聰、顯明、顯正、顯直、顯德。這點與《南游記》卷二「華光在蕭家莊投胎」一節所述蕭夫人一胞胎生下五子的五子名字絕爲相似：顯聰、顯明、顯正、顯志、顯德[28]。（除了第四個名字稍有不同，其實只是一字之差；但他們第一字通作「顯」。）而且，蕭家莊，據《南游記》所說，是在婺源縣的，這點又與五顯神下降之地點相同[29]。我想，自唐代以來五顯神的傳說一定頗爲流行於民間，否則不會有這麼多記載，當余象斗編纂《南游記》時，有意或無意地將其中一些成份吸納在他的小說中。第二是關於「五通」的問題。引文說：「先是廟號上名『五通』。」至於「五通」是甚麼，文中並無解說，我們於此也不爲它求強解。但這使我聯想到《南游記》中如來賜妙吉祥（即後來的華光）「五通」本事一回事。

《南游記》卷一「玉帝起賽寶通明會」節說：

……吉祥流淚告曰：「師父命我投胎，奈我不曉神道，恐後被人欺負。」如來於寶座中，唸動咒語，說：「我就賜你五通：你一通天，天中自行；二通地，地趕自裂；三通風，風中無影；四通水，水中無礙；五通火，火裏自在。」㉚

我相信《南游記》中的「五通」是從五顯神的「五通」一名得到靈感而創造出來的。《鑄鼎餘聞》引《弘治徽州府志》說到五神人向婺源王瑜顯靈時便直接指出這五神人稱爲「五通」：

……宣和五年，封通貺侯、通祐侯、通澤侯、通惠侯、通濟侯，故稱五通。㉛

亦由此可見世人往往將五顯和五通混淆的。我們也許不能說五顯和五通絕無交涉，但這交涉卻是來自人爲的或誤會所致。

五顯與五通的問題，今人宗力與劉群先生頗有中肯的論說，他們在《中國民間諸神》一書指出：

五顯神，據說始於唐代。然其見於典籍，實始於宋。《夷堅志》載五顯、五通神

㉗ 同上，頁六五—六六。

㉘ 《四游記》本，前引，頁一一五。

㉙ 《三教源流搜神大全》及《鑄鼎餘聞》都作如此記載。前者見文內引文；後者見卷三引《宏治徽州府志》。（王秋桂、李豐楙主編《中國民間信仰資料彙編》（臺北，學生書局，一九八九），第一輯，第二〇冊，頁三〇九）。

㉚ 《四游記》本，前引，頁九〇。

㉛ 見《中國民間諸神》，前引，頁六四〇。

> 跡最多，而五顯自五顯，五通自五通，決不混淆。據諸書所載，五顯神信仰流行於江西德興、婺源一帶，乃兄弟五人為神，宋代封為王，其封號第一字皆為「顯」，故稱五顯神。南宋時其影響已不止江西一地，故都城臨安（今杭州市）亦有其行祠。《夷堅志》「胡十承務」條，謂五鬼冒充五顯公，自稱「吾乃正神，享國家血食」，是也。五顯神之特點，乃人沒為神。《夷堅志》稱其為林姓五王；《祖殿靈應集》稱天降五神於婺源王喻家（此說當爲該地民間流傳之故事），遂立廟；《新搜神記》稱其神為宋人蕭永福之五子；《鑄鼎餘聞》引《光緒黃岩志》稱其神為南齊時柴姓五兄弟，引《清嘉錄》稱其神為南朝陳顧野王之五子。自宋迄清，其說雖異，皆指為人神則一也。唯宋時稱其廟為五聖行祠，此乃尊稱，非專號，以為五顯可稱五聖則可，謂後世之五聖即五顯，則不可也。《祖殿靈應集》稱其神初稱五通，明《弘治徽州府志》稱宋封五神為五通侯，後世遂謂五通即五顯，卻不知二者判然相異。……或又有釋五顯為五行之氣，此因儒家不信怪力亂神，故曲為之說，不知鬼神之信仰，自有其淵源，豈可强以「義理」釋之？[32]

這段文字又可補充前文未及採用之材料，徵引的目的不止於其論之精闢也。

又，五顯神的寶誕爲農曆九月廿八日[33]，與華光寶誕同時，這自可作爲世人以爲五顯神即華光的一個佐證。余象斗的《南游記》全名不是作《五顯靈官大帝華光天王傳》嗎？（此點前文已指出）。而華光廟所祀之神很多時是五顯神的[34]。

雖然如此，實際上，五顯神與華光是無關的，或至少說關係不大的。這就是爲甚麼《三教源流搜神大全》載有〈五顯公〉傳的同時亦載有〈靈官馬元帥〉傳[35]。這顯示此書的編著者承認他們是不相關的人物。這也是我們在前文引用此書作爲記載五顯神的其中一個原因。

又有一說認爲「五顯神可能就是東岳泰山神的五個兒子。其中第三子爲炳靈王，炳靈王即《南游記》所寫的華光天王，亦稱靈官馬元帥。」㊱既然炳靈王被認爲是華光天王及五顯神之一，我們自然應該正視這問題。根據《宋會要》記載：

炳靈公，卽泰山神三郎也。後唐長興三年詔封泰山三郎為威雄將軍。大中祥符元年封禪畢，親幸泰山三郎廟，加封炳靈公。㊲

又宋吳曾（十二世紀時人）《能改齋漫錄》記載：

京東相傳東嶽天齊仁聖帝有五子，惟第三子後唐封威權大將軍，本朝封炳靈侯，哲宗元符二年六月始詔四子，長為祐靈侯，次為惠靈侯，第四子為靜鑑大師，第五子為宣靈侯。㊳

㉜同上，頁六四四—六四五。

㉝見朱元壽《神誕譜》，前引，頁一六四。

㉞參《古今圖書集成·神異典》卷五〇。轉引《中國民間諸神》，前引，頁六四一。

㉟分別見其卷二及卷五，前引，頁六五—六九，二二〇—二二一。〈五顯公〉傳卽㉖所說的「五聖始末」一節。

㊱今人程曼超卽主此說。見其《諸神由來》（河南，河南人民出版社，一九八七），頁九二。

㊲轉引姚福均《鑄鼎餘聞》，見《中國民間信仰資料彙編》，前引，頁九一。

㊳同上，頁九二。

二書都只是說炳靈王（或炳靈公、炳靈侯）是泰山神的第三子，沒有把他與五顯神和華光拉上關係。就算以記載神佛著名的《三教源流搜神大全》也沒有說炳靈王與五顯神和華光有些微關係，它只是說：

炳靈者，聖帝（筆者按：即東嶽泰山神，宋祥符四年（一〇一一）被封爲東嶽天齊仁聖帝）第三子也。唐太宗加威雄將軍，至宋太宗封上吳炳靈公，大中祥符元年二月二十五日封至聖炳靈王。㊴

所以，說炳靈王是五顯神之一或即是華光天王，是毫無根據的。說華光天王即靈官馬元帥則可，（這點前文已加以論證），說炳靈王即靈官馬元帥則不可，因爲拿不出證據來。

五顯神或五顯靈官又被說成與另外一位神王靈官有關。今人程曼超在其編著的《諸神由來》說：

……有的靈官殿卻塑了五個神像，這是因為宋代道士把「王」字錯寫成「五」字，結果「王靈官」就一變而為「五顯靈官」（「顯」字是封號）。㊵

他所說的靈官殿是指崇祀王靈官的殿。至於說「宋代道士把『王』字錯寫成『五』字，結果『王靈官』就一變而爲『五顯靈官』」，雖然沒有舉出實據，但亦爲我們透露了一點消息：以前的人往往把王靈官誤作五顯靈官。我相信這個誤會的由來至少有二：一是「王」與「五」字的字形相似，二是兩位神都以「靈官」命名。在這樣的情況下，王靈官便很容易被誤認爲是五顯靈官，或五顯靈官誤作爲王靈官了。

有人說王靈官就是華光。馬書田在《超凡世界》說：

這位〔王〕靈官是道教護法鎮山神將。有的道書說他是武當山中五百靈官的統帥，叫華

光元帥。㊶

所謂「有的道書」，不知所指，至今我並無在任何道書中發現馬氏所提供的材料。如果馬氏所記不誤，這統領武當山中五百靈官的華光元帥也不是我們正在討論的華光，因爲兩人的生平傳說並不相同。就算王靈官也叫「華光」，這只能算是個巧合而已。

究竟王靈官是何方神聖呢？清李調元的《新搜神記》對他有較詳細的記載：

……隆恩真君則玉樞火府天將王靈官也。又嘗從薩真君傳授符法。國朝永樂中有杭州道士周思得以靈官之法，顯於京師，附神降體，禱之有應，乃於禁城之西，建天將廟及祖師殿。宣德中改廟為火德觀，封薩真人為崇恩真君，王靈官為隆恩真君。又建一殿崇奉二真君，左曰崇恩殿，右曰隆恩殿。成化初年改觀曰宮，加「顯靈」二字，遂年四季更換袍服。三年一小焚化，十年一大焚化，又復易以新制珠玉錦綺，所費不貲。每年萬聖節、正誕、冬至及二真君示現之日，皆遣官致祭。其崇奉可謂至矣。倪文毅公疏曰：「薩真人之法，因王靈官而行，王靈官之法，因周思得而顯，其法之所自，皆宋徽宗時林靈素輩之所傳，一時附會之說，淺謬如此，本無可信。……」翟灝曰：據此，則靈官受法於薩守堅，薩受法林靈素，而林乃一詩奕道士爾。不知今之塑像何以金盔、金甲、金鞭、

㊴ 前引，頁四九。
㊵ 前引，頁九一。
㊶ 馬書田著《超凡世界》（北京，中國文史出版社，一九九〇），頁一三九。

金磚，以肖其威嚴如是也。㊷

原來王靈官本來只是個道士，宋徽宗時（一一〇一——一一二五年在位）人，受符法於當時著名道士薩守堅，後因符法靈驗，又爲其弟子周思得發揚光大，故被尊爲神靈，受到明代以來的統治者和廣大民衆所崇祀。

據明王世貞（一五二六——一五九〇）輯《列仙全傳》卷八說，王靈官本名善，是湘陰的城隍㊸。另外，《三教源流搜神大全》卷四有〈王元帥〉傳，而此王元帥名惡，恰巧亦與薩守堅有關㊹。究竟王善與王惡是否又有關係呢？或甚至是否同是一人呢？我同意宗力和劉群兩先生的看法：「此神（按：即王惡）顯然由王靈官附會衍生而來」㊺。無論怎樣，王靈官或王元帥都不是我們所討論的華光。

華光往往被誤認爲是五顯靈官（包括五通神），炳靈公或王靈官，或與他們有關，我相信與他們的特殊外貌及其火之屬性有莫大關係，說得確切一點，與他們特有的三隻眼睛及其爲火神的關係極大。華光，不用多說了，一生下來便有三隻眼睛，且爲「火之靈」㊻，他的一生行事差不多都與火有關。（這一點下文還要討論）。說到五顯靈官，雖然我們找不到文字記載說他們生有三隻眼睛，但根據元板或明板的《三教源流搜神大全》的插圖，他們其中一人是生有三隻眼睛的㊼！也許這顯示了元明時代的人相信他們五人之中有一位是三眼的。《古今圖書集成·神異典》卷五四說：「……其實五顯者，五行耳。」㊽所謂「五行」，即金、木、水、火、土。因此，五顯神即是五行之神，而其中一位自然是火之神。《鑄鼎餘聞》卷一引宋王逵（九九一——一〇七二）《蠡海集》亦指出了這一點：「五顯者，五行五氣之化也。」㊾又有記載五顯靈官顯靈時是「火焰烜赫」的㊿，是與火有關的。更有傳說，「宋開禧二年，火逼檐梠，竟踰河而南。有枕廟居者，抱一神像（指五顯靈官神像）置於室，火亦不犯」51。大概因爲五顯神之一是火神，而今「枕廟居者」既勇護其像，所以「火亦不犯」。

炳靈公亦與火有密切關係。前文已指出，一說炳靈公是東岳泰山神的第三子，而泰山神的五個兒子就是五顯神。既然可以證實五顯神與火的關係是如此密切，那麼炳靈公與火的密切關係就無庸置疑了。更有認爲——確切地認爲「炳靈公爲火祖」的52。至於炳靈公是否爲有三隻眼睛的那一位五顯神，便沒有充份證據可以確定了。如果我們相信「炳靈王即《南游記》所寫

---

42 轉引《中國民間諸神》，前引，頁七六一—七六二。

43 王世貞《列仙全傳》（京都，中文出版社，一九七一），頁五四一。

44 前引，頁一七八—一七九。

45 見其所編《中國民間諸神》，前引，頁七六六。

46 見〈南游記〉，《四游記》本，前引，頁八九。

47 見上海古籍出版社的影印本，前引，頁六四。

48 轉引《中國民間諸神》，前引，頁六三八。

49 同上。

50 見《夷堅三志》己卷十「吳呈俊」條。轉引《中國民間諸神》，前引，頁六三六。

51 見《鑄鼎餘聞》卷一引王棻《光緒黃巖志》，前引，頁五九。

52 姚福均說：「吳俗以炳靈公爲火祖；六月二十三日是其誕，或云是七月十八日。」見《鑄鼎餘聞》，前引，「炳靈公」條，頁九二—九三。

的華光天王，亦稱靈官馬元帥」[53]的話，則可以說炳靈公是生有三眼的。不過，這個說法卻頗為冒險，誰可以證明炳靈王即是華光天王或靈官馬元帥呢？

至於王靈官，若果從生有三隻眼睛和與火的關係的角度去看，實在最易被誤會為華光的。王靈官像一般是有三隻眼睛的，馬書田的《華夏諸神》就如此說：

> 王靈官的形像……大多威武凶惡：紅臉膛，額上還有一眼，三目圓睜，鋸齒獠牙，虬鬚怒張，披甲執鞭，確有鎮妖壓魔氣魄。也有些靈官像武而不凶惡。……有的靈官像兩側，還懸有一副聯語：三眼能觀天下事；一鞭驚醒世間人。[54]

其他文獻說到王靈官時都說他是三目的[55]。他與火的關係就異常密切了。《明史·禮志》已說他是「玉樞火府天將」[56]，清代李調元《新搜神記》和趙翼（一七二七—一八一四）《陔餘叢考》都說崇祀他的觀於宣德中（一四二六—一四三五）改名為火德觀[57]，顯明地已把他視為火神了。近人李幹忱《破除迷信全書》言簡意賅地說：

> 永樂皇帝於是為他（筆者按：指王靈官）建立了一座天將廟，共塑有天將二十六名，〔王〕靈官就是第一名。到宣德年間（紀元後一四三〇年）改天將廟為火德宮，封靈官為玉樞火府天將，從此之後，似乎又變成火神了。[58]

今人程曼超的《諸神由來》一書更直接把王靈官作為火神去討論了。他說：

> 據資料記載，北京、鄭州或其他地方的火神廟所祀的火神是王靈官。……他有三隻眼睛，道家說他是「天將二十六居第一位」，又說他是「火府天將」。所以一般有迷信思想的人，也都以為他是火神。[59]

我們現時談論的華光正是的的確確的一位火神。《諸神由來》在〈「火神」與「赤帝」〉

一章就以華光爲火神之一[60]。粵劇研究著名學者陳鐵兒先生說：

> ……華光為普遍奉祀之神，以會館（筆者按：指八和會館）及戲臺有祀華光。又以華光為其師傅，不知華光乃是火神，往時未有戲院，通是搭棚做戲，又點油燈，易召祝融，華光是保祐其戲棚免被火燒波及其衣箱而已。[61]

我頗同意陳先生的看法：粵劇行業之所以奉祀華光應該是因爲他是火神，可惜他們大都不知道其眞正原因，而以爲他是教演戲的或教打鑼鼓和音樂的。陳先生在其〈八和會館戲神考〉一文

---

[53] 同[36]。

[54] 馬書田《華夏諸神》（北京，北京燕山出版社，一九九〇），頁一三七—一三九。

[55] 如董含《三岡識略》，轉引《鑄鼎餘聞》，前引，頁五五；窪德忠著、巫凡哲編譯《道教諸神說》（臺北，益群書店，一九九一），頁二二〇—二二一；潛龍居士《中國民間諸神傳》，（臺北，泉源出版社，一九八七），頁一七七；程曼超《諸神由來》，前引，頁八九；馬書田《超凡世界》，前引，頁一三九。

[56] 《明史》（《二十五史》本，第一〇冊，上海，上海古籍出版社，一九八六），卷五〇，頁一四一（總頁七九一五）。

[57] 《陔餘叢考》（上海，商務印書館，一九五七），卷三五，頁七七一，「王靈官」條。

[58] 《破除迷信全書》，見王秋桂、李豐楙主編《中國民間信仰資料彙編》，第一輯（臺北，臺灣學生書局，一九八九），第三〇冊，頁五七三。

[59] 前引，頁八九—九〇。

[60] 同上，頁九一—九二；題目作「火神——華光天王」。

[61] 見其〈粵劇由發創衰落到復興〉一文，《細說粵劇》，前引，頁三二。

指出說：

關于華光神被粵劇界認為師傅，曾先後問過許多位粵劇老叔父，都說：天上玉皇大帝查出粵劇第一天「正本戲」例演《玉皇登殿》，觸怒天顏，以人間世竟有扮玉帝出場，為防止他們假冒自己起見，即令華光把他戲棚燒掉。華光奉了玉旨下凡，一霎間便到目的地，未到午時三刻，便隱身棚裏，睜開他獨具的「三隻眼」來看戲人表演的甚麼節目，看到完場，覺得演出《玉皇登殿》，不外「打開天門，諸神朝天」，各天神用動作表達身份，上拜玉皇，劇情勸世，實踐替天行道，教化人間，便不執行玉皇命令；為使天人相應，華光還有興趣下凡，導演粵伶演戲。[62]

粵劇藝人黃嘉華女士告訴我：

我們拜的華光師父，他是教打鑼鼓同音樂的，所以多數是棚面（即打鑼音樂員）拜的……[63]

華光與粵劇的關係，不見於古籍記載，就算專講述華光傳說的《南游記》，雖荒誕到極，亦沒有片言隻字提及他與粵劇或甚至其他劇種有關。我相信這些神話傳說只是起於「想當然」或「以訛傳訛」而已，根本上是無據的和無中生有的。不過，粵劇行業卻非常尊崇華光，如香港的粵劇組織八和會館就把他作為主神去奉祀，在他們所奉祀的諸神中他處在中央的位置（由右至左）：

田竇二師

天后元君

五顯靈官華光先師寶座

譚公仙聖

張騫先師[64]

原因應該是他們眞的認爲華光與粵劇有密切關係吧，否則他亦不會被稱爲「先師」。所謂「先師」者，即已故之老師的意思。

回說華光與火的密切關係。華光眞是名副其實的火神。打從他的「原型」靈官馬元帥起，他便與火分不開。〈靈官馬元帥〉傳說他「以五團火光投胎于馬氏金母」，後來又「寄靈于火魔王公主爲兒」，繼而「奉玉帝勅，以服風火之神，而風輪火輪之使，……而五百火鴉爲之用」；又說他於瓊花之宴，「殊憶太子傲侮怒帥，火燒南天關」，最後玉帝把他歸屬於水火之神玄天上帝部下[65]。就算他的名字——「靈光」、「靈耀」都有火義。

稍後成書的《西游記雜劇》說到華光時亦強調他與火的關係。華光介紹自己說：

釋道流中立正神，降魔護法獨為尊，驅馳火部三千萬，正按南方位丙丁。……[66]

他所唱的曲子【滾繡毬】便更加明顯了：

---

[62] 見《紹說粵劇》，前引，頁二一五—二一六。

[63] 我曾於一九九一年初去信黃嘉華女士，問及有關粵劇行業崇拜華光的問題，黃女士前後覆我二信，這是第一封覆信，日期爲是年三月十一日。

[64] 材料由香港八和會館主席汪明荃小姐提供，於此特致謝忱。

[65] 同[19]。

[66] 見《元曲選外編》，前引，第二冊，頁六五二。

> 宣靈王將火部驅，胡總管將火律掌。火鴉鳴振驚天上，火瓢傾卒律律四遠光茫。火丹袖五百，火輪踏一雙，火葫蘆緊縛師曠，使離婁拖定金鎗，神中號作華光藏。……[67]

總之，他可以驅使與火有關的一切，因爲他是火之主，火之神！不消說，他的名字「華光」也有火義。

至於華光傳說成熟時期的《南游記》更大肆強調他與火的密切關係了。故事開始不久便介紹華光的本性——火性，他的前身妙吉祥童子說：

> 我乃如來法堂前一盞油燈，晝夜煌煌，聽經問法，燈花堆積。一日如來念咒，咒成人身。我這火之相，火之靈，火之聽，火之起，……[68]

又在另一處介紹華光說：

> 華光原是如來面前燈花，堆積後，如來念動真言咒成。華光乃是火之精，火之靈，火之陽，……[69]

如來又賜他「五通」本領，其中一通是「通火」，能夠使他「火裏自在」[70]。他又擅用「三昧眞火」和「火丹」，很多妖魔鬼怪都爲他這兩種法術所消滅或降服。例如他使出「三昧眞火」燒死獨火鬼，制住風火二判官，燒了南天寶德關，降服千里眼和順風耳，又燒毀了蜻蜓觀及東嶽廟[71]。至於「火丹」就更加厲害了，敵人投降之時華光先要他們吞食「火丹」，目的是要控制他們，因爲如果敵人反悔，「火丹」便會發作，活活的將敵人燒死。華光便這樣利用「火丹」控制了風火二判官、千里眼和順風耳、火漂將、烏龍大王及五百隻火鴉[72]。華光收服了火鴉後，又利用它們爲他作戰，如他與哪吒大戰時，就放出火鴉[73]。華光又曾經是炎玄天王公主的兒子和火炎王光佛的弟子[74]。顧名思義，炎玄天王和火炎王光佛當與火有關。大概是因爲華光與火的關係那麼密切和擅用火術，故此玉帝封他爲火部兵馬大元帥[75]。還有，華光能夠用火把騙取得來的原來屬於妙樂天尊的金刀煉作一塊三角金磚[76]，這也顯示出華光擅用火的本領。

總之，無論是華光的本性、出身、師承、專長、行事都與火有極其密切的關係，他可說是一位不折不扣的火神。粵劇行業人士奉祀它應該是基於這一點，而不是後來傳說他是教授打鑼鼓或其他音樂的。

稍晚成書的吳承恩的《西游記》小說，當它提及華光時也只說他「是火焰五光佛的徒弟」[77]，不曾說過他與任何戲劇有關。所謂「火焰五光佛」大抵就是《南游記》說的火炎王光佛。我們不清楚粵劇行業人士何時開始奉祀華光。不過，如果我們相信起初他們以華光爲火神

[67] 同上。
[68] 《西游記》本，前引，頁八九。
[69] 同上，頁一〇五。
[70] 同上，頁九〇。
[71] 同上，頁八九，九五，一〇六，一〇七—一〇八，一四四，一五〇。
[72] 同上，頁九五，一〇八，一一一—一一二，一一九，一二四—一二五。
[73] 同上，頁一三三。
[74] 同上，頁九三，一〇二。
[75] 同上，頁九五。
[76] 同上，頁九三。

而去奉祀它的話，時間當會很早，至遲在明代中葉已有這種活動，因爲在萬曆年間（一五七三—一六二〇）或稍前粵劇本地班（或稱爲「紅船班」）已經組成⑱，而火神對他們或甚至其他行業都是十分重要的，一個行業的存亡、興衰都與火神之庇護與否有絕對關係。奉祀火神華光可望得到它賜福，至低限度亦可免遭火燭之禍。但是，如果粵劇行業人士視華光爲粵劇（包括粵劇一切成份）師傅而奉祀它的話，時間也許會遲至清初或甚至更晚，最重要原因有二：一、清代以前未見有任何文字記載華光與粵劇有關；二、清代以後粵班都奉祀張五爲祖師⑲，而華光之被奉祀爲祖師，我相信是起於誤會——忘記了它是火神而以爲它是教演戲或教打鑼鼓或音樂的祖師。這「誤會」可能是由於它與張五和其他粵劇祖師如田竇二師⑳一起被奉祀㉑。既然張五和田竇二師都是粵劇的祖師，與他們列在一起的神靈——華光——自然也是粵劇的祖師了。他們的想法是很自然的和不難理解的。

據說張五是清雍正年間（一七二三—一七三五）北京的一位名伶，是少有的萬能老倌，因他不滿專制，言論反清，致被通緝。後逃亡來粵，匿居佛山。在佛山時，把他所懂的劇藝、武功，全部傳授給當地的伶人。又把粵劇的角色分爲十類，使粵劇班的行當更整齊，分工更明確。最值得注意的是，他還把明代已建立的地方戲人組織的「瓊花宮」，調整、擴建爲「瓊花會館」㉒——即現時八和會館的前身。瓊花宮或瓊花會館可能又與華光拉上關係。〈靈官馬元帥〉傳已提到「帝……錫以瓊花之

---

⑰ 同⑮。

78 參陳非儂〈粵劇的源流和歷史〉，見廣東省戲劇研究室編《粵劇研究資料選》（一九八三），頁一二八；又梁威〈粵劇源流及其變革初述〉，見廣州市政協文史資料研究委員會、粵劇研究中心合編《粵劇春秋》（廣州，廣東人民出版社，一九九〇），頁五一六。

79 張五又名「張騫」，又叫「攤手五」，粵劇界稱之為「前傳後教張騫師父」。是清雍正年間（一七二三—一七三五）人。本是北京一位名伶，後來逃到廣東佛山以教劇藝為生。幾乎所有討論粵劇源流的文章與專書都提到張五，可參《廣東戲曲詞目滙釋》（《簡明戲劇辭典》中的廣東戲曲詞目；廣東省文化局戲曲研究室，一九六三），頁九。

80 田竇二師也是粵劇史家常常提到的人物，參麥嘯霞〈廣東戲劇史略〉，見《粵劇研究資料選》，前引，頁一六；又黃君武口述，梁元芳整理〈八和會館館史〉，見《粵劇春秋》，前引，頁三二；又陳鐵兒〈八和會館戲神考〉，見《細說粵劇》，前引，頁二一九—二二二。

81 自清以來粵劇界人士都同時奉祀華光、張五和田竇這幾位祖師；亦可能同時增祀其他神明，如香港的八和會館除了上述的幾位祖師外，更增祀天后和譚公（此點前文已及）。又可參上注。根據今人何錦泉的記述，粵劇界人士奉祀華光應該始自清末同治年間。他在〈梨園五十載〉（續三）說：「……鄺新華等人伺機向瑞麟訴說粵劇藝人因受李文茂誅連到處顛沛流離之苦。瑞麟甚為同情，便奏請朝廷，獲准解禁粵劇；並在黃沙劃出一大片灘塗地給粵劇藝人修建八和會館。南海縣正堂為了巴結瑞麟，趁機送了一尊紫銅造的華光神像給粵劇藝人，說華光是南方火神，藝人下鄉都在戲棚做戲，若恭奉華光便可免祝融之災云云。八和會館第一任會長鄺新華從德和堂裏抽派四名孔武有力的打武員將華光神像抬回來恭奉，打武員由此從德和堂分出來成立一個私伙堂名為鑾輿堂，因華光神像是坐鑾輿的，……」見《粵劇研究》（廣州市文藝創作研究所粵劇研究中心編），一九九二年，第四期（總第二五期），頁五六。粵劇解禁是同治七年（一八六八年）之事，據此可知粵劇藝人奉祀華光是始於同治年間。但事情是否眞實如此，仍有待進一步考究。

82 參梁威〈粵劇源流及其變革初述〉，見《粵劇春秋》，前引，頁六。

宴，金龍太子為之行酒」[83]一事；《西游記雜劇》第八齣「華光署保」華光唱【倘秀才】：「玉皇殿金磚是我藏，后土祠琼花是我賞，吵鬧起天宮這一場。鎗撞着四揭帝，磚打倒八金剛，衆神祇索納降。」[84]雖然在華光傳說的早期只提及琼花或琼花宴，但至少已涉及到「琼花」。到後來的《南游記》已發展為華光大鬧琼花會一事了。故事說揚州后土聖母娘娘廟前有一株琼樹，自來不見開花，前被水淹，而今水退了，忽開一枝琼花，三界都聞香味，所以把它獻給玉帝。玉帝大喜，認為此花希有，故起一會，名曰「琼花會」，凡文武百官，但有功者可挿此花飲宴，款酒三杯；若無功者，不得冒請功勞。並令金槍太子為宴主。故事繼續說：

> 卻說太子領旨，聚集衆官，一個個依次而會上。太子傳旨云：「我蒙父王命我為宴主，設此琼花會，會集卿等。如有功者，請簪此花飲酒。」太子依次而問衆臣，衆臣俱言無功，不敢冒受。勸到靈耀（按：即華光）面前，靈耀亦推無功。太子見衆臣都不受琼花御酒，自己將花插在頭上，連飲御酒數杯。靈耀看見了太子插了琼花，飲了御酒，心中大怒，曰：「你為宴主，聖上叫你勸別人。你卻把花自插，將酒自飲，勸你自己不成？」太子曰：「衆臣都言無功，我才自己插起，有何不可？」靈耀曰：「我有功勞，該把與我插。」太子曰：「你有何功？」靈耀曰：「我收風火二判官，可為功否？」言未罷，即將那琼花搶來，插在頭上，自己取上御酒連飲三杯。太子曰：「你這匹夫，敢如此膽大，欺妄聖上！」靈耀便不答話，將金槍太子鞭打。太子打靈耀不過，衆官解勸，太子便走。靈耀鬧了琼花會，自號為華光天王。……[85]

《南游記》更說華光在蕭家莊投胎時有一個妹子，華光猜測她「必是前那朵琼花又來投胎」，故向蕭夫人提議為她「取名叫做琼娘」[86]。這兩個故事片段都說出華光與琼花有密切關係。

不過，問題是：既然華光曾經大鬧瓊花會，粵劇界組織的瓊花宮或瓊花會館供奉華光是否有「引狼入室」之嫌，會帶來壞的影響？說不定華光本性不改，又一次「大鬧」瓊花宮或瓊花會館，那麼，粵劇界人士豈不是蒙受其害？我的看法是：正是因爲華光曾經大鬧瓊花會，故此，以「瓊花」命名的組織，如「瓊花宮」和「瓊花會館」一定要特別奉祀華光，希望華光保佑它，維護它，降福於它，最少也希望華光不要危害它。況且，瓊花宮的建立也不一定晚於華光大鬧瓊花會傳說的產生與流傳。（瓊花會館建立於清初，不消說，是較晚了。）瓊花宮大概是於明萬曆年間建立的[87]，而《南游記》的成書也大約在此時期或稍前（前文已及），孰先孰後，很難找出確實和充份的證據。就算可以證實華光大鬧瓊花會傳說的產生與流傳先於瓊花宮的建立，爲瓊花宮取名的人也不一定知道此傳說；就算知道此傳說，也不一定迷信會因此觸犯華光，引致帶來惡果的。如果可以證實瓊花宮的建立是先於華光大鬧瓊花會傳說的話，那就更不會有上文提出的問題和憂慮了。當然，華光大鬧瓊花會傳說產生和流行後，瓊花宮可以因此而改名的，

---

83 《三教源流搜神大全》（外二種），前引，頁二二〇。

84 《西游記雜劇》，見《元曲選外編》，第二冊，頁六五三。

85 〈南游記〉（《四游記》本，前引），卷二，「靈耀大鬧瓊花會」節，頁九九—一〇〇。

86 同上，頁一一六。

87 參梁沛錦《粵劇研究通論》（香港，龍門書店，一九八二），頁一四四；又賴伯疆、黃鏡明《粵劇史》（北京，中國戲劇出版社，一九八八），頁三。他們都說萬曆年間建「瓊花會館」，但我相信當時叫「瓊花宮」。此點梁威先生已在其〈粵劇源流及其變革初述〉一文指出，參82，我同意梁先生的說法。

但這是另外一回事了。

有人認爲瓊花會館（實際上，更有可能是瓊花宮）是爲紀念廣東大儒兼傳奇名作家邱濬（一四二〇—一四九五）而建立的，陳鐵兒先生在其〈粵劇由發創衰落到復興〉一文說：

……粵劇當然也隨時代而進展當中，加以明初，吾粵瓊山邱濬先生，不惜以理學名儒身列文淵閣大學士也編〈五倫全備〉、〈投筆記〉、〈舉鼎記〉、〈羅囊記〉等劇，則當時之粵伶，竟能得到宰相為之製劇，足見明代優人之地位不卑，故瓊花會館之設實以紀念瓊公愛護粵劇的表示。明代邱丞相也作劇曲，上有好者，影響所及，明代粵劇是可想見其盛。[88]

邱瓊山是十五世紀時代的人，而瓊花宮是建立於十六世紀後期至十七世紀初期的，故瓊花宮的建立是爲了紀念邱瓊山的說法，從時間上說，是可以成立的。但實際情況是否如此，就沒有充份證據可以提供。如果情況眞實如此的話，則瓊花宮的建立跟華光是絕對沒有關係了。不過，邱瓊山是否與粵劇有關，我們卻不易找到可靠的證據。而實際上，粵劇是否在邱瓊山的時代——十五世紀——已經產生就更是一個很大的疑問。幸而，這些問題與本文要討論的關係不大，暫且不去進一步談論了。也有可能，瓊花宮或瓊花會館之取名與華光大鬧瓊花會之「瓊花」純屬巧合，它們之間根本上絕無關連的。

話又說回來，我始終認爲粵劇行業之所以奉祀華光最初是因爲它是火神；而瓊花宮或甚至後來的瓊花會館之所以安置華光神位供奉華光也因爲它是火神。至於把它作爲粵劇行業的祖師去供奉應該是後來的事，大概是清初以後的事。但，華光只是芸芸衆多火神之一，如五顯神、王靈宮、吳回（又稱「回祿」）、赤帝……等等都是火神[89]，爲什麼粵劇行業特崇華光呢？這也是一個很有趣味而且値得探究的問題。我相信不是「情有獨鍾」這麼單純。這又可能涉及到華光大鬧琼花會的傳說與琼花宮的取名的問題了。

作爲一位行業神，華光爲粵劇界極度尊崇，自清代以來一直如是。但是，華光不單止是粵劇行業的行業神，同時也是其他一些行業的行業神，如「八音」、金銀、首飾、珠寶各行業都是拜華光的⑩。何謂「八音」行業呢？徐珂（一八六九—一九二八）《清稗類鈔·音樂類》云：「八音者，以彈唱爲營業之一種，廣州有之。所唱有生、旦、淨、丑諸戲曲，不化裝，而用鑼鼓。」⑪八音藝人是供奉華光的。據《廣州文史資料》第十二輯《廣州樂行》說：「八音行建有樂行會館，內供華光神位。八音藝人認爲自己是華光的子孫。」⑫所謂「認爲自己是華光的子孫」，換言之，就是說華光是他們的祖師，故此在會館裏供奉他。「八音」和粵劇兩者的關

---

⑧⑧ 見《細說粵劇》，前引，頁二九。

⑧⑨ 五顯神與王靈官作爲火神，已見上文論述。至於吳回、赤帝與火的關係可參程曼超《諸神由來》，前引，頁九二—九七。

⑨⓪ 參李喬《中國行業神崇拜》（北京，中國華僑出版公司，一九九〇），頁四三一；又葉郭立誠《行神研究》（臺北，中華叢書編審委員會，一九六七），頁一九。

⑨① 《清稗類鈔》（北京，中華書局，一九八六），第一〇冊，頁四九二〇。

⑨② 轉引李喬《中國行業神崇拜》，前引，頁四三一，「八音」條。

係很密切[93]，而又同時供奉華光，這是否由於互爲影響或出於巧合呢？至於其他三種行業——金銀、首飾、珠寶，其實籠統地可以作爲一種行業看，他們所供奉的行業神共有三位[94]，華光只是其中之一，《中國經濟全書》「組合規約」編內有「金銀玉工整規」，說：「每年九月二十八日，在華光廟會敍，同業出分錢或五百文，或二百文，倘出二百文者，只能吃茶看戲。出五百文者，方準吃酒看戲。」[95]這應該是金銀玉器工人奉祀華光的實據。可見華光是多種行業的行業神。華光爲金銀首飾行業的行業神很有可能是基於《南游記》所載華光能把偷取得來的金刀（原屬妙樂天尊）用火煉作一塊三角金磚的故事。在本文開始的時候，我已經指出過，習武的人也是奉祀華光的。這也許顯示出他們視華光爲武行的行業神，而似乎不是由於它是火神（華光是位威武的天將，自然可以作爲武行的行業神了。）。實際上，武行是否知道華光原是火神也是個疑問。

93 所謂「八音」是指用金、石、土、革、絲、木、匏和竹等材料製成的八類樂器。廣東人所說的「八音」實指「八音班」。它是廣東農村流行的一種民間戲曲清唱組織，出現於清同治年間（一八六二－一八七四）。「八音班」的特點是表演者自奏自唱，除了沒有表演動作和化裝之外，其餘與粵劇戲班無多大差異。演員唱腔分別使用平喉、子喉、大喉，各行角色的唱腔各有不同，所使用的伴奏樂器也與粵劇一樣。他們表演的主要節目是有名的「八大曲本」，經過他們傳唱的「八大曲本」，成爲後來廣東曲藝的一份優秀遺產。參《廣東戲曲詞目滙釋》，前引，頁五一；又可參陳鐵兒〈粵劇歌樂近百年來的遷變〉及〈粵曲的四種唱法〉兩文有關「八音班」部分，分別見《細說粵劇》，前引，頁一三及二三六。

94 即彌勒佛、東方朔和華光。見葉郭立誠《行神研究》，前引，頁一九，五七－五九。

95 見《中國經濟全書》（東亞同文會編著，臺北，南天書局，一九八九），第二輯，第五編「組合規約」，第一章「工業」，頁六四五。

香港八和會館戲神譚公考

香港八和會館奉祀六位戲神，除主神五顯靈官華光先師外，還有天后元君、田竇二師，和譚公仙聖、張騫先師，他們分別列祀左右❶。他們六位之中，除了田竇二師和張騫先師外，根本上與粵劇，甚至一般戲劇或戲曲，絕無關係。華光只是位火神，天后（即媽祖）是海神，而譚公是位能夠召風降雨，滅火消災的神祇。至於說華光是教戲班打鑼鼓和音樂的師父，全是附會之談，在原始的資料裏是找不到半點證據的；不過，故老相傳既然那麼久，「八和子弟」便普遍地接受了。田竇二師的傳說比較複雜。一般人相信「田」是指唐代的名樂工雷海青，「雷」字減少了上半的「雨」字就成「田」字了。「竇」是指唐高祖李淵（唐朝開國皇帝）的皇后竇氏。竇氏與戲曲有什麼關係呢？原來高祖之後玄宗（又稱「唐明皇」，唐朝第七代皇帝）被稱爲「梨園祖師」（梨園爲宮中教歌舞之所），梨園子弟爲了尊敬他，就連他的祖宗李淵和竇氏也一同尊爲祖師了❷。張騫其實是張五，即「攤手五」，原爲京劇演員，在清初時因得罪了官

❶ 資料是由應屆八和會館主席汪明荃小姐提供的，於此謹致謝忱。

❷ 詳情參陳鐵兒，〈八和會館戲神考〉，見黃兆漢、曾影靖編訂《細說粵劇》（香港，光明圖書公司，一九九二），頁二二一二。

府而逃到廣東佛山，在那裏把戲劇傳授當地的「紅船子弟」❸。把「張五」誤稱爲「張騫」大概是因爲歷史上有一位以通西域著名的張騫吧。

關於張五、田竇、華光、天后的資料——尤其是後者比較多，研究的成果也較爲可觀。筆者已撰寫了一篇研究華光的專文，近三萬字，見拙著《道教與文學》一書（在排印中）。本來我計劃把拙文濃縮成七千字（《特刊》編輯說文章最好不超過七千字），在《特刊》發表，但想深一層，這樣對我原有的文章不公平，而且實際上不能暢所欲言，更何況也要花費一番工夫，所以最後決定寫譚公——一位資料甚少，又世人言之不詳，而我卻對他極感興趣的神祇。

「譚公」，又稱「譚公爺」或「譚公爺爺」❹。八和會館的神位則尊稱爲「譚公仙聖」。一般人相信譚公只是個十二歲的小孩子❺，所謂「公」並不表示他年老的意思，而是尊稱或甚至宗祖之意。譚公的信仰範圍似乎很小，大概只限於香港與澳門一帶。就算在這範圍內，譚公廟也並不多，在香港只有筲箕灣和黃泥涌有譚公廟，在澳門就只有路環的一間。看來譚公是個頗爲地域性的神祇，在其他地方並不見有譚公崇拜的現象。

譚公是神化了的人，或說得明白一點，譚公本來是人，後來被人們視爲神去崇拜了。那麼，譚公究竟是誰呢？他爲什麼和何時被神化？又「八和子弟」爲何要崇拜或供奉譚公？這都是很有興趣和要待研究的問題。

譚公究竟是誰？上文已提到他是個十二歲的小孩子。這十二歲的小孩子又是誰呢？有人相信他其實是宋末的皇帝趙昺❻，或稱爲「宋帝昺」（一二七二—一二七九；一二七八—一二七九在位）。當宋代末年，元軍揮兵南下，勢如破竹，恭帝被挾北去，陳宜中、陸秀夫、張世傑、楊亮節等護益王昰、衛王昺南逃。至福州，擁立八歲的益王爲帝，改元景炎（一二七六年），是爲端宗，亦稱帝昰。因元兵追逼，帝昰經海路先後亡命於泉州、潮州、惠州。次年（一二七七）春入廣州，後輾轉經梅蔚（一說爲今大嶼山之梅窩）至九龍官富場（相當於今九龍塘至九龍城以南一帶，包括馬頭涌、土瓜灣等地）設行宮，即今宋王臺所在地。後又曾西遷淺灣（今新界荃灣），復又轉秀山（今虎門）等地。至景炎三年（一二七八）四月，帝昰病死於碙州（今廣東雷州灣外碙州島。一說爲今大嶼山）。隨後衞王昺繼位，年僅七歲，改元祥興，遷居厓山（今廣東新會南大海中）。次年（一二七九）二月，元兵進襲厓山，宋軍大敗，陸秀夫抱帝昺投海死，張世傑突圍後遇風船沉亦死。至此，宋朝殘餘力量全部被元軍消滅，宋朝遂亡。其間宋末兩帝駐蹕香港地區約十個月，後人因此築臺紀念他們。（原有之宋王臺並非位於今公園所在地，而是在九龍城馬頭涌道的一處山崗，距九龍城寨以南約數百米。）更因帝昺死於香港附近水域，後人哀之，遂將他視爲神明去奉祀。但在整個元代，奉祀宋帝昺的活動，爲了避免遭受殺身之禍，都是在暗中進行的，直到明初纔公開，因爲漢人到這時始再度抬頭，又一次

---

❸ 有關張五的傳說，多有所記載，如麥嘯霞的〈廣東戲劇史略〉，見《粵劇研究資料選》（廣東省戲劇研究室編，一九八三），頁一五。

❹ 參周育德，《中國戲曲與中國宗教》（北京，中國戲劇出版社，一九九〇），頁二二五；Jonathan Chamberlain, *Chinese Gods* (Long Island Publishers, Hong Kong, 1983), p. 104。

❺ Chamberlain, *Chinese Gods*, p. 106; Joyce Savidge, *This is Hong Kong: Temples* (Government Information Service, Hong Kong, 1977), p. 69.

❻ Chamberlain, *Chinese Gods*, p. 105.

處於領導地位，統治中國。

但是，話又說回來，爲什麼宋帝昺被稱爲「譚公」呢？有人說，相傳宋帝昺一行人逃難至九龍半島現今啓德機場所在地時，那裏以一個名爲「譚公」或譚姓爲首的村民歡迎他們，盡力照顧他們，宋帝昺一行人遂得以爲生❼。（現在宋王臺側與宋王臺道交界處有譚公道，可能是爲了紀念這個村長譚公而取名的。）帝昺死後，人們避免公開地進行奉祀宋帝，便權宜託名奉祀譚公——那個有功於照顧宋帝昺的村長，或更有可能是譚姓的祖宗。現在我們奉祀的譚公是個十二歲的小孩，這一點自然可以證明當時人們所眞正奉祀的一定不是個年紀老邁的譚姓老人或譚姓祖宗。可是宋帝昺死時只得八歲而不是十二歲，那又如何去證實譚公是宋帝昺呢？這大有可能是誤記，或有可能是八歲加上天地人三歲（共十一歲。古時人壽較短，死者的親屬爲了表面好看點，便把死者的歲數加上三歲，代表天地人三元），便很接近十二歲的數目了。以往中國人對歲數總是不大認眞的。另外一個說法是從「譚」字去解釋。「譚」字從「言」、從「西」、從「早」，合言之，即含有「涉及早歸西」之意。所謂「早歸西」者，指早逝之人，即暗指早逝之宋帝昺。申言之，「譚公」即指早逝之祖宗、或國君（「公」可解作國人尊君之稱），即宋帝昺❽。又「譚」字與「禫」字讀音相同，形體相近，而「禫」是祭名，指除服之祭。《儀禮．士虞禮》鄭注「中月而禫」一句說：「禫，祭名也。……自喪至中凡二十七月。」❾所謂「喪」指父母之喪。一國之君恒被視爲百姓之父母，故宋帝昺毫不例外地亦被視爲是百姓之父母。由帝昺之死聯想到父母之喪——「禫」，再由「禫」而聯想到「譚」字，故此「譚公」即「禫公」，即含有「其喪如同父母之國君或祖宗」之意❿。

以上對譚公即爲宋帝昺的三個解釋不無道理，但頗嫌穿鑿，雖能服人之口，未能服人之心，經過我和鄭煒明先生的考證，譚公原名「譚公道」，是個修道的人，與宋帝昺扯不上半點關係。我和鄭先生曾經寫過一篇文章，名爲〈澳門的道教〉，其中有一節言及譚公，今姑且鈔錄於此：

……按，據路環島譚仙聖廟的廟祝說，譚仙是個小孩子神，每次顯靈，都化身為小孩，民間則俗稱譚公。筆者以為譚公原名應為譚公道，源自惠州，蓋《惠州府志》卷四十四〈人物篇・仙釋〉條下所記：

「譚公道者，歸善人也。居九龍山修行，不記歲月。每杖履出山，一虎隨之，或為負菜，往返與俱，人甚訝之。」

今路環譚仙聖廟內，其中一牆壁上，即畫有猛虎。又據香港跑馬地譚公廟《黃泥涌譚公廟志》記：

「……相傳現址係由一名譚公附身之小童指定者。譚公原籍廣東惠州，自幼即賦異禀，能知未來，治病如神。……農曆四月八日譚公誕，本廟香火甚盛。……」

又光緒三十年（一九〇五）香港筲箕灣譚公廟《創建譚公仙聖廟碑記》載：

「我筲箕灣之譚公仙聖，原由九龍峰來……」

---

❼ 同上，頁一〇四。

❽ 同上，頁一〇六。

❾ 見張爾岐，《儀禮鄭註句讀》（王雲五主編，《四庫全書珍本》，七集，商務印書館），卷十四，葉一八上。

❿ 可參 Chamberlain, *Chinese Gods*, p. 106.

九龍峰，應即《惠州府志》記的惠州九龍山；加上其他各種資料都相符，因此可以相信譚公原名譚公道，而譚仙的俗稱譚公，或即譚公道一名的略稱。⑪

可見譚公根本與宋帝昺無關，而他之所以是個小孩只因爲他附身於一名小孩而已。「八和子弟」爲什麼要奉祀譚公呢？是否因爲他「能知未來，治病如神」呢？這可能是原因之一，但我認爲並不是重要原因。重要原因是，一般人相信他有撒豆成雨，平靜風浪和滅火消災的神力⑫。這一點對「八和子弟」來說是十分重要的。往時未有戲院，粵班通是搭棚演戲，而且又點油燈，較後用火水燈、「大光燈」（即是氣燈），容易召至祝融，奉祀譚公正如奉祀華光一樣，可以得其保祐，避免戲棚火燭及財物損失。就算時至今日，雖在戲院演戲和使用電燈，火燭仍然不是可以百分之百避免的。那麼，奉祀一位有能力杜絕火災的神明不是很理想嗎？況且，粵班到處演戲，不論在本土或往海外，從清代雍、乾年間使用「紅船」到現時坐洋船乘飛機，都要看天氣情況，如果風不和雨不順的話，生計便即時發生困難，所以「八和子弟」都奉祀譚公，祈求他帶來好天氣；或遇到天氣惡劣時，他可以令它轉好。其實，除了「八和子弟」外，很多其他行業人士都祀奉譚公的，如船夫、漁民等等就是。在香港，更有不少木屋區的居民都喜歡奉祀譚公，他們自然主要是爲了避免火燭之發生了。

又有人把譚公和明代的宜黃縣大司馬譚綸拉上關係，資料是源自湯顯祖（一五五〇——一六一六）的〈宜黃縣戲神清源師廟記〉一文⑬。文中有一節說：

此道（筆者按，指戲曲之道）有南北。南則崑山，之次為海鹽，吳浙音也。其體局靜好，以拍為之節。江以西弋陽，其節以鼓，其調諠。至嘉靖而弋陽之調絕，變為樂平，為徽青陽。我宜黃譚大司馬綸聞而惡之。自喜得治兵於浙，以浙人歸教其鄉子弟，能為海鹽聲。大司馬死二十餘年矣，食其技者殆千餘人。聚而諗於予曰：『吾屬以此養老長幼長世，而清源祖師無祠，不可。』予問倘以大司馬從祠乎。曰：『不敢。止以田竇二將軍配食也。』⑭

從這段文字可見當時湯顯祖本有意「以大司馬（譚綸）從祠」，但即時被人反對，而只「以田竇二將軍配食」。所以，譚綸從未被戲曲藝人奉祀，而他們，或說得正確一點，粵班藝人，所奉祀的譚公當然是另有其人了。實際上，粵班藝人連清源祖師都不奉祀，他們又怎會奉祀一位只有資格「從祠」的譚綸呢？

我們可以肯定地說，「八和子弟」崇拜的譚公不是宋帝昺，也不是曾任九龍半島某村的村

---

⑪ 黃兆漢、鄭煒明，〈澳門的道教〉，見《世界宗教研究》（北京，中國社會科學出版社），一九九二年，第三期（總第四九期），頁一五一—一五二。

⑫ 參V. R. Burkhardt, *Chinese Creeds and Customs*, Vol. I, (South China Morning Post, Ltd., Hong Kong, 1972), p. 19; Savidge, *This is Hong Kong: Temples*, p. 69; Chamberlain, *Chinese Gods*, p. 106.

⑬ 參文風（區文鳳），〈揭華光的本來身世〉，見《粵藝通訊》，第二三期（一九九一．一二），頁一。

⑭ 見《湯顯祖集》（上海，中華書局，一九六二），第二冊，頁一一二八。

長譚公，亦不是宜黃縣大司馬譚綸，而是源自惠州，修道於九龍山的譚公道⑮。

（原載《香港八和會館四十週年紀念特刊》，一九九三年十一月）

⑮ 譚公道是什麽時代的人呢？沒有足夠資料可以肯定。根據成書於光緒初年（十九世紀後半期）的《惠州府志》記載，他於「咸豐六年勅封褒濟」。咸豐六年爲公元一八五六年，換言之，他應是一八五六年以前生存的人。至於確實時期爲何，則無從得知。《惠州府志》，用一九六六年臺北成文出版社影印光緒七年（一八八一）之刊本。

中國古代的猿猴崇拜

近年來除了研究道教宗派的歷史外，多注意一般民間信仰。我發覺中國的民間信仰內容十分廣泛，除天神、地祇、人鬼外，還有各種動物、植物和器物的神靈，內容異常複雜豐富，可謂包羅萬有。在動物神靈一類裏，最能引起我的興趣的是猴神，即所謂「大聖爺」。「大聖」是「齊天大聖」❶的簡稱，「爺」是尊貴之稱。僅此亦可見對這位猴神的尊敬了。猴子何以變爲一位神而受到人們崇拜？牠何時開始爲人們崇拜和歷來對牠崇拜的情況如何？這些都是本文企圖解決的問題。

本來，嚴格地說，猿、猴是有些不同的，「猿之德，靜以緩；猴之德，躁以囂。」❷但是

---

❶ 猴神或猴精稱爲「齊天大聖」，最早見於南宋寫成的話本《陳巡檢梅嶺失妻記》。話本謂梅嶺之北，有一洞，名曰申陽洞。洞中有一怪，號曰申陽公，乃猢猻精。有兄弟三人：一個是通天大聖，一個是彌天大聖，一個是齊天大聖。另有小妹，名泗州聖母。話本見明洪楩（十六世紀時人）所編《清平山堂話本》。明馮夢龍（一五七四—一六四六）編的《喻世明言》亦有收錄，題爲《陳從善梅嶺失渾家》。吳承恩（約一五〇六—一五八二）著《西游記》章回小說，其中有猴精孫悟空一人物，亦號「齊天大聖」，因爲此小說自明代以來，極爲流行，故此「齊天大聖」一名不脛而馳，頗爲人所熟悉。

❷ 見清陳元龍（一六五二—一七三六）編《格致鏡原》（清雍正十三年〔一七三五〕刻本，臺北，新興書局影印，一九七一），卷八七，葉二〇上（總頁三九三三），引《埤雅》。

在動物學上來說，猿有廣狹二義：狹義單指人猿而言，猩猩、大猩猩、黑猩猩、長臂猿等屬之，餘則概稱爲猴；廣義則猿猴無別，統稱爲猿類或猿猴類❸。而且，中國所謂猿與猴，實無甚別異❹，所以本文所說的「猿猴崇拜」實際上是指猿類或猿猴類崇拜，是採其廣義。「崇拜」亦只作一般解釋，即「尊崇禮拜」之意。

中國人對猿猴的崇拜很難確知始自何時，但先秦時候，甚至早在殷商時代，對猿猴的崇拜極有可能已經存在，殷民族的始祖帝俊可能就是一隻猿猴，而猿猴便成爲殷民族所崇祀的對象，換言之，成爲他們崇祀的圖騰神。袁珂在《中國古代神話》說：

> 帝俊，是東方殷民族所奉祀的上帝；「俊」，本來作「夋」，甲骨文作「」，又作「」，此外還作別的許多大同小異的形狀，但都不出上面兩種的範圍。有人根據了第一種，說畫的大約就是猩猩；有人根據了第二種，說應該是鳥頭而人身的怪物。……好些這個字的圖形下面，還有一條短短的尾巴，如像，……人不會長着這種東西的，所以與其說他的身子像人，倒不如說是像獼猴。又還有一些圖形，畫作，似乎手裏還拄了一隻拐杖，大約真是如一般的說法：他只生了一隻腳。他的頭上，畫作或，又似乎還生了兩隻角。綜合起來看，東方殷民族所奉祀的上帝帝俊，就是一個長着鳥的頭，頭上有兩隻角，獼猴的身子，腳只有一隻，手裏常常拿了一隻拐杖，弓着背，一拐一拐地走路的奇怪生物，這就是他們的始祖神了。❺

無論這個生物奇怪到甚麼樣子，牠始終脫不離猿猴的形狀——大約是猩猩，或身子像獼猴。有人認爲「夋」即「夒」或「夔」❻，而「夒」或「夔」都是猿猴之屬。據《說文解字》說，「夒，貪獸也，一曰母猴。」❼段玉裁注：「謂夒一名母猴。犬部曰：猴，夒也。……母猴與沐猴、獮猴，一語之轉，母非父母字。《詩・小雅》作猱，毛曰：猱，猨屬。《樂記》作獿，……鄭曰：獿，彌猴也。」❽「夔」，根據《國語・粵語》說，「木石之怪，曰夔罔蛃。」❾韋昭注說：「夔一足，越人謂之山繅。……或作猱。富陽有之，人面猴身，能言。」❿可見這個夔，從形狀角度去看——猴身，是與夒相差不遠的。

既然「夋」即是「夒」或「夔」，而牠們都是猿猴之屬，故殷民族奉祀帝俊或「高祖夒」

---

❸ 見林尹、高明等主編《中文大辭典》（臺北，中國文化研究所，一九六七），第二十一冊，頁二一一六（總頁九〇六六）「猿」條；亦可參同冊，頁二一一二（總頁九〇六二），「猴」條。

❹ 同上。

❺ 袁珂《中國古代神話》（北京，中華書局，一九六〇），頁一四一－一四二。

❻ 王國維（一八七七－一九二七）《古史新證》釋「夋」爲「夒」，見《王觀堂先生全集》（臺北，文華出版公司，一九六八），冊六，頁二〇八一；吳其昌《卜辭所見殷先公先王三續考》說「夒」與「夔」乃係一字，見《燕京學報》，第一四期（一九三三・一二），頁五－一五，論「夋」字一節。故「夋」即「夒」或「夔」。

❼ 段玉裁（一七三五－一八一五）《說文解字注》（臺北，藝文印書館，一九六五），頁二三六。

❽ 同上。

❾ 《國語》（臺灣，商務印書館，一九五六），卷五，頁六五。

❿ 同上。

[11]，即是奉祀猿猴了。這是猿猴崇拜在古代很早的一個事例。這就是猿猴圖騰。

更有些學者認爲帝堯、帝舜、顓頊、帝嚳，甚至黃帝，都是帝俊或「高祖夒」的化身[12]，亦即是說這幾個神話上的皇帝，其實不過是隻猿猴，或猿猴之屬的獸類！可見古代的人，或商代以前的人，都一致崇拜猿猴圖騰的。怪不得我國最早的一部詩歌總集——收錄了西周初年至春秋中葉約五百多年間的詩歌的《詩經》也提到猿猴了。其〈小雅・角弓〉說：

毋教猱升木，如塗塗附。[13]

猱，亦名狨，屬猿類[14]。我們自然不能說這是〈角弓〉的作者對猿猴崇拜的一種表示，可是，至低限度可以說，猿猴已成爲詩人吟咏的對象，猿猴在詩人的心中已有一定的位置。

基本上，猿猴一類的動物一直成爲人類注意的對象，故成書於戰國至漢初的《山海經》對猿猴類的記述頗多，如《南山經》說：

南山之首曰䧿山。其首曰招搖之山。……有獸焉，其狀如禺而白耳，伏行人走，其名曰狌狌，食之善走。[15]

又說：

又東三百里，曰堂庭之山，……多白猿。[16]

《西山經》說：

又西四百里，曰小次之山，……有獸焉，其狀如猿，而白首赤足，名曰朱厭，見則大兵。[17]

又說：

西次三山之首曰崇吾之山，……有獸焉，其狀如禺而文臂，豹虎而善投，名曰舉父[18]。

《海內南經》說：

梟陽國在北朐之西，其為人人面長脣，黑身有毛，反踵，見人則笑，左手操管。⓳

又說：

狌狌知人名，其為獸如豕而人面，……⓴

《海內經》說：

……有獸，人面，名曰猩猩。㉑

這些記述是否可視爲對猿猴特別敏感的反映，而這敏感的反映又是否可視爲猿猴圖騰崇拜的潛

⓫「高祖夒」一詞最早見於殷卜辭，參郭沫若（一八九二—一九七八）《殷契粹編考釋》（北京，科學出版社，一九六五），第一、二片甲骨文字，頁三四三—三四五；又參王國維《古史新證》，前引，頁二〇八〇，卜辭曰：「癸巳貞于高祖夒」。

⓬參丁山《中國古代宗教與神話考》（上海，上海藝文出版社，一九八八），頁三〇一—三四二。

⓭見朱熹（一一三〇—一二〇〇）《詩集傳》（臺北，藝文印書館，一九六七），卷一四，葉一五上（總頁六七三）。

⓮《中文大辭典》，前引，第二十一冊，頁二〇七—二〇八（總頁九〇五七—九〇五八），「猱」條。

⓯袁珂《山海經校譯》（上海，上海古籍出版社，一九八五），卷一，頁一。

⓰同上。

⓱同上，卷二，頁二六。

⓲同上，頁二八。

⓳同上，卷一〇，頁二一九。

⓴同上。

㉑同上，卷一八，頁二九八。

意識的不經意流露?

說到猿猴圖騰崇拜㉒,其實多有可述的地方,因爲它與「猴祖型」神話有非常密切的關係。這類神話在古代史上却有不少,如上文所舉的夒或夔爲殷民族所奉祀的帝俊便是一個例子。此外,如羌族、藏族、永寧納西族都有這類神話。羌族人相信他們的祖先木姐珠——天神木巴的女兒來到地上的溪水漂麻布時與地上的公猴冉必娃邂逅並產生了愛情,而終於成親。故此,北朝時的黨項羌皆自稱「獼猴神」。藏族則是由觀音菩薩點化的一隻獼猴與岩洞中之女妖結爲夫妻,後來生下六個子女繁衍而來的。永寧納西族人就流傳着他們的始祖——天女柴紅吉吉美曾與公猿偶居而生了兩個孩子的神話㉓。這類「猴祖型」神話自然是產生猿猴圖騰崇拜的最重要原因。

在秦代,猿猴在一般人的心中是頗爲重要的。當時的十二生肖已有猿猴一類動物之名。據《雲夢秦簡日書》說:

子鼠也,丑牛也,
寅虎也,卯兔也,
辰(缺獸名),巳蟲也,
午鹿也,未馬也,
申環也。酉水也。
戌老羊也,亥豕也。㉔

饒宗頤教授指出:「申之爲環,環讀如猨,于音自近。蕭吉云:『申,朝爲貓,晝爲猨,暮爲猴。』則猨後來以屬于三時之晝,與猴之爲暮則有別。」㉕猨亦作猿㉖,與猴同爲申所屬,(雖

㉒ 猿猴圖騰崇拜是圖騰崇拜之一種。任繼愈編《宗教詞典》（上海，上海辭書出版社，一九八一）解釋「圖騰崇拜」說：「圖騰崇拜，宗教的最早形式之一。以圖騰觀念爲標志。……「圖騰」爲印第安語 totem 的音譯；有『親屬』和『標記』的含意。……許多氏族社會的原始人相信，各氏族分別源出于各種特定的物類；大多數爲動物（如某種鳥、獸、魚等），其次爲植物，少數也有其他物種。對于本氏族的圖騰物種，常加以特殊愛護。……所謂「圖騰崇拜」，只是氏族社會在對自然力或自然神進行崇拜中常與圖騰觀念相連；處理圖騰物種，有時也舉行一定的宗教儀式。……」頁六六一。又可參駱繼光〈圖騰崇拜及其產生根源〉一文，見《世界宗教研究》（北京，中國社會科學出版社），一九八七年第二期（總第二八期），頁一一九－一二七。

㉓ 參李子賢〈羌族始祖神話斷想〉一文，見王孝廉主編《神與神話》（臺北，聯經出版事業公司，一九八八），頁七一三－七三八，尤其是頁七一四－七二三。

㉔ 見饒宗頤、曾憲通《雲夢秦簡日書研究》（香港，香港中文大學出版社，一九八二），頁三三－三四。十二肖即十二屬、十二獸，見《中文大辭典》，第五冊，頁一四七（總頁一九六五），「十二肖」條；又同冊，頁一五三（總頁一九七一），「十二屬」、「十二獸」條。亦可參同冊，頁一四四（總頁一九六二），「十二支」條。「十二獸」條說：「中國古術數以動物十二種分配十二支，亦云十二禽、十二屬、十二肖。即子鼠、丑牛、寅虎、卯兎、辰龍、巳蛇、午馬、未羊、申猴、酉雞、戌犬、亥豬。……」又可參北京旅游出版社編《龍的神話》（北京，北京旅游出版社，一九八七），「出版前言」，頁三。

㉕ 《雲夢秦簡日書研究》，前引，頁三五。

㉖ 見《中文大辭典》，前引，第二十一冊，頁二一三（總頁九〇六三），「猨」條：「與猿同。《正字通》猨，俗作猿。」

然一爲晝，一爲暮）；換言之，申屬猿，亦屬猴。故可說：申，猿也，猴也，或猿猴也。這是否可以視爲對猿猴崇拜的一種表示呢？饒教授更指出：「據《日書》，十二獸之形成，已在先秦時。疑各地習俗略異，一如今日西南民族之情況。《日書》以午爲鹿，以申爲環（猨），以酉爲水（隼），後世《禽變》之書猶保持其剩義于三時之中。」㉗又可知「十二生肖」和以申爲猿這種觀念先秦已有，這大概是猿猴圖騰崇拜的反映。

漢時，十二生肖之名已經固定，而「猴」爲十二生肖之一亦正式出現；同時，談到「十二生肖」的時候往往涉及五行之說，如王充（二七—九七）《論衡·物勢篇》就是一個例子：

巳蛇也，申猴也。火勝金，蛇何不食獮猴？獮猴者，畏鼠也。嚙獮猴者，犬也。鼠水，獮猴金也。水不勝金，獮猴何故畏鼠也？戌土也，申猴也。土不勝金，猴何故畏犬？……鹿之角足以觸犬，獮猴之手足以博鼠，然而鹿制于犬，獮猴服于鼠，角爪利也。㉘

金、木、水、火、土爲天地萬物形成的原素，以猴配金，五行之中佔其一，這是否應該視爲對猴的特殊重視？對猴的特別尊崇呢？

秦人以申日屬猿猴的說法後世一直繼承下來，如晉葛洪（二八四—三六四）《抱朴子·登涉篇》說：

山中……申日稱人君者猴也，稱九卿者猿也。㉙

這樣說法就更把猿猴的地位提高了、神化了。這不是對猿猴的崇拜的一種表示是甚麼呢？

宋人王逵（九九一—一〇七二）指出何以猴爲十二生肖之一，說：

申為三陰，陰勝則黠，以猴配之，猴性黠。㉚

原來是因爲猿猴有慧性，或狡猾之性。十二生肖各有其不同之特性，鼠取其藏迹，馬取其快行，牛取其舐犢，羊取其跪乳，虎取其性暴，兔取其舐雄毛則孕感而不交，雞取其合踏而無形交而不感，龍、蛇爲變化之物，狗豬爲鎮靜之物㉛。更有吟咏十二生肖的文學作品，如南北朝時梁代沈炯（約五五六年前後生存）便有「十二屬詩」，今錄出如下：

> 鼠迹生塵案，牛羊暮下來，虎嘯生空谷，兔月向牕開，龍隰遠青翠，蛇柳近裴回，馬蘭方遠摘，羊負始春栽，猴栗羞芳果，雞跖引清杯，狗其懷物外，豬蠡窅悠哉。㉜

百獸之中只選其十二，而十二之中猴佔其一，猴之爲物，在人們的心中當然是很重要的了。

中國人對猿猴的尊崇，自然不止限於牠能當得上十二生肖之一，就算在秦漢到南北朝這段時期亦不止如此，除固有的猿猴圖騰崇拜外，還有別的原因。最顯著的大概有二：一是猿猴能變化爲人，二是猿猴有其「人性」的一面。

㉗《雲夢秦簡日書研究》，前引，頁三七。

㉘王充《論衡》（上海，人民出版社，一九七四），卷三，「物勢篇」，頁四九—五〇。

㉙葛洪《抱朴子》（《四部備要》本，上海，中華書局據平津館本校刊，一九三四），內十七，「登涉篇」，葉四下—五上。

㉚見王逵《蠡海集》（《叢書集成初編》本，商務印書館，一九三五—三七），頁二〇。

㉛此本王逵之說，見《蠡海集》，同上。

㉜見《沈侍中集》（收入明張溥（一六〇二—一六四一）《漢魏六朝百三名家集》（本衙藏板，臺北，新興書局影印本，一九七六），第六冊，葉三六下（總頁三四六七）。

猿猴演變爲人，或人爲猿猴所演變，是十九世紀後半期的生物學上的理論㉝，縱使不爲宗教人士所同意，已爲一般人所接受，而且已成爲一種頗具說服力的論調。古時中國人認爲猿猴能夠變化爲人並不是從生物進化方面立論的，而是從猿猴的靈慧去推想的。梁任昉（四六〇—五〇八）《述異記》說：

猿五百歲化為玃，玃千歲化為老人。㉞

即是說，猿經過一千五百歲便化爲人。猿能轉化爲人，是因爲牠本是一種靈慧的動物，與人類的智慧相去不遠。

猿化爲人的傳說至多，可謂無代無之，現姑且摘錄一些文字較短的例子以證之。漢趙曄（？—約八三）《吳越春秋》記載：

越王問范蠡手戰之術。范蠡答曰：「臣聞越有處女，國人稱之。願王請問手戰之道也。」於是王乃請女。女將北見王，道逢老人，自稱袁公。問女曰：「聞子善為劍，得一觀之乎？」處女曰：「妾不敢有所隱也，唯公所試。」公即挽林杪之竹，似桔槔，末折墮地。女接取其末。袁公操其本而刺處女，處女應節入之三。女因舉杖擊之，袁公飛上樹，化為白猿。㉟

晉王嘉（？—約三九〇）《拾遺記》記載：

周羣妙閑讖說。遊岷山採石，見一白猿，從絕峰下，對羣而立，羣抽所佩之刀，以投白猿，猿化為一老翁。手中有玉板，長八寸，以授羣。羣問曰：「公是何年生？」答曰：「今已衰邁，忘其生之年月。憶從軒轅之時，始學曆數。風后、容成，皆黃帝之史，就余授曆術。至顓頊，更考定日月星辰之運多差異。及春秋時，有子韋、子野、裨竈之徒，權略雖驗，未得其門。爾來世代，不復可紀，因以相襲。至大漢之時，有洛下閎得其大旨。」羣復其言，更精勤算術，乃考校年曆之運，驗于圖緯。……㊱

以上兩個例子，一說白猿變化爲人而精於劍術，一說白猿變化爲人而善於術數，一精武一善文，正是猿猴的靈慧的高度表現。雖爲小說家之言，亦足窺見人們對猿猴尊崇的心理。

不獨猿猴可以化爲人，人亦可以化爲猿猴的，以下就是猿人互化的記載：

長安有一貧僧，衣甚襤褸，賣一小猿，會人言，可以馳使。虢國夫人聞之，遽命僧至宅。……夫人曰：「今與僧束帛，可留此猿，我當養之。」僧乃感謝，留猿而去。其小猿旦夕在夫人左右，夫人甚愛憐之。後半載，楊貴妃遺夫人芝草，夫人喚小猿令看翫。小猿對夫人，面前倒地，化為一小兒，容貌端妍，年可十四、五。夫人甚怪，呵而問之。小兒曰：「我本姓袁，賣我僧昔在蜀山中，我偶隨父入山採藥，居林下三年。我父常以藥苗啗我。忽一日，自不覺變身為猿。我父懼而棄我，所以被此僧收養而至於夫人宅。我雖前日口不能言，我心中之事略不遺忘也。自受恩育，甚欲述懷抱於夫人，恨不能言，每

㉝ 首倡此說者爲英國生物學家達爾文（Charles Robert Darwin, 1809-1882）。其「進化論」（Evolutionism）說明物類進化之過程，謂世界生物初皆同一種源，後由同趨異，由簡趨繁，由下等而高等，逐漸演進變化，始成今日之狀態，而以物競天擇、適者生存爲進化之原因，故亦稱「天演論」。

㉞ 《述異記》（見《百子全書》，湖北，崇文書局，一八七五），卷上，葉一三下。

㉟ 見宋李昉（九七六—九八四年前後生存）《太平廣記》（收入《筆記小說大觀》，二十七編，臺北，新興書局影印本，一九七九，第五冊），卷四四四，葉一九上（總頁三三一七）。

㊱ 同上，葉一九下（總頁三三一八）。

至深夜，唯有泣下。今不期卻變人身，卽不測尊意如何？」夫人奇之，遂命衣以錦衣，侍從隨後，常密其事。又三年，小兒容貌甚美，貴妃曾屢顧之。復恐人見奪，因不令出，別安於小室。小兒唯嗜藥物，夫人以侍婢常供飼藥食。忽一日，小兒與此侍婢俱化為猿。夫人怪異，令人射殺之。其小兒乃木偶人耳。㊲

這段文字敍述了人變猿，猿變人，人又變猿，猿變木偶人（人→猿→人→猿→木偶人）的複雜故事，雖甚奇異，令人難以置信，卻也顯示出人與猿的關係是二而一的——猿即人，人即猿。故事更描述了貧僧與人猿的師徒關係和虢國夫人與猿人的主僕關係，這更從另一角度描寫了人與猿的親密交涉。這都足以使人對猿產生特別親切感。由這親切感進一步而變爲對猿產生尊崇的心意就不是太難了。（難道猿能變化爲人不值得人們特別欣賞嗎？）

《清稗類鈔》有一條記載更可令人對猿猴肅然起敬：

或曰，今之達賴、班禪兩喇嘛，為最大兩猴之化身。㊳

達賴、班禪爲西藏密教之兩大領袖，爲人們所尊敬自不待言。既然他們本爲猿猴所化，在尊敬他們的同時而尊敬猿猴亦是理所當然的了。

猿猴有其「人性」的一面，很早便有記載。晉干寶（約三一七—三二三年前後生存）《搜神記》就收錄這樣的一則：

臨川東興，有人入山，得猿子，便將歸。猿母自後逐至家。此人縛猿子於庭中樹上，以示之。其母便搏頰向人，欲乞哀狀，直謂口不能言耳。此人旣不能放，竟擊殺之。猿母悲喚，自擲而死。此人破腸視之，寸寸斷裂。㊴

南朝劉義慶（四〇三—四四四）《世說新語》也有一則與此相若，說：

桓公入蜀，至三峽中，部伍中有得猨子者，其母緣岸哀號，行百餘里不去，遂跳上船，至便卽絕。破視其腹，中腸皆寸寸斷。……㊵

兩則都記載猿母愛子之心。因猿子被捕，猿母不能救之，故傷心致死，肝腸寸斷！這樣的母愛較人類之母愛是沒有兩樣的。難道猿母這種「人性」的表現不令人感動嗎？人是情感的動物，人與人之間的溝通往往是靠情感的，如今猿猴的一如「人性」的母愛深深感動着我們的情緒，引起我們的同感，以獸而有「人性」，或說以本來的獸性而竟變爲「人性」，這樣，如何能不使我們對猿猴另眼相看，對牠們尊敬起來呢？

以下一則記載見《稗史彙編》，更能表現出猿猴的「人性」的一面，或說得正確一點，更能表現出猿猴的母性的一面：

瀛洲團練使李廷渥涖邊郡日虞，人獲子母胡孫為獻。子甚小，繫在馬院。其子跳躍出院，為鴟所搏。母號呼奮擲，晝夜不絕。一旦嚙韋繩而逸去，捕之莫見。忽於庖中竊肉，置氐溝上，身潛屋隙間。候鴟下，攫跳而擒之。遽抉雙目，次除兩翅，乃攜至廐舍，緩剖其腹，礫裂腸胃，陳之於前，哀號數聲，以祭其子。然後寸寸斷之，肉皆析為縷馬。廐

㊲ 見《古今圖書集成》（清蔣廷錫等輯校，一八八四年重刊本）《博物彙編・神異典》，卷三一八，「妖怪部」，第五一四冊，葉五〇上（總頁一一〇五）。

㊳ 徐珂（清末人）編《清稗類鈔》（上海，商務印書館，一九一七），卷三七，〈宗教類〉，頁五一—六。

㊴ 晉干寶撰，汪紹楹校注《搜神記》（北京，中華書局，一九七九），卷二〇，頁二四二。

㊵ 《世說新語》（上海，上海古籍出版社，一九八二），卷下之下，葉二二下（總頁四五〇）。

吏驚報，廷渥覩之歎息。遂令人送入山中。41

爲子復仇的行爲雖略爲殘暴，但猿猴對其子的深切之愛是無容置疑的。怪不得編者王圻（約一五二二—一五六六年前後生存）慨歎地說：「噫！天性之慈，尤甚於人。其樂府之言，《黃臺》之詩，見聞而終弗悟者，其心不如禽獸，悲夫！」42

有關猿猴的母愛的記載很多，而關於猿猴的孝道的記載亦復不少，今引錄二則以括其餘。五代范資《玉堂閒話》說：

猨者，猿猱之屬。……獵人求嘉者（按：指雄性猨）不獲則便射其雌。雌若中箭，則解擿其子。擿去復來，抱其母身。去離不獲，乃母子俱斃。43

宋周密（一二三二—一三〇八）《齊東野語》說：

鄧艾征涪陵，見猿母抱子，艾射中之，子為拔箭，取木葉塞創。……州有捕猿者，殺其母之皮，並其子貴之龍泉蕭氏。示以母皮抱之，跳擲號呼而斃。蕭氏子為作《孝猿傳》。……武平素產金絲猿，大者難馴，小者則其母抱持，不少置。法當先以藥矢斃其母。母既中矢，度不能自免則以乳汁遍灑林葉間，以飲其子，然後墮地就死。乃取其母皮痛鞭之，其子亟悲鳴而下，束手就獲。蓋每夕必寢其皮而後安，否則不可育也。

44

無論母慈或子孝，都是猿猴之「人性」的表現，說得哲學性一點，都是「仁」的表現。人之所以爲人，是因爲有「仁」的德性存在，（人而無「仁」還算是人嗎？）如今猿猴有「仁」的德性，雖狀貌不爲人而心實爲人了。周密說猿猴「獸狀而人心」45是甚爲有理的。有「仁」德之人能使我們尊敬他們，而有「仁」德之獸就不能令我們起尊敬之心嗎？

猿猴不僅是「仁」獸，亦是「義」獸。看以下的記載便可以知道了。宋羅大經（約一一九五—一二五二時期活動）《鶴林玉露》說：

〔唐〕昭宗養一猴，衣以緋優服，謂之猴部頭。朱溫旣篡，引至坐側。猴忽號擲，自裂自衣。溫叱令殺之。㊻

宋畢仲詢（約一〇八二年前後生存）《幕府燕閒錄》亦記載此事，不過文字上略有不同：

唐昭宗播遷，伎藝人止有弄猴者，猴頗馴，能隨班起居，昭宗賜以緋袍，號「孫供奉」。羅隱《下第詩》云：「何如學取孫供奉，一笑君王便着緋。」朱梁篡位，取此猴，令殿下起居。猴望殿陛，見全忠，徑趨其所，跳躍奮擊。遂令殺之。㊼

清王士禎（一六三四—一七一一）《池北偶談》記載：

鐵漢和尚居金陵牛首東峯下，獨坐數十年，嘗畜二猿子自隨，有所須，猿輒解意。……

㊶ 明王圻（一五二一—一五六六年前後生存）《稗史彙編》（見《筆記小說大觀》，三編，一九七四，第七冊），卷一五七，葉二四上—下（總頁四五二一）。

㊷ 同上，葉二四下（總頁四五二一）。

㊸ 見《太平廣記》（《筆記小說大觀》，二十七編，第五冊），卷四四六，葉三〇上～下（總頁三三三九—三三四〇）。

㊹ 《齊東野語》（《筆記小說大觀》，十三編，一九七六，第四冊。），卷一二，葉六下（總頁二二一八）。

㊺ 同上。

㊻ 《鶴林玉露》（涵芬樓藏版，上海，商務印書館，一九二六），卷六，葉八上。

㊼ 見清吳寶芝《花木鳥獸集類》（《四庫全書珍本》，二集），卷下，葉四八下～四九上。

和尚化去，二猿悲鳴不食死，……[48]

清吳寶芝《花木鳥獸集類》記載：

咸熙中（二六四—二六五）有翁嫗弄猴於瑞昌門外，一日嫗死，猴葬之，咸稱為義猴。[49]

元人《夷堅續志》記載：

果然似猿而差大，行則大者前小者後，有為射中者則生者拔死者箭，自刺而死。可謂仁義之獸矣。[50]

清末人徐珂《清稗類鈔》更有一則記載「猿爲卜三報仇」的故事，甚爲感人，足見猿猴爲主報仇的仁義行爲。現鈔錄其後半以饗讀者：

……先是，鄉人侯卜於道。卜不及見，猿已瞥覩其獰狀，猱升木末，覘其所為。事已，猿隱躡其後，見鄉人入市肆，亟躍入警署，倉皇牽警吏衣。警吏意必有異，尾之行，導至澗曲，卜尸在焉。警吏顧猿曰：「是矣，兇人安在？」猿復前導至市肆，遂遁。警吏大驚，懼猿去，無左證。然已叩門，姑聽之。門啓，並逮肆中數人歸署，不意猿已先在。見鄉人，若甚憤者，舞棒代刃，效殺人狀，歷歷如繪。鄉下氣餒，不敢置辯。因搜其贓據凶器於肆。翌日，執付法庭。咸傳猿為原告，觀者如堵。猿反復摹效，窮形盡相，鄉人皇悚自承。頃刻讞定，處以繯首刑。[51]

既仁且義，猿猴的本性與人類的本性並無二致[52]。牠們能夠賺得人們的尊崇，或在人們的心中得到一個與其他禽獸不同的崇高位置，我認爲是理所當然的。

更值得我們注意的是，猿猴與佛教很早便拉上了關係，我相信至遲在三國時代我國的佛教徒便對猿猴另眼相看。三國時吳康僧會（？—二八〇）所譯的《六度集經》便有多處記述猿猴與佛、天帝與菩薩的密切關係。其卷第三「布施度無極經」之「兔王本生」章說：

昔者梵志，年百二十，執貞不娶，淫泆窈盡，靖處山澤，不樂世榮。以茅草為廬，蓬蒿為席；泉水山果，趣以支命。志弘行高，天下歎德。王娉為相，志道不仕，處于山澤數十餘載。仁逮衆生，禽獸附恃。時有四獸：狐、獺、猴、兎。斯四獸曰：「供養道士，靖心聽經。」積年之久，山菓都盡。道士欲徙尋果所盛。四獸憂曰：「雖有一國榮華之士，猶濁水滿海，不如甘露之斗升也。道士去者不聞聖典，吾為衰乎！各隨所宜求索飲食以供道士，請留此山，庶聞大法。」僉然曰：「可。」獮猴索果；狐化為人，得一囊麨；獺得大魚。……道士遂留。日說妙經，四獸稟誨。佛告諸沙門：「梵志者，錠光佛是也；兎者，吾身是也；獮猴者，秋鷺子是也，狐者，阿難是也；獺者，目連是也。」

---

48 《池北偶談》(北京，中華書局，一九八二)，下冊，頁四九七—四九八。

49 《花木鳥獸集類》，前引，卷下，葉四八下。

50 轉引《格致鏡原》，前引，卷八七，葉一九下(總頁三九三二)。

51 《清稗類鈔》，前引，卷四九，頁二八四—二八六。

52 仁、義是儒家理論內容的中心。孔子主要講仁，孟子兼論仁、義。儒家認爲仁、義是人之所以爲人的最重要因素。孟子對於這一點有較詳盡的討論，如說：「仁義禮智，非由外鑠我也，我固有之也，弗思耳矣。」又說：「仁，人心也；義，人路也。舍其路而弗由，放其心而不知求，哀哉！」分別見蘭州大學中文系《孟子譯注》小組著《孟子譯注》(北京，中華書局，一九六〇)，下冊，《告子章句上》，頁二五九，二六七。孟子對仁、義的看法影響宋、明理學至鉅。

又其卷第五「忍辱度無極章第三」之「國王本生」章說：

……[53] 昔者菩薩為大國王，常以四等育護衆生，聲動遐邇，靡不歎懿。……王採果還，不見其妃，悵然而曰：「吾宿行違，殃咎鱗臻乎！」乃執弓持矢，經歷諸山，尋求元妃。覩有榮流，尋極其原，見巨獼猴，而致哀慟。王愴然曰：「爾復何哀乎？」獼猴曰：「吾與舅氏，併肩為王。舅以勢強，奪吾衆矣。嗟乎無訴！子今何緣，翔茲山岨乎？」菩薩答曰：「吾與爾其憂齊矣！吾又亡妃，未知所之。」猴曰：「子助吾戰，復吾士衆。為子尋之，終必獲矣。」王然之曰：「可。」明日，猴與舅戰，王乃彎弓擩矢，股肱勢張。舅遙悚懼，播徊逆馳。猴王衆返，遂命衆曰：「人王元妃，迷在斯山，爾等布索！」猴衆各行，見鳥病翼。鳥曰：「爾等奚求乎？」曰：「人王亡其正妃，吾等尋之。」鳥曰：「龍盜之矣！吾勢無如。今在海中大洲之上。」言畢鳥絕。猴王率衆，由徑臨海，憂無以渡。天帝釋卽化為獼猴，身病疥癩，來進曰：「今士衆之多，其踰海沙，何憂不達于彼洲乎！今各復負石杜海，可以為高山，何但通洲而已。」猴王卽封之為監。衆從其謀，負石功成，衆得濟渡，圍洲累沓。龍作毒霧，猴衆都病，無不仆地，二王悵愁。小猴重曰：「今衆病瘳，無勞聖念。」卽以天藥傅衆鼻中，衆則奮鼻而興，力勢踰前。龍卽興風雲以擁天日，電耀光海，勃怒霹靂震乾動地。小猴曰：「人王妙射，夫電耀者卽龍矣，發矢除凶，為民招福，衆聖無怨矣。」霆耀電光，王乃放箭，正破龍胸，龍被射死。猴衆稱善。小猴拔龍門鑰，開門出妃，天鬼咸喜，二王俱還本山，更相辭謝，謙光崇讓。……[54]

又同卷之「獼猴本生」章說：

> 昔者菩薩，身為獼猴，力幹勘輩，明哲踰人。常懷普慈，拯濟衆生。處在深山，登樹採果，覩山谷中有窮陷人，不能自出，數日哀號，呼天乞活。獼猴聞哀，愴為流淚曰：「吾哲求佛，唯為斯類耳。今不出此人，其必窮死，吾當尋岸下谷負出之也。（繼述獼猴入谷救人，而終爲人襲擊事）……自念曰：「吾勢所不能度者，願其來世常逢諸佛，信受道教，行之得度，世世莫有念惡如斯人也。」佛告諸比丘：「獼猴者，吾身是也；谷中人者，調達是（也）。」[55]

這類猿猴與佛教有關的故事，因佛教的流行而傳播於人間，遂使三國以後的佛教徒對猿猴產生特別敬意，以致崇祀，實是不足爲奇的。到了唐代，情況就更爲明顯了。

唐代是個佛教盛行的時代，上自皇帝，下至庶民，無不信奉佛教。唐代的皇帝中，除了武宗反對佛教外，其餘的都是崇佛的。據統計，到武宗滅佛時，全國共有大中寺院將近五千所，小的廟宇四萬所，僧尼近三十萬人[56]。從這些數字可知佛教在唐代的流行程度了。以取經、譯經及通過小說《西遊記》而爲人所熟悉的佛教人物玄奘（即三藏法師，六〇〇—六六四）便是

---

53 日人高楠順次郎編《大正新修大藏經》（東京，大正一切經刊行會，一九二四—一九三二），第三卷，本緣部上，編號一五二（第三冊），頁一三下。

54 同上，頁二六下—二七上。

55 同上，頁二七中。

56 見邱明洲《中國佛教史略》（成都，四川省社會科學院，一九八六），頁七二。

生活在這個大時代。

猿猴，到了唐代，與佛教的關係不獨密切，而且文字上的記載也較多。如玄奘撰的《大唐西域記》就有以下兩則：

……石室東南二十四、五里，至大涸池，傍有窣堵波。在昔如來行經此處，時有獼猴，持蜜奉佛，佛令水和，普徧大衆，獼猴喜躍，墮坑而死，乘玆福力，得生人中。57

舍利子證果東南有窣堵波，是吠舍釐王之所建也。佛涅槃後，此國先王分得舍利，式修崇建。……傍有石柱，高五、六十尺，上作師子之像。石柱南有池，是羣獼猴為佛穿也，在昔如來曾位於此。池西不遠有窣堵波，諸獼猴持如來鉢上樹取蜜之處；池南不遠有窣堵波，是諸獼猴奉佛蜜處；池西北隅猶有獼猴形像。58

玄奘的有關獮猴的記載大概是本於傳聞，不過，從字裏行間，我們可以看得出他是頗爲相信眞有其事的。這也許是因爲他根本是個和尚——一般和尚都相信與佛有關的傳說；亦也許是因爲當時一般人，尤其是佛教徒，都相信如此。這兩則記載實際地透露了一個消息：唐人相信猿猴與佛有着非常親切的關係。與佛有緣，就算在人來說，亦是一件非常值得珍惜的事，更何況是禽獸呢？這樣，猿猴豈有不值得人們尊敬之理？

《永福縣志》有一段記載更能使我們相信猿猴不單止與佛有緣，而且根本上是有佛性的。《縣志》說：

唐僧崇演，居能仁寺，有猴為祟，演夜誦梵語大悲咒，畢，有伏謝曰：「久苦沉淪，今賴法力，得生天矣！」演說偈曰：「久受沉淪苦，如今得上天，自心原是佛，慧日照無邊。」祟遂絕。59

所謂「自心原是佛」即是本有佛性的意思而已。這基本上是佛教大乘的「一切衆生悉有佛性」[60]的一貫主張。「衆生」不單指人類，而是泛指天地之間的一切生物，不論有情無情，皆在範圍之內。大乘認爲一切衆生都本有佛性的，是與生俱來的，只不過因無明的遮蓋，以致佛性不能彰顯而已。猿猴是衆生之一，自然不例外地有牠的與生俱來的佛性了。人因爲本有佛性而值得爲他人尊重，猿猴亦當然因爲本有佛性而同樣地值得人類尊敬了。從本有佛性的角度去看，猿猴與人類是同等的，沒有差別的。

在唐代，猿猴具有佛性的信仰頗具體地和顯明地表現在多種事例上。首先，亦是最值得我們注意的是，猿猴被視爲觀世音（或觀音）菩薩的眷屬。唐朱景玄（八四一—八四六前後生存）《唐朝名畫錄》有這樣的一段記載：

〔尉遲〕乙僧，今慈恩寺塔前功德，又凹凸花面中間千手眼大悲，精妙之狀，不可名焉。[61]

[57] 玄奘撰，章巽校點《大唐西域記》（上海人民出版社，一九七七），卷四，頁九二。
[58] 同上，卷七，頁一六一。
[59] 清陳焱（一七四八年前後生存）等修《永福縣志》（清乾隆十四年〔一七四九〕刊本，臺北，成文出版社影印，一九六七），卷八，葉五六下（總頁四一〇）。
[60] 「一切衆生，悉有佛性」是《大涅槃經》等大乘經典提出的，認爲衆生皆可成佛。佛教原分大乘、小乘二派，大乘以成佛爲目的，故對佛性提出如上述的見解；小乘則不認爲衆生可以成佛。
[61] 《唐朝名畫錄》（見鄧實輯《美術叢書》，冊二八，上海，風雨樓，一九一五），葉四上—下。

引文中的「千手眼大悲」即千手千眼大慈大悲觀世音菩薩。根據朱書當時的大慈恩寺——與玄奘法師有密切關係的大慈恩寺[62]就有尉遲乙僧畫的這樣的一幅觀世音畫像。據日本學者小林太市郎的研究，畫像裏同時繪畫着觀世音的眷屬——由二十八部衆構成的眷屬，其中就包括着獼猴[63]。《白寶抄》的《千手觀音法雜集》指出：

經云：畢婆伽羅王文是山神部也。畢者廣也，大也。婆伽羅者亦云摩迦羅，此云獼猴，出《金光明經·諸天藥叉獲持品》。[64]

原來畢婆伽羅王是隻獼猴，是屬山神部的，亦即是隸屬觀世音二十八部衆的一部。觀世音是「西方三聖」[65]之一，亦爲中國佛教「四大菩薩」[66]之一，地位極爲崇高，這當然連帶他的眷屬的地位也相應地崇高起來，重要起來了。唐時觀世音廣泛地受人信仰崇拜[67]，那末作爲他的眷屬之一的獼猴也自然普遍地受人崇拜了。這是可以推想而知的。究竟，爲甚麼獼猴會成爲觀世音的眷屬呢？大概其中一個理由是因爲人們認爲牠有佛性吧。

第二個事例是，在唐代，猿猴是作爲佛教密宗系統的護法神的，爲十二神將之一。《覺禪鈔》卷三《藥師法》說：

《大集經》二十四云：東方海中有瑠璃山，高二十由旬，中有虎、兎、龍。南方海中有頗梨山，高二十由旬，有蛇、馬、羊。西方海中有白銀山，高二十由旬，中有猴、鷄、犬。北方海中有黃金山，高六由旬，中有豬、鼠、牛。所住之窟，徑各有名。東方樹神，南方火神，西方風神，北方水神。……西：安陀羅者是傳送，卽申神、觀音。……或傳云：十二神將者，……十二時分形守護給云云。……申：安底羅大將，鈍徒魯徒魯，安陀羅……申位甲申將軍，猴頭人身，持刀，……[68]

本來只是野獸的猿猴，如今在密教的系統裏已躍升爲護法神，爲十二神將之一——那猴頭人身，持刀的申位安陀羅將軍就是，這當然是標誌着人們對牠高度尊敬和崇拜。同時，我們要注意的

---

62 大慈恩寺是玄奘曾經當過住持的寺院。唐貞觀十九年（六四五）玄奘西游取經返長安，帶回大小乘佛教經律論共六百五十七部。當時太宗住洛陽，玄奘東歸，即受召見，請其回住長安弘福寺，後又住大慈恩寺。玄奘的傳記名《大慈恩寺三藏法師傳》，可見其與大慈恩寺的密切關係。參任氏《宗教詞典》，頁三三一「玄奘」條。

63 見磯部彰作、趙博源譯〈元本《西游記》中孫行者的形成——從猴行者到孫行者〉一文，見趙景深主編《中國古典小說戲曲論集》（上海，上海古籍出版社，一九八五），頁三〇七，及頁三二二，注5。

64 轉引磯部彰文，頁三〇七。

65 「西方三聖」亦稱「阿彌陀三尊」，即：中爲阿彌陀佛，左脇侍爲觀世音菩薩，右脇侍爲大勢至菩薩。

66 「四大菩薩」爲：文殊師利、普賢、觀世音、地藏。大乘經典宣揚文殊師利的「大智」、普賢的「大行」、觀世音的「大悲」、地藏的「大願」，故被中國佛教徒總稱之爲「四大菩薩」。又《法華經》稱彌勒、文殊、觀音、普賢爲「四大菩薩」。

67 觀世音信仰興起於西晉（二六五—三一六），隨即得到社會廣大信徒的歡迎，進入隋唐及其以後，繼續發展，至今不衰。可參楊曾文〈觀世音信仰的傳入和流行〉一文，見《世界宗教研究》，前引，一九八五年，第三期（總第二一期），頁二一—三三。

68 轉引磯部彰文，頁三〇七—三〇八。又，《覺禪鈔》申將之繪像見中野美代子《孫悟空の誕生》（東京，玉川大學出版部，一九八五），頁七六。

是，這十二神將已同秦代以來流行的十二地支[69]相結合。這點說明這十二神將的信仰已深入民間。

另外一個事例是，猿猴是密教十五鬼神之一。在《童子經》（《覺禪鈔》卷三十二）中，以乾闥婆神王、不動尊爲中心，配置了十五鬼神，十五童子。這十五鬼神中，有一狀貌似猴子的鬼神，名叫「牟致迦」。據說，只要咒誦這些神名，童子就會安泰。《醍醐本圖像》也繪畫着猴子。又，在唐的邊境敦煌，也流行着《護諸童子曼荼羅》和《護諸童子護符》等，叫作「牟致迦」的猴子鬼神同樣可以被看到[70]。既然這猴子鬼神具有能使童子安泰的法力，信仰密教的人士對牠崇拜是很自然的事了。

這名叫「牟致迦」的猴子鬼神使我聯想起宋李昉（九七六—九八四年前後生存）編《太平廣記》裏唐李公佐撰的〈李湯〉一文[71]，裏面記載一名叫「無支祁」的狀如猿猴的水神或水怪。「牟致迦」與「無支祁」的讀音相當接近[72]，牠們可能是同一個東西，或同一個來源，或在某程度上有關係。〈李湯〉一文所描寫的無支祁是相當恐怖的：

> ……湯命漁人及能水者數十，獲其鏁，力莫能制。加以牛五十餘頭，鏁乃振動，稍稍就岸。時無風濤，驚浪翻湧，觀者大駭。鏁之末，見一獸，狀有如猿，白首長鬐，雪牙金爪，闖然上岸，高五丈許。蹲踞之狀若猿猴，但兩目不能開，兀若昏昧，目鼻水流如泉，涎沫腥穢，人不可近。久乃引頸伸欠，雙目忽開，光彩若電，顧視人馬，欲發狂怒。觀者奔走，獸亦徐徐引鏁，拽牛入水去，竟不復出。……[73]

據此文的作者說，這水神或水怪早見於《古岳瀆經》[74]。文說：

> ……得《古岳瀆經》第八卷，文字古奇，編次蠹毀，不能解。公佑與焦君共詳讀之：禹

理水，……乃獲淮渦水神，名「無支祁」。善應對言語，辨江淮之淺深，原隰之遠近。形若猿猴，縮鼻高額，青軀白首，金目雪牙，頸伸百尺，力踰九象，搏擊騰踔，疾奔輕利，倏忽聞視不可久。禹授之章律不能制，授之烏木由不能制，授之庚辰能制。鴟脾桓，木魅水靈，山袄石怪，奔號聚遶，以數千載。庚辰以戰逐去，頸鏁大索，鼻穿金鈴，

---

69 十二地支爲：子、丑、寅、卯、辰、巳、午、未、申、酉、戌、亥，亦稱「十二支」。相傳天皇氏創十天干（甲、乙、丙、丁、戊、己、庚、辛、壬、癸），十二地支（見劉恕《外紀》），黃帝時始以干支相配作甲子，如甲子、乙丑、甲戌、乙亥等。東漢以前，止以紀日，建武（二五—五六）後，始以紀年月日時。又可參24。

70 參磯部彰文，頁三二二—三二三，注7。

71 見《太平廣記》（《筆記小說大觀》，二十七編，第五册）卷四六七，總頁三五一五—三五一六。篇末注：「出《戎幕閑談》」。《戎幕閑談》作者爲李公佐。

72 「牟」與「無」音近，「致」與「支」音似，而「迦」與「伽」有時相通，如「迦藍」亦作「伽藍」（佛寺之義）。如「迦」可作「伽」的話，則與「祁」音相近。我相信「牟致迦」和「無支祁」都是音譯，甚有可能是同一字的音譯。唐李肇（約八〇六—八二〇年前後生存）《唐國史補》（毛晉編《津逮秘書》本）作「無支奇」，見卷上，葉一三下。

73 《太平廣記》（《筆記小說大觀》，二十七編，第五册），卷四六七，總頁三五一五。

74 《古岳瀆經》一書不見於書志、書錄一類書籍的記載，大抵爲李公佐故弄狡獪，目的爲使讀者相信他所說的都有根據。以前文人作文製篇，往往如是，不足怪。

徙淮陰之龜山之足下，俾淮水永安流注海也。……[75]

密教的十五鬼神之一的牟致迦雖然沒有〈李湯〉一文所載的無支祁那麼恐怖，但也並不可愛。據說牠是個猴子頭的女身鬼神[76]，這樣的半獸半人、不倫不類的怪物亦足以嚇人。或許是由於懼怕而生敬畏，由敬畏而導致崇祀，這樣，本來是鬼是怪的便變爲是神是佛了。實際上，鬼怪與神佛之差只是一線而已。祭祀之而能給人福祉或能免除禍害的鬼怪，在人心中自自然然地便變爲神佛了。中國民間很多神祇都是從鬼怪變化而來的[77]。

至於由於害怕猴妖猴怪而祭祀之，則多有記載，以後還要討論。

佛教中的猴神可能在唐代已與三藏法師玄奘發生關係。上文我們已指出過，慈恩寺裏繪畫着千手千眼觀音菩薩的畫像和他的二十八部衆構成的眷屬，其中包括着獮猿；而玄奘又曾經有一段時期入住慈恩寺，故此很有可能由玄奘聯想到觀音——玄奘往西天取經，途中困難重重，如果沒有像觀音的一位大慈大悲的菩薩去幫助他，爲他消災解難，他也許是無法成功的，又由觀音聯想到他的眷屬之一的獮猴——觀音是位大菩薩，他打救世人當然不需要事事親力親爲，他自然會遣派他的眷屬爲他做事，而獮猴是聰慧而敏捷的，遣派牠幫助玄奘到西天取經是最適合不過的事[78]。到西天取經在佛教史中是極爲偉大和影響深遠的事，如今認爲獮猴參與此事，這不是顯示着人們對牠的特別尊崇麼？

現時我們無法具體證實玄奘與獮猴的關係的傳說（或神話）在唐代是否眞實發生過，亦當然更無法肯定在當時的流行情況。（但這並不等於只是個空想或虛構，至多只能說是個推測而已。）不過，到了南宋已有文字清清楚楚地指出猴子助玄奘往西天取經的事了。張世南（約一二二五年前後生存）《游宦紀聞》記載了一個名叫張聖者的僧人的故事，說：

……時，里中有吳氏，建重光寺輪藏成，求讚於僧（按：指張聖者），援筆立就云：「無上雄文貝葉鮮，幾生三藏往西天。行行字字為珍寶，句句言言是福田。苦海波中猴行復，沈毛江上馬馳前。長沙過了金沙難，望岸還知到岸緣。夜叉歡喜隨心答，菩薩精虔合掌傳。半千六十餘函在，功德難量熟處圓。」筆力遒勁可愛。[79]

據日本學者磯部彰考證，成爲讚的題材的西天取經的故事，至遲在北宋末到南宋初便流行於福建省永福縣[80]，可見猴子助玄奘取經的神話很早已經流行，說不定如我們上文所推測早在唐代已經存在。

[75] 同⑬，總頁三五一六。

[76] 磯部彰說：「這十五鬼神都是禽獸頭的女身鬼神，使人想起同永福縣的猴王神以婦女的姿態成佛這件事的關係，很有趣味。」見磯部彰文，前引，頁三二三，注⑦。

[77] 例如瘟神的牛魔王，厲神的孤魂野鬼、厠神的紫姑、牛爺、馬爺、虎爺、瓦神……等等都是。

[78] 這一點磯部彰在其〈元本《西游記》中孫行者的形成……〉一文中已提到，他說：「這個千手觀音的二十八部衆承擔着像行者一樣的護法任務，因而可以設想出玄奘——觀音——大獼猴——護法神這樣的一連串形象來。」前引，頁三〇七。

[79] 《游宦紀聞》（北京，中華書局，一九八一），卷四，頁三一。

[80] 磯部彰文，前引，頁三〇九—三一一。

歌頌猴子助玄奘取經的文字在刊行於南宋末期的《大唐三藏取經詩話》[81]得到了高度的發揮，可謂達到前所未有的地步。在《詩話》三卷十七節裏只有三節沒有提及或直接提及猴子——即書中的猴行者[82]；而實際上用了頗大的篇幅去描繪猴行者。書中的第二節已安排猴行者登場，同時也道出了牠的特殊任務：

〔白衣〕秀才曰：「我不是別人，我是花果山紫雲洞八萬銅頭鐵額獼猴王。我今來助和尚取經。此去百萬程途，經過三十六國，多有禍難之處。」法師（按：指玄奘法師）應曰：「果行如此，三世有緣。東土衆生，獲大利益。」當便改呼為猴行者。[83]

此後，猴行者靠著自己「神通廣大」[84]，降伏妖魔，排除萬難，終於完成牠助玄奘取經的任務，結果，「東土衆生，獲大利益」。爲了表揚牠的功勞，「〔唐〕太宗後封猴行者爲銅筋鐵骨大聖」[85]。《詩話》的作者對猴行者可謂推崇備至，無以復加！事實上，《詩話》對猴行者的描寫較玄奘是過之而無不及的。無論如何，《詩話》的作者對猴行者是歌頌的。這是否基於對猿猴的崇拜心理？至低限度是由於對猿猴的熱愛吧。我相信由熱愛而產生崇拜也不是不可能的。

《詩話》第十一「入王母池之處」有一段頗爲有趣的描寫：

……法師曰：「願今日蟠桃結實，可偷三五個喫。」猴行者曰：「我因八百歲時，偷喫十顆，被王母提下，左肋判八百，右肋判三千鐵棒，配在花果山紫雲洞。至今肋下尚痛。我今定是不敢偷喫也。」法師曰：「此行者亦是大羅神仙。……」[86]

在這段引文裏我們注意到兩個名詞，一是「王母」，一是「大羅神仙」。王母即是西王母，亦稱「金母」、「王母娘娘」或「西姥」，本是中國古代神話中的女神[87]，大概唐代以後她便成爲道教中的掌管女仙名籍的神仙領袖[88]。大羅神仙是指大羅天的神仙。大羅天是道教所稱三十

81 《大唐三藏取經詩話》原本，中國已失傳，後在日本發現，共分上中下三卷，但缺卷上第一葉及卷中第二、三葉。卷末有「中瓦子張家印」一行，據近人王國維考證，這是南宋臨安書鋪的牌號，因此定爲宋朝說話人的一種話本。這本詩話，顧名思義，是講說唐僧取經的故事，同時是關於這個故事的最早的一個雛形。後來明代的吳承恩便根據這個傳說寫成了著名的《西游記》。參《大唐三藏取經詩話》（上海，中國古典文學出版社，一九五五），「出版者說明」。

82 此三節爲：「入鬼子母國處第九」、「入沉香國處第十二」，「入波羅國處第十三」。

83 《大唐三藏取經詩話》，前引，頁二。

84 「神通廣大」四字是唐三藏用來形容猴行者的，見《大唐三藏取經詩話》，前引，「入王母池之處第十一」，頁二五。

85 見《大唐三藏取經詩話》，前引，「到陝西王長者妻殺兒處第十七」，頁四一。

86 同上，頁二四。

87 「西王母」一名最初見於《山海經》（大抵爲戰國至漢初時楚人所作）。其《西山經》說：「玉山，是西王母所居也。西王母其狀如人，豹尾虎齒而善嘯，蓬髮戴勝，是司天之厲及五殘。」見今人袁珂《山海經校釋》（上海，上海古籍出版社，一九八五），頁三一。同書《海內北經》及《大荒西經》亦提到她。今人宗力、劉群合編的《中國民間諸神》一書（河北，河北人民出版社，一九八七）便輯錄古今提及西王母的資料二十五條，見該書，頁四二九－四四〇。

88 唐末五代道士杜光庭（八五〇－九三三）編《墉城集仙錄》「金母元君」一節說：「金母元君者，……一號曰西王母。……體柔順之本，爲極陰之元，位配西方，母養群品，天上天下，三界十方，女子之登仙得道者，咸所隸焉。」見《正統道藏》（臺北，新文豐出版公司，一九七七），第三〇冊，卷一，葉九上－下（總頁〇四六五）。

六天中的最高一重天[89]。故此大羅神仙即道教的最高一重天的神仙。地位是相當崇高的。那麼，根據《詩話》猴行者「亦是」道教中的一位地位崇高的神仙，且和道教中女神仙的領袖西王母有過交涉。這是否爲我們透露了一點消息：至遲在南宋時期猴子在道教中已成爲被尊崇拜祀的對象。引文中的「亦是」兩字是值得我們注意的。這大概是指猴行者不獨是佛教中的神，也同時是道教中的仙，在佛道兩教裏牠都是有相當地位的。在宋代最爲流行和深入民間的宗教就是佛教和道教，既然猴子在佛道兩教都有崇高地位，人們對牠的崇祀應該是很普遍的了。

但，實際的情況又如何呢？首先，根據現代學者 G. ECKE 和 P. DEMIÉVILLE 的研究，建造於南宋末期在福建省的泉州開元寺內的西塔——仁壽塔是刻有類似唐三藏、東海火龍太子和猴行者等的雕像的[90]。這應該是崇拜猿猴的一種表示。《閩書》卷三十三有這樣的一段記載：

〔泉州〕城中舊有十寺，今存二寺，曰開元，曰承天，而開元久且著，始於唐垂拱云。州人有黃守恭，長者也，居州西之城外，晝夢有僧欲化其宅為寺。守恭曰：「待桑樹生蓮花，乃可爾。」忽見千手千眼菩薩騰空而上。不數日，桑樹盡生蓮花。守恭卽舍為寺，今開元寺是也。寺中有石塔雙起，……至宋時並改為石矣。鎮國塔高百九十三尺，仁壽高減尺五寸，皆雕鏤祇園鹿苑故事，極為精妙。……[91]

引文中的千手千眼菩薩即千手千眼觀世音菩薩。因爲觀世音菩薩的顯靈，以致桑樹盡生蓮花，黃守恭即舍爲寺，而開元寺始能建立，可見觀世音菩薩對開元寺的建立是具有決定性作用的。說不定因爲這個原故或其中的一個原故，人們便在寺的西塔內刻上猴行者的雕像。（上文我們不是指出過猿猴是觀世音菩薩的二十八部衆構成的眷屬之一嗎？）因爲崇拜觀世音而崇拜猿猴是頗爲自然的事，正如因爲崇拜玄武（即眞武）而崇拜龜蛇一樣92。

猿猴與佛教的關係在南宋普遍地爲人所提及，如劉克莊（一一八七—一二六九）就有一首

---

89 參今人李叔還編《道教大辭典》（臺北，巨流圖書公司，一九七九），頁二一三「大羅天」條；又任氏《宗教詞典》，頁五三「大羅天」條。

90 參磯部彰文，頁三一一，及頁三二三，注10。開元寺之西塔、東海火龍太子及猴行者的雕像圖片見太田辰夫《西游記の研究》（東京，研文出版，一九八四），頁五九。於此，順帶一提的是，磯部彰認爲在《大唐三藏取經詩話》的故事流行之時——即南宋時期，印度的《拉麻雅那》（Rāmāyana；有譯爲《羅摩衍那》者）的故事可能傳到了福建省的泉州，而這個地方的猴行者在形象化的過程中受到了哈努曼（Hanumān）猿將的影響也未可知。見磯部彰文，頁三二四，注15。實際上，哈努曼影響猴行者的形成這個見解在本世紀初期胡適（一八九一—一九六二）等人已經提出，胡適的《〈西遊記〉考證》一文就涉及到。（見《胡適文存》〔臺北，遠流出版公司，一九八六〕第二集，第四卷，頁三九—八四）。此外，如陳寅恪、吳曉鈴、季羡林、糜文開等學者都對這問題提出他們的看法，參陳氏〈《西游記》玄奘弟子故事之演變〉、吳氏〈《西游記》和《羅摩延書》〉、季氏〈《西游記》裏面的印度成分〉、糜氏〈中印文學關係舉例〉等文，見郁龍余編《中印文學關係源流》（香港，中華書局，一九八七），頁六三—六八，一三四—一四八，二三九—二七〇。不過，我相信就算「哈努曼是猴行者的根本」（如胡適所說），牠對中國的猿猴崇拜也沒有起過甚麼顯著的作用，至少沒有因爲哈努曼故事的傳入而引致中國人對猿猴產生崇拜，因爲猿猴崇拜在殷商時代已經開始，而到了唐宋已普遍地流行了。

91 轉引磯部彰文，頁三二三—三二四，註10。

92 參拙文《玄帝考》，見拙著《道教研究論文集》（香港，香港中文大學出版社，一九八八），頁一二一—一五六。

詩提到這一點：

> 一筆受楞嚴義，三書贈大顛衣，取經煩猴行者，吟詩輸鶴阿師。[93]

所謂「取經煩猴行者」就是指猴行者助玄奘往西天取經的事。又如白話短篇小說《陳巡檢梅嶺失妻記》更提到白猿精聽佛經的故事：

> 長老曰：「官人聽稟，此怪是白猿精，千年成器，變化難測。……此人號曰申陽公，常到寺中，聽說禪機，講其佛法。……」……申陽公告長老曰：「小聖無能斷除愛慾，只為色心，迷戀本性，誰能虎項解金鈴？」長老答曰：「尊聖要解虎項金鈴，可解色心本性。色即是空，空即是色，一塵不染，萬法皆明。……」[94]

小說中又有一段提到白猿精和紫陽眞君的關係，說：

> 如春道：「……申公妖法廣大，神通莫測。……我聞申公平日只怕紫陽真君，與官人降仙筆詩亦同。……」……真君乃于香案前，口中不知說了幾句言語，只見就方丈裏起一陣風。……那風過處，只見兩個紅忔兜巾天將出現，甚是勇猛。……紫陽真君曰：「快與我去申陽洞中擒拿齊天大聖前來，不可有失！」兩員天將去不多時，將申公一條鐵索鎖着，押到真君面前。申公跪下。紫陽真君判斷，喝令天將將申公押入酆都天牢問罪；……[95]

紫陽眞君即是張伯端（九八四—一〇八二），北宋道士，爲道教南宗或稱爲金丹教的祖師[96]。小說所寫的事情發生於宋徽宗宣和年間（一一一九—一一二五），距伯端之死已三、四十年，自然與伯端絕無關係，但既然是文學創作，我們自不能苛求怪責。然而，問題是：爲甚麼將白猿精和張伯端拉上關係呢？我相信大概有兩個原因。一是南宋時——即《失妻記》寫成之時，金丹教極爲流行，《失妻記》的作者受其影響，故拉出了張伯端這個金丹教祖師去收服白猿精，顯示一下金丹教的法力；一是特意寫成張伯端收服白猿精，目的是要使白猿精與道教拉上關係，成爲與道教有關的人物。我總覺得，《失妻記》的作者是有心把白猿精寫成與佛教和道教都有關係的。既然牠和佛道兩教都有關係了，兩教的信徒不約而同地崇祀牠便不足爲奇了。

南宋以後，不少文學作品當它們寫猿猴時都頗愛寫它與佛教或道教或甚至同時與佛道二教有點關係。我們姑且舉幾個較顯著的例子來看看。首先是元代楊景賢（十三世紀末至十四世紀初期人）的《西游記》雜劇。內容是寫通天大聖孫悟空（猴精）與豬八戒（豬精）、沙和尚（河怪）三人護送唐三藏往西天取佛經的故事，很顯明是從《大唐三藏取經詩話》演變發展而

---

93 見《後村先生大全集》（賜硯堂版），卷四三，「釋老六言十首」之四，葉一八下。劉克莊亦有另外一首詩提到猴行者：「背傴水牛泗磵，鬢白冰蠶吐絲，貌醜似猴行者，詩瘦於鶴何師。」（「攬鏡六言三首」之一），同書，卷二四，葉二上。

94 見明洪楩編，譚正璧校注《清平山堂話本》（上海，古典文學出版社，一九五七），頁一三〇—一三一。

95 同上，頁一三二—一三四。

96 張伯端生平事蹟可參考元趙道一（十三世紀時人）《歷世眞仙體道通鑑》（《正統道藏》本，第八冊），卷四九，葉七下—一一上（總頁〇七四〇—〇七四二）；宋陳葆光（十二世紀時人）《三洞羣仙錄》（《正統道藏》本，第五四冊），卷二，葉九下—一〇上（總頁〇三八四）；明洪應明（約一五九六年前後生存）《消搖墟經》（《正統道藏》本，第五九冊），卷二，葉三三上—三四上（總頁〇一一〇—〇一一一）。有關張伯端的研究，可參柳存仁教授《張伯端與悟眞篇》，收入《吉岡義豐博士還曆記念道教研究論集》（東京，一九七八），頁七九一—八〇四。

來的。裏面有頗大的篇幅描寫孫悟空的行事，從牠因犯了天條（偷取王母仙桃百顆，仙衣一套，銀絲長春帽一頂[97]）而被觀音壓在花果山下，後遇唐三藏，拜爲弟子，一路護送唐三藏往西天取經，到最後抵達佛國——天竺國爲止，絕大部分時間都是以唐三藏的護法出現。在故事裏牠對自己是個佛門弟子感到十分驕傲，牠不止一次地傲稱自己是「大唐三藏國師弟子」[98]，結果最後得成正果。佛云：

> ……孫、豬、沙弟子三箇，乃非人類，不可再回東土，先著三箇正果。[99]

給孤長者也說：

> 孫悟空、豬八戒、沙和尚，佛勅恁在此成正果。[100]

所謂「先」是指先於唐三藏，「此」是指天竺國，因爲唐三藏「到于東土，開闡戒壇，大興妙法，後回西天，始成正果」[101]，而孫悟空三人則到達天竺國後即成正果，時間上是先於唐三藏的。孫悟空消失於舞臺之前所說的幾句話是值得注意的：

> 弟子功行也到。今日辭了師父圓寂。花果山中千萬春，西天路上受艱辛，今朝收拾平生事，來作龍華會上人。[102]

這幾句話正好說明了牠在凡間的任務就是護送唐三藏往西天取經，一旦任務完成了——所謂「功行也到」，牠便可以功成身退，「辭了師父圓寂」去了。「圓寂」的意思是指死亡——佛教對於僧尼死亡的一種美稱。由此可見，孫悟空對佛教是作出過鉅大貢獻的，或者，我們更可以說牠的生命——在凡間的生命是全部貢獻給佛教的。以這樣的一個大生命還不值得我們崇拜嗎？試想，如果沒有牠的幫助，唐三藏能克服萬難達成取經的壯舉嗎？《西游記》的作者楊景賢不是在雜劇裏大力歌頌着孫悟空嗎？

第二個例子是元末明初無名氏撰的《龍濟山野猿聽經》雜劇。這是寫野猿聽經，終而修行成正果的故事。野猿先化做一個樵夫，造訪龍濟山的修公禪師；其後以眞形潛到禪堂窺看佛經；最後以一個讀書人的身份到寺門求教於修公禪師，結果決意在寺修行，終成正果。正末袁遜說：

……小生實非人類，乃此山中得道老猿，未經聖僧羅漢點化，不得超升。初則變化儒樵，蒙師教誨，已識禪真半面。次則真形入師禪堂，授我經典，衣我袈裟，蒙師待以不死。今日座下，又蒙真詮數語，點化獸心。其實的參透得淨也。[103]

這野猿「雖是個猿精，卻有如來覺性」[104]，故此在龍濟山中「千百餘年，常只聞經聽法，推悟

[97] 見《西游記》雜劇（收入隋樹森編《元曲選外編》，第二冊，北京，中華書局，一九六一），第九齣，「神佛降孫」，頁六五四。

[98] 如在第十一齣「行者除妖」說：「我不是別人，大唐國師三藏弟子。」頁六六〇；在第十四齣「海棠傳耗」說：「我非神，我乃是大唐三藏國師上足徒弟，孫悟空是也。」頁六六九；在第十八齣「迷路問仙」說：「我乃大唐三藏國師弟子，通天大聖孫行者。」頁六八一。

[99] 見第二十二齣「參佛取經」，頁六九〇。

[100] 同上，頁六九一。

[101] 此乃佛所言，同[99]。

[102] 同[100]。

[103] 見《龍濟山野猿聽經》雜劇（簡名《猿聽經》，收入隋氏編《元曲選外編》，前引，第三冊），第四折，頁九五八—九五九。

[104] 此乃山神之言。見第二折，頁九五四。

玄宗」[105]。且看牠在禪堂窺看佛經的歡悅心情：

> 【牧羊關】我將這經文從頭念，袈裟身上穿，把旛旙傘蓋拿着，飲了些膽瓶中淨水馨香，嗅了些瓦鼎內沉檀縹緲。我這裏上側畔蒲團倒，近經案吹笙簫，我這裏轉身跳躍覷覷了。〔云〕此一會料想無人來至，窺如來經典，穿佛祖袈裟，非小可。故經云，着衣聽法，獲福無量，必生忉利天宮。[106]

牠在禪堂所做的一切都與佛教有關，這正是牠本有佛性的自然流露。我相信雜劇的作者是特意去指出這一點的。到了牠化爲儒生問道於修公禪師時，牠這一點原有的佛性就變爲追求佛法的無限熱誠了。看牠向修公禪師發問了一連串與佛法有關的問題可知：

> 敢問我師，如何是妙法？……如何是如來法？……如何是祖師法？……如何是道中人？……如何是正法。[107]

經過修公禪師點化後，野猿「了然大悟，就于……寺中坐化，正果歸空」[108]。

野猿由本有佛性而「聞經聽法」，而「問道參禪」，而「堅心修行」，終而「正果歸空」[109]，全部生命都是佛性的表現，佛法的追求，這是否告訴我們雜劇的作者有意大力表揚猿猴的異於其他禽獸的特殊本性，或與人類相同的本性？又是否暗示着此劇作者對猿猴特別尊崇、特別歌頌？若然，這是否可視爲對猿猴崇拜的表示？

第三個例子是明代的雜劇《時眞人四聖鎖白猿》（撰者闕名）。內容是說白猿精煙霞大聖化作一男子騙取他人之妻而終爲時眞人命馬、趙、溫、關四神將所擒拿押入酆都受罪的故事。這雜劇雖主要寫白猿精的卑鄙行爲，然我們要注意的卻是時眞人的介入。時眞人是個道士，「曾參五祖七眞之教」[110]，而且有極大的法力，能「率領雷部下神將，佈下天羅地網」[111]。在時眞人的面前，就算那「有昇天入地之神通，呼風喚雨之法力，三千鬼力，驅吾部下，百萬妖魔，皆吾管領」⑫的煙霞大聖都要貼貼服服的投降。我們或許會問：爲甚麼劇作者要寫一個道士而不是一個僧人去收服白猿精呢？這是否他崇道的表示呢？我認爲這是很有可能的。但，除此之外，似乎還蘊含着另外一個意義：把白猿精納入道教的範圍，成爲道教中的神靈。白猿精既有「昇天入地」、「呼風喚雨」之法力，自然是民間一個被崇拜的對象，但如今已因敗在時眞人的手上，成爲道教所統轄的一份子了，崇拜牠就是崇拜道教的神靈。

第四個例子是《二郎神鎖齊天大聖》雜劇，亦是撰於明代，撰者佚名。內容十分簡單，是描述二郎神統領十萬天兵擒拏盜了金丹仙酒的猿精齊天大聖故事。二郎神是道教的神，看他的自我介紹可知：

---

⑩⑤ 此是野猿精自言。見第二折，頁九五二。

⑩⑥ 見第二折，頁九五三。

⑩⑦ 見第四折，頁九五八。

⑩⑧ 此乃聖僧羅漢描述野猿精之言。見第四折，頁九五九。

⑩⑨ 「聞經聽法」見第二折，頁九五二；「問道參禪」見第三折，頁九五五；「堅心修行」見第三折，頁九五六；「正果歸空」，見第四折，頁九五九。

⑪⓪ 見《時眞人四聖鎖白猿》（收入《孤本元明雜劇》，第四冊，北京，中國戲劇出版社，一九五八），楔子，葉一上。

⑪① 同上，第三折，葉一一下。

⑪② 同上，第二折，葉七下。

> 吾神乃二郎真君是也。俗姓趙名煜，幼從道士李班，隱於青城山。至隋煬帝，知吾神大賢，封為嘉州太守。郡左有冷源二河，內有健蛟，春夏為害，吾神持刃入水，斬蛟而出。後棄官學道，白日衝昇，加吾神「清源妙道真君。」[113]

原來他本爲青城山的道士，後來得道，「白日衝昇」，便成爲道教中的一位神了。

齊天大聖也不是個等閒之輩，牠誇耀自己說：

> 廣大神通變化，騰雲駕霧飛霞，三天神鬼盡皆誇，顯耀千般嗯咤，不怕天兵神將，被吾活捉活拏。金精燜爍怒增加，三界神祇懼怕。吾神乃齊天大聖是也。我與天地同生，日月並長，神通廣大，變化多般。……衣飄慘霧，袖拂狂風，輕舒猿臂起春雷，舉步頻那轟霹靂。天下神鬼盡歸降，蓋世邪魔聞吾怕。……[114]

可是終於爲二郎神所打敗，活捉活拏。且看牠的收場：

> 〔驅邪院主云〕天丁神將，拏下齊天大聖衆多妖魔。你聽者……犯天條齊天大聖，偷仙酒罪犯非輕，盜靈丹合當斬首，罰陰司不得超昇。尊上帝好生之德，再休題妄想貪嗔，從今後改惡向善，朝上帝禮拜三清。……[115]

要齊天大聖「從今後改惡向善，朝上帝禮拜三清」就是說要牠從此修德學道，朝拜道教的尊神。所謂「三清」是指道教中的三尊神，即居於三清天、三清境的三位專神：居於清微天玉清境的元始天尊（亦稱天寶君），居於禹余天上清境的靈寶天尊（亦稱太上道君），居於大赤天太清境的道德天尊（亦稱太上老君）。此三神主三天三仙境，爲三洞（即洞眞、洞玄、洞神）教主[116]。

這樣看來，《齊天大聖》一劇的作者，正如《鎖白猿》的作者一般，是企圖要把這猿精—

齊天大聖收納在道教的神靈範圍中，使牠成爲道教的一份子。在某個程度或角度來說，這是可以視爲對猿猴的崇拜的。

第五個例子是明代李昌祺（一三七六—一四五二）《剪燈餘話》裏的《聽經猿記》。這個短篇小說與《龍濟山野猿聽經》雜劇同一題材，都是寫老猿精聽修公禪師誦經，向禪師問道參禪，終而大悟坐化事。老猿精化爲秀才後，謁見禪師，曾呈禪師一書，其中有兩句至值得我們注意：

> 無家可返，有佛堪依。⑪⑦

表面的意思非常明顯，無用解說，但我認爲其中蘊含着一個比較深層的意思：苟能皈依佛教，便是有家可返了。換言之，即是說以佛教爲家，成爲佛門弟子。這是老猿精的深切渴望，亦是牠的與生俱來的佛性的最着實的呈現。結果，在聽了修公禪師的佛偈⑪⑧後，大覺大悟，當下即作二偈回答修公禪師，其一如下：

---

⑪③ 見《二郎神鎖齊天大聖》（收入《孤本元明雜劇》，第四册，前引），頭折，葉二上。
⑪④ 同上，葉一上。
⑪⑤ 同上，第四折，葉一二下—一三上。
⑪⑥ 參任氏《宗教詞典》，頁六九，「三清」條；又李氏《道教大辭典》，頁一五，「三清」條。「三洞」一詞，可參李氏《道教大辭典》，頁一二—一三，「三洞」條。
⑪⑦ 見《剪燈餘話》（上海，古典文學出版社，一九五七），卷一，頁一四一。
⑪⑧ 偈曰：「萬法千門總是空，莫思嘯月更吟風，這遭打個翻筋斗，跳入毗盧覺海中。」同上，頁一四三。

> 泉石烟霞水木中，皮毛雖異性靈同；勞師為説無生偈，悟到無生始是空。[119]

偈中所說的「性靈同」自然是指與人類一樣同具佛性；「悟到無生始是空」大概是指覺悟到色即是空吧，這是大徹大悟的最高境界。猿猴具有佛性，而且能夠達到佛教中人生修煉的最高境界，怎會不值得我們尊敬崇拜呢？

這篇短篇小說結得很妙，云：

> ……至宋南渡末，有民家婦，懷姙將產，夢猿入室，而誕一男，貌與猿肖。及長，不樂婚娶，堅求出家，父母從之，送入龍濟為僧，名宗鍪。其後道行高重，虎侍猿隨，變幻神奇，不可勝述，世稱為肉身菩薩。果能重修梵宇，大轉法輪，如吉之螺山接待庵、永寧橋，皆其所建。號支云，叢林稱為支云鍪禪公。有語錄十卷，文集四卷，其《蛇穢說》，尤行四方。迨今龍濟奉為重開山祖師。……[120]

這裏指出「世稱爲肉身菩薩」、龍濟重開山祖師的支云鍪禪公本是猿猴託世，那麼，支云鍪禪公爲世所重，難道他的生命的根源——猿猴就不應該值得世人尊崇嗎？作者特別以宗鍪一段作結，看來是有意表揚猿猴的「功勞」的。

第六個例子是明代凌濛初（一五八〇——一六四四）《拍案驚奇》卷二十四的《會骸山大士誅邪》。故事說老猴精化爲一老道人用妖法奪取美女夜珠而終爲觀世音菩薩所誅事。故事裏夜珠與其父親的一段對話很能見出故事內容的大要：

> 夜珠道：「……虧我只是要死要活，那老妖只去與別個淫媾了，不十分來纏我，幸得全身。今日見我到底不肯，方才用強，叫幾個猴形人拿住手腳，兩三個婦女來脫小衣。正要奸淫，兒曉得此番定是難免，心下發極，大叫『靈感觀世音』起來，只聽得一陣風過

> 處，天昏地黑，鬼哭神嚎，眼前伸手不見五指，一時暈倒了。直到有許多人進洞相救，才醒轉來，看見猴形人個個被殺了，老妖不見了，正不知是個甚麼緣故。」大姓（指仇氏，夜珠父）道：「自你去後，爹媽只是拜禱觀世音，日夜不休。人多見我虔誠，十分憐憫，替我體訪，卻再無消耗。誰想今日果是觀世音顯靈，誅了妖邪！前日這老道，便來求親時，我們只怪他不揣，豈知是個妖魔！今日也現世報了。……」[121]

我舉這個例子並不是要指出猿猴之所以值得崇拜之處，（用妖法搶奪婦女，奸淫婦女還值得崇拜嗎？）而只是想指出文字裏的猿猴往往與佛教和道教扯上關係。在這篇小說裏老猿精與佛教的關係是牠終爲觀世音菩薩所誅；而與道教的關係卻是牠化作老道人用妖法奪取夜珠。於此，產生一個頗爲有趣的問題：作者凌濛初爲甚麼寫老猴精化爲老道人奪人婦女而終爲觀世音所誅呢？這是否隱含著他對佛教褒揚而對道教貶斥之意呢？

最後的一個例子是明代吳承恩（約一五〇六——一五八二）撰的《西游記》。這本小說我們都很熟悉，而且對其中主要人物的性格與行爲也多能道之。這裏我們只略談猴王孫悟空與佛教的關係。故事開始不久（第一回）已寫猴王拜須菩提祖師爲師學道，且得祖師賜「孫悟空」的名字。後來因爲大鬧天宮而爲如來佛祖所收服，被壓在五行山下。再後得觀世音菩薩安排，爲唐三藏所救，成爲三藏的弟子，護送三藏往西天取經。且看猴王遇三藏時，如何對三藏說：

> 我是五百年前大鬧天宮的齊天大聖；只因犯了誑上之罪，被佛祖壓於此處。前者有個觀

---

119 同上，頁一四四。

120 同上。

121 《拍案驚奇》（上海，上海古籍出版社，一九八二），卷二四，頁四二九。

音菩薩，領佛旨意，上東土尋取經人。我教他救我一救，他勸我再莫行兇，歸依佛法，盡慇懃保護取經人，往西方拜佛，功成後自有好處。故此晝夜提心，晨昏吊膽，只等師父來救我脫身。我願保你取經，與你做個徒弟。⑫

結果猴王履行諾言，完成使命。因為牠護送三藏到西天取經有功，終於成佛。如來佛祖說：

孫悟空，汝因大鬧天宮，吾以甚深法力，壓在五行山下，幸天災滿足，歸於釋教；且喜汝隱惡揚善，在途中煉魔降怪有功，全終全始，加陞大職正果，汝為「鬥戰勝佛」。⑬

由上所述，可見猴王與佛教的關係是如何的密切了。本來只是一隻猿猴，經過長期修煉後，終於得成正果，成為佛了。

小說裏的猴王是被寫成忠義兼備、智勇雙全和神通廣大的，最後更被寫成得如來佛祖封為「鬥戰勝佛」。如果說這仍不是作者有意或無意地表露出他對猿猴有一定程度上的崇拜，似乎是說不通吧。同時，我很相信因為《西游記》這本小說的流行和美猴王這個故事人物的成功塑造，人們對猿猴崇拜的熱情是大大增加的。換言之，《西游記》中美猴王的形象的深入民間是對人們的猿猴崇拜的推動產生很大的作用的。明清以後民間流行着猿猴崇拜可證明這一點。(容稍後再談)。

猴王在小說裏名叫「悟空」⑭，我認為亦是崇拜或至少尊敬猿猴的表示。根據宋釋贊寧(九一八—九九九)撰《宋高僧傳》唐時有一高僧名「悟空」(七二八—七九五？)，他是從唐玄宗到德宗時期的一位高僧，曾往西天取經，也曾招請當地博學名僧翻譯經書，更把這些譯本帶回唐土⑮。他對佛教的貢獻是不容忽視的，是個值得尊敬的佛教人物。如今猴王亦名「悟空」，這是不是存有要我們如尊敬釋悟空一般尊敬牠的意思呢？為甚麼猴王孫悟空值得我們尊敬呢？或說得正確點，為甚麼牠值得我們像尊敬釋悟空一樣地尊敬呢？這是因為牠曾參加過取經的工作——護送唐三藏往西天取經，情況與釋悟空有相似的地方。

自然，法名「悟空」本身也值得尊敬的。《西游記》第一回這樣寫着：

祖師道：「我門中有十二個字，分派起名，到你乃第十輩之小徒矣。」猴王道：「那十二個字？」祖師道：「乃廣、大、智、慧、真、如、性、海、穎、悟、圓、覺十二字。排到你，正當『悟』字。與你起個法名叫做『孫悟空』，好麼？」猴王笑道：「好！好！好！自今就叫做『孫悟空』也！」[126]

---

122 《西遊記》（香港，中華書局香港分局，一九八六），上冊，第十四回，「心猿歸正，六賊無踪」，頁一五四。

123 同上，下冊，第一百回，「徑回東土，五聖成眞」，頁一一三〇。

124 「空」是梵文Śūnya的意譯，音譯「舜若」。佛教名詞。指事物之虛幻不實，或指理體之空寂明淨。謂世界一切現象皆是因緣所生，剎那生滅，沒有質的規定性和獨立實體，假而不實，故謂之「空」。「悟空」者卽覺悟「空」的道理。佛教喜歡配以「空」字作名詞，如「空門」、「空門子」、「空宗」（卽「大乘空宗」的簡稱）等等。

125 見《宋高僧傳》（《四庫全書》本）「唐上都章敬寺悟空傳」，卷三，葉一二下—一四上。王圻《稗史彙編》（前引），卷一五七有以下一條：「僧悟空在江外見一猿坐樹杪，弋人伺其便，射之，正中母腹。母呼其雄至，付子已，哀鳴數聲，乃拔箭墮地而死。射者折矢棄弓，誓不復射。」葉三一上（總頁四五二四）。未知此僧悟空是否就是我們要說的唐代的僧悟空？

126 《西遊記》，前引，上冊，第一回，「靈根育孕源流出，心性修持大道生」，頁一一—一二。

可見起名「悟空」不是隨便的，而是根據規則的，其中有着嚴肅的意義。

以猴王爲主角之一的《西游記》自明清以來極爲流行，成爲社會各階層人士所喜愛的讀物；同時，對它的思想主旨也進行多方面的探討。有一派學者認爲它是證道之書，或證聖賢儒者之道，或證仙道，或證佛道，主旨不外說教、談道、講禪[127]，讀之，「可以作人，可以作佛，可以作仙」[128]。更有認爲它是修煉之書，所說的是性命雙修之事[129]。總之，他們認爲《西游記》是本哲理小說。明代討論《西游記》的文學還不算多，但到了清代卻如雨後春筍，比較重要的有悟一子陳士斌（約一六九二年前後生存）的《西游眞詮》、張書紳（約一七三六年前後生存）的《新說西游記》、張含章（約一八二一年前後生存）的《通易西游正旨》、汪象旭（約一六四四年後生存）的《西游證道奇書》、悟元子劉一明（約一七九六年前後生存）的《西游原旨》和含晶子（約一八九一年前後生存）的《西游記評注》。它們都強調《西游記》的哲理主旨：說教、談道，或講禪，或甚至三者兼而有之。

《西游記》在這些學者的眼中既然是如此的一本富於人生哲理的小說，那麼，作爲小說的主角之一的猴王孫悟空在這方面扮演着甚麼角色呢？如果說唐三藏的取經過程象徵着證道（無論是儒道，佛道或仙道）過程的話，孫悟空就是幫助——不可或缺的幫助唐三藏證道的人，或可說爲護法。牠的作用是鉅大的，功勞是至偉的。以一隻猴子的身份而對證道有如此的重要性，牠當然值得人們重視、尊敬甚至崇拜了。

實際上，小說中孫悟空本身的尋道、修道、悟道、得道的過程——即由跟隨須菩提祖師學道，經過護送唐三藏到西天取經的漫長而艱苦的旅程，到終於抵達西天取得佛經而被如來佛祖封爲「鬥戰勝佛」的全部過程也可視爲證道的過程。在這個過程中和從孫悟空的身上，我們得以領悟到很多人生哲理及人和天的微妙關係。孫悟空給讀者的印象是非常深刻的，對讀者的影響是十分鉅大的。因此，明清以來研究《西游記》的學者都愛指出孫悟空的異乎尋常的地方。如明謝肇淛《五雜俎》說：

> 《西游記》曼衍虛誕，而其縱橫變化，以猿為心之神，……，其始之放縱，上天下地，莫能禁制，而歸于緊箍一咒，能使心猿馴伏，至死靡他，蓋亦求放心之喻，非浪作也。
>
> ……[130]

又如清張書紳〈新說西游記・總批〉說：

---

127 清劉廷璣（約一六七六年前後生存）《在園雜志》卷二指出《西游記》爲「證道之書」。張書紳（約一七三六年前後生存）〈新說西游記・總批〉認爲它「原是證聖賢儒者之道。至謂證仙佛之道，則誤矣」。他在〈新說西游記・自序〉亦認爲「或以爲講禪，或以爲談道，……究非《西游》之正旨」。以上數說轉引朱一玄、劉毓忱編《〈西游記〉資料滙編》（河南，中州書畫社，一九八三），分別見頁二一八、二二三、二二一。

128 此爲清梁聯第（約一七九八年前後生存）之言，原見〈栖雲山悟元道人西游原旨・敍〉，轉引《〈西游記〉資料滙編》，前引，頁二五五。

129 清劉一明（約一七九六年前後生存）便持此論。他在〈西游原旨・序〉說：「《西游記》者，……其書闡三教一家之理，傳性命雙修之道。……悟之者在儒即可成聖，在釋即可成佛，在道即可成仙。」同上，頁二四四。同時期的楊春和（約一七九九年前後生存）亦採取這個說法，他在〈悟元子西游原旨・序〉說：「……始知《西游記》爲修煉性命之書矣。」同上，頁二五六。

130 同上，頁二一三—二一四。

一部《西游記》，若說是文章，人必不信。再說是經書《大學》文章，人更不信。惟其不信，方見此書之奇。……《大學》原是大人之學，故云齊天大聖。看他處處抱定，回回提出，實亦文章顧母之法。131

又如清張含章〈西游正旨・後跋〉說：

何以以金丹作脈絡？原大道至尊，待人而行。茍非有超凡脫俗之志，豈能擅窺其堂奧？而希立體清虛？故必如悟空之越衆勇往，位證侯王，卽孟子人皆可以為堯舜之義也。及其尋師訪道，聞法歸來，止由自家水簾洞裏，竟造龍宮，取出金箍棒，打上森羅殿，扯碎生死簿，則修持之功了手矣。齊天大聖者，言天亦同此道，非有異也。其鬧天宮，乃贊乾元先天而天弗違之義。乾元卽道，道卽乾元，亦非二也。開首七回，于悟空一人身上，明金丹至秘，非師莫度之旨。……猴王初學道，是孝子指師；……孝子者，百行之先，仙佛之根也。學道務先敦倫。其以瑜伽之教作無為妙相者，因乾元渾漠無朕，必于坤現。故以悟空必須佛降為首，九九功完，念念皆佛為終。……132

又如清劉一明〈西游原旨・序〉說：

《西游》卽孔子窮理盡性至命之學。猴王西牛賀洲學道，窮理也；悟徹菩提妙理，窮理也。斷魔歸來，盡性也。取金箍棒，全身披掛，銷生死簿，作齊天大聖，入八卦爐鍛鍊，至命也。……133

又說：

《西游》有不同而大同者。如《西游記》本為唐僧西天取經而名之，何以將悟空公案，著之于前乎？殊不知悟空生身于東勝神洲，如唐僧生身于東土大唐；悟空學道于西牛賀洲，如唐僧取經于西天雷音；悟空明大道而回山，如唐僧得真經而回國；悟空出爐後而入于佛掌，如唐僧傳經後而歸于西天。事不同而理同，總一西游也。134

又如清含晶子〈西游記評注・自序〉說：

其言孫行者曰名悟空者，悟得此空，方是真空。……135

就以上所舉的評論我們可以看出明清兩代的學者對孫悟空實在是另眼相看的；牠在小說裏具有一個特殊地位和特別意義也是他們所公認的。或者，我們可以這麼說，《西游記》的人物雖然衆多，但實際上主要的只有兩個，一是唐三藏，一是孫悟空。沒有唐三藏，自然沒有西游取經這回事；沒有孫悟空，也沒有成功地西游取經這回事。唐三藏之所以能夠成功地到西方取經絕大部分是有賴神通廣大的孫悟空！明清的學者特別強調孫悟空的重要性，大力歌頌牠，似乎只是從這個簡單的「事實」演化發展而來罷了。他們重視和歌頌孫悟空已近乎狂熱，幾達到崇拜的地步了。

我深信《西游記》中孫悟空的偉大形象和明清學者對牠的特殊看法和歌頌是有助於明清以來猿猴的崇拜的。自然，除此之外，還有其他原因。其中一個原因，可能就是孫悟空與民間信仰中的雷神拉上關係。

131 同上，頁二三三。
132 同上，頁二四〇—二四二。
133 同上，頁二四九。
134 同上，頁二五〇。
135 同上，頁二七〇。

孫悟空與雷神的關係，磯部彰〈元本《西游記》中孫行者的形成〉一文有頗爲精簡的討論，它說：

> 在世本裏（筆者按：世本指明刊本金陵世德堂《新刻出像官板大字西游記》），往往把孫悟空比作「雷公」。……把悟空比作「雷公」，是從楊劇（筆者按：指楊景賢《西游記》雜劇）初刊的時期到世本完成的期間，也就是明代的後半期所作的潤色。這個「雷公」，是指中國從古以來的雷神信仰中的雷神。那麼，是由于甚麼緣故而用雷神來比喻孫悟空的呢？想來在當時「雷公」形象與孫悟空的形象之間似有共同的要素。……本來是密教護法神色彩濃厚的孫行者形像和民間信仰神的雷神形像進行融合，……可以說，這個「雷公」形象的引入，似乎正是民衆化的表現罷！可以認為，在孫行者身上增添中國從古所信仰的雷公形象，同時也就把以雷神為中心的諸故事引入《西游記》故事中，……在世本裏〈孫行者的誕生〉則成為從石卵中誕生的。正是世本的這種表現，似乎就是借用了如上述「五雷神」所記載的，雷神從卵狀物中誕生的這種表現法。在世本裏稱孫悟空為「混元一氣上方太乙金仙美猴王齊天大聖」（第四十九回），從楊劇裏「太乙金仙」作為雷神等的總負責者這點來看，這似乎是孫悟空攝取雷神形象的痕跡的表現。[136]

雷神是古代神話中司雷之神。《山海經》（大約出於戰國至漢初人的記載）已有雷神的記載[137]。後來道教把祂納入其神祇範圍之中。道教認爲雷霆可以爲天代言，主天之災福，持物之權衡，掌物掌人，司生司殺，而雷神就是掌握雷霆之政的神[138]。中國人對雷神的信仰應該很早，相信至遲在戰國時期已經存在[139]。到了明代的後半期，人們就把孫悟空比作雷神（或稱爲雷公），把他們「進行融合」——如磯部彰所說。雷神是中國民間信仰中一位很重要的神[140]，如今把孫

悟空比作祂，與祂融合，自然是標誌着人們對孫悟空尊崇的心理了。孫悟空只不過是一隻猴子

136 磯部彰文，前引，頁三一九—三二二。

137 《山海經》第十三《海內東經》說：「雷澤中有雷神，龍身而人頭，鼓其腹，在吳西。」見袁珂《山海經校譯》，前引，頁二四一。

138 關於雷霆、雷神和與雷有關的材料可參看以下的道教典籍：《無上九霄玉清大梵紫微玄都雷霆玉經》、《九天應元雷聲普化天尊玉樞寶經》、《太上說朝天謝雷眞經》（均見《正統道藏》，前引，第二冊）、《九天應元雷聲普化天尊玉樞寶經集注》（見《正統道藏》，第三冊）、《九天應元雷聲普化天尊玉樞寶懺》、《雷霆玉樞宥罪法懺》（均見《正統道藏》，第五冊）、《太上洞玄三洞開天風雷禹步制魔神咒經》（見《正統道藏》，第一〇冊）、《貫斗忠孝五雷武侯秘法》（見《正統道藏》，第十八冊）、《太上泰清皇老帝君運雷天童隱梵仙經》（見《正統道藏》，第十九冊）、《太上說青玄雷令法行因地妙經》（見《正統道藏》，第四八冊）、《雷法儀玄篇》（見《正統道藏》，第五四冊）。

139 戰國時屈原（約前三四〇—約前二七八）的作品如《離騷》、《遠游》已分別提到雷師與雷公。《離騷》說：「鸞皇爲余先戒兮，雷師告余以未具。……吾令豐隆乘雲兮，求虙妃之所在。」（按：豐隆，雷師也。）《遠遊》說：「左雨師使徑待兮，右雷公而爲衞。」分別見朱熹（一一三〇—一二〇〇）《楚辭集注》（上海，上海古籍出版社，一九七九），卷一，頁一六—一七；卷五，頁一一〇。

140 大概爲元代作品之《三教源流搜神大全》載錄雷神之傳記，說：「陳太建（五六九—五八二）初，州（按：指雷州）民陳氏者，因獵獲一卵，圍及尺餘，携歸家。忽一日，霹靂而開，生一子，有文在手，曰『雷州』。後養成，名文玉，鄉俗呼爲『雷種』。後爲本州刺史。歿而有靈，鄉人廟祀之。陰雨則有電光吼聲，自廟而出。宋元累封王爵，廟號『顯震』，德祐（一二七五—一二七六）中，更名『威化』。……」見清葉德輝校勘《三教源流搜神大全》（清宣統元年〔一九〇九〕郋園校刊本；杜潔祥主編《道教文獻》〔丹青圖

（雖然是猴子之王），以猴子比作掌握雷霆之政的神，把猴子與司雷之神融合，不是很明顯的表示這是對猿猴的崇拜嗎？在《西游記》中，孫悟空與雷部官將是頗合得來的，且看這一段描寫：

> 行者道：「有一事特來奉求。」天尊道：「何事？」行者道：「我因保唐僧至鳳仙郡，見那乾旱之甚，已許他求雨，特來告借貴部官將到彼聲雷。」……行者笑道：「……老孫因特造尊府，告借雷部官將相助相助。」天尊道：「既如此，差鄧、辛、張、陶，帥領閃雷娘子，卽隨大聖下降鳳仙郡聲雷。」……孫大聖指揮雷將，掣電轟雷於鳳仙郡，……。[141]

由彼此合得來以致互相融合似乎是頗有可能的。

另外一個有助於明清以來猿猴崇拜的原因，也許是孫悟空與佛教中的大力王菩薩有密切關係。磯部彰討論到孫悟空與大力王菩薩的關係說：

> 在元本《西游記》中，……這個孫行者在降伏道中諸妖，完成取經任務之後，成了大力王菩薩。（筆者按：在注中作者說：「《集覽》（肅宗朴本）的行間夾注部分：『法師到西天，受經三藏東還。法師證果栴檀佛如來，孫行者證果大力王菩薩，……』」）……這是由于大力王菩薩的形象與行者的形象具有相合之處，才特地使孫行者充當大力王菩薩。……作為孫行者證果後的姿貌的大力王菩薩……似乎是指密教的護法神將——諸如大力明王和五大力菩薩、大力金剛菩薩之類的護法神將。……在元本《西游記》裏，也明確地表示出了護持三藏法師，隨從而赴西天的孫行者具有護法神的位置。……只要對《大力明王經》……加以調查，就可以發現跟世本的孫悟空形象具有共同點的大力明王和金剛手秘密主、降三世

明王等護法神的有關記載。……孫悟空的形象多半與這《大力明王經》中的記載具有共同性。……在楊劇中（筆者按：指楊景賢《西游記》雜劇），孫行者被斷然稱為護法金剛，這意味着孫行者在當時已經可以說是確立了護法神的地位。……追本溯源，孫行者的火眼金睛是基于大力明王的朱眼，牙齒突出，眉頭緺起的容貌是金剛手秘密主的容貌，孫行者穿的虎皮直裰也是秘密主穿的虎皮。變化自如的金箍棒似也可看作其實是金剛棒和宋本的金環杖的混合物。一縱十萬八千里的觔斗雲也是大力金剛所踏的蓮瓣的小說手法的表現。驅使龍王降雨的能力也是秘密主持有的佛力的體現，那是從《請雨經曼陀羅》挪用到故事中去的。後代所說孫行者從須菩提祖師學習法術的這種師徒關係的由來，跟《大力明王經》裏須菩提出場的事也不是沒有關係的。[142]

大力王菩薩（大概是大力明王、五大力菩薩、大力金剛菩薩、金剛手秘密主、降三世明王……

書有限公司，一九八三），第一二冊），卷七，葉一五下（總頁三三二）。此自然是雷神人格化之產物。今人潛龍居士編《中國民間諸神傳》（臺北，泉源出版社，一九八七）有「雷祖大帝」，生日定爲六月廿四日，見頁一八一—一八二。這雷祖就是雷神，而不是黃帝之妻雷祖（亦稱「嫘祖」）。宗力、劉群合編的《中國民間諸神》（前引）輯錄有關雷神的材料頗豐，見頁一三九—一五四。此外，可參殷登國《中國神的故事》（臺北，世界文物出版社，一九八四），頁二七—三五，〈春雷驚蟄談雷神〉一文；徐山《雷神崇拜》（上海，三聯書店，一九九二）。

141 《西遊記》，前引，下冊，第八十七回，「鳳仙郡冒天止雨，孫大聖勸善施霖」，頁九九四—九九五。

142 磯部彰文，前引，頁三一五—三一八。

等護法神將的混合物⑭是佛教中一位威武勇猛神通廣大的神將⑭，現在齊天大聖孫悟空的形象、職責、身份和法力都跟祂無異，人們在信仰、崇拜大力王菩薩的同時而信仰崇拜齊天大聖，看來是合理的。

崇拜齊天大聖就是崇拜猴王，換句話說，就是崇拜猿猴。

上文我們談論密教十五鬼神之一的名叫「牟致迦」的猴神時，曾經指出人們崇祀牠可能是基於懼怕的心理，同時亦提到不少記載關於因害怕猴妖猴怪而祭祀猿猴一點。現在加以進一步討論。

我認爲因恐懼猿猴而祭祀牠不外基於以下幾個原因。一是曾經傷害猿猴而引致猿猴報復；二是猿猴無端作祟，帶來禍害；三是猿猴奪取婦女、姦淫迫害；四是猿猴化爲美女，誘惑男子，或化爲美男，誘惑女子。以上猿猴的所作所爲都足以令人恐懼，或甚至提心吊膽的，人們爲了得到平安，保存性命，不惜當猿猴爲神靈一般去禮拜牠去祭祀祂。自然，這是出於無奈，與崇敬猿猴因而祭祀牠是兩回事。人們祭祀這些猴妖猴怪——實際上在人們的心目中牠們只是妖怪而不是神靈，因爲神靈是不會害人的，最根本的是希望牠們不傷害人們，至於給人們帶來福祉是冀望以外的事，或可以說是奢望吧。

猿猴報復的記載多見於歷來的筆記小說。前文提到干寶的《搜神記》的記載已很可怕了。且看它的結尾：

……未半年，其家疫死，滅門。⑮

因爲擊殺猿子，猿母悲極，自擲而死，而引致滅門之禍，大有可能是猿猴死後報復所致。當然，我們也不能排除其他原因，如天譴殘暴、因果報應、戾氣所鍾等等。

《述異記》的記載更是令人毛骨悚然：

南康營民任考之，伐船材，忽見大社樹上有猴懷孕，考之便登木逐猴，騰赴如飛。樹既孤迥，下又有人，猴知不脫，因以左手抱樹枝，右手撫腹。考之禽得，搖擺地殺之，割其腹，有一子，形狀垂產。是夜夢見一人稱神，以殺猴責讓之。後考之病經旬，初如狂，因漸化為虎，毛爪悉生，音聲亦變，遂逸走入山，永失蹤跡。146

---

143 這些都是密教的護法神。查一般通行的佛教辭典，如織田得能的《佛教大辭典》，望月信亨的《佛教大辭典》，中村元的《佛教語大辭典》，丁福保、何子培的《最新實用佛學辭典》等都找不到「大力王菩薩」這個佛名。但是冠以「大力」二字的佛名，却有幾個例子，如「大力金剛」、「大力神」、「大力金剛菩薩」、「大力菩薩」、「五大力菩薩」等。參磯部彰文，頁三二五，注21。《西游記》第四十四回「法身元運逢車力，心正妖邪度春關」却提到「大力王菩薩」這個佛名：「〔孫行者〕正議間，只見那城門外，有一塊沙灘空地，攢簇了許多和尚，在那裏扯車兒哩。原來是一齊着力打號，齊喊『大力王菩薩』，……」頁五〇六。

144 可參看法護譯《大力明王經》對大力明王、金剛手密主及降三世明王等護法神的威武描寫。見高楠順次郎編《大正新修大藏經》（大正一切經刊行會，一九二四—一九三二），卷二一，第一二四三號，頁二〇七—二〇八。

145 《搜神記》，前引，卷二〇，頁二四二。

146 《述異記》，見魯迅（一八八一—一九三六）《古小說鉤沈上》（香港，新藝出版社，一九七八），頁一九三。條末注：「《御覽》九百十，《廣記》一百三十一。」按：《廣記》所錄較《御覽》與魯迅書為簡略。《御覽》作「伍考之」，《廣記》作「伍寺之」。

由於殺猴而終致大病，變爲老虎，消失於人間，眞是太可怖了。

以下《集異記》所載有關猿猴報復一則也是駭人聽聞的：

開元（七一三—七四一）中，士人韋知微者，選授越州蕭山縣令。縣多山魈，變幻百端，無敢犯者，而前後官吏事之如神，然終遭其害。知微既至，則究其窟宅，廣備薪採，伺候聚集，因環薪縱火，衆持兵刃，焚殺殆盡，而邑中累月，蹤跡杳絕。忽一日，晨朝有客詣縣門，車馬風塵，僕馭憔悴，投刺請謁，曰：「蘭陵蕭慥。」知微初不疑慮，即延入上座。談論笑謔，敏辯無雙。知微甚加顧重，因授館休焉。客乃謂知微曰：「僕途中經峽中，收得獼猴雛，智能可玩，敬以奉貺。」乃出懷中小合，開之，而有獼猴，大纔如栗，跳擲宛轉，識解人情。知微奇之，因攜入，誇異於宅內。獼猴於是騰跳踴躍，化為虎焉。扃閉不及，兵杖靡加，知微闔門皆為啗噬，孑遺無有矣。[147]

很明顯小說中的蘭陵蕭慥是山魈所化。因焚殺山魈而終遭山魈施計所害自然是韋知微所料不及的。可歎的是，知微一家卻因此而遭慘死。

我相信因上述事情或類似上述事情的發生或這類故事的流行而令到迷信的人對猿猴產生恐懼心理，因而拜祀猿猴是很自然的。這裏我們舉宋洪邁（一一二三—一二〇二）的〈宗演去猴妖〉一文作爲一個具體的例子去稍作證明：

福州永福縣能仁寺護山林，乃生縛獼猴，以泥裹塑，謂之猴王。歲月滋久，遂為居民妖祟。寺當福、泉、南劍、興化四郡界。村俗怖聞其名，遭之者初作大寒熱，漸病狂不食，緣籬竹木，自投于地，往往致死，小兒被害尤甚。于是祠者益衆，祭血未嘗一日乾也。祭之不痊，則召巫覡，乘夜至寺前，鳴鑼吹角，目曰取攝。寺衆聞之，亦撞鐘擊鼓，與

相應，言助神戰。邪習已日甚，莫之或改。……[148]

如果縣民沒有「生縛獮猴，以泥裹塑」，就沒有猴怪「爲居民妖祟」，自然亦沒有「祠者益衆，祭血未嘗一日乾」的情形發生了。

因傷害猿猴而終引致猿猴報復，從「善惡到頭終有報」的因果觀念來看是個報應，或可說爲應該是意料中事，但根據記載，猿猴對人類作出很多禍害只是起於無端的，即是說，並不是因報復而導致的。這種情形就更令人因不可預料事情發生而寢食不安了。爲求猿猴禍害不致發生在他們身上和爲求心安他們寧願拜祀猿猴。結果，猿猴祭祀就更加普遍、更加流行了。

《述異記》「富陽人」一則有這樣的可怕記載：

宋元嘉（四二四—四五三）初，富陽人姓王，於窮瀆中作蟹籪。旦往視，見一材頭長二尺許在。籪裂開，蟹出都盡，乃修治籪，……王疑此材妖異，乃取納蟹籠中，繫擔頭歸，云，至家當破燃之。未之家三里，聞中倅倅動轉，顧見向材頭變成一物，人面猴身，一手一足，語王曰：「我性嗜蟹，此實入水，破若蟹籪，相負已多，望君見恕，開籠出我。我是山神，當相佑助，使全籪大得蟹。」……此物轉輾請乞放。又頻問君姓名為何。王回顧不應答。去家轉近，物曰：「既不放我，又不告我姓名，當復何計，但應就死耳！」

[147] 轉引《古今圖書集成》，前引，《博物彙編・神異典》，卷三一八，「妖怪部」，第五一四冊，葉四九下（總頁一一〇四）。

[148] 見《夷堅志》（《叢書集成初編》本），甲志、卷六，頁四三。磯部彰文作「《福州猴王神記》」，見頁三一一。

王至家，熾火焚之，後寂無復異。土俗謂之山魈，云，知人姓名，則能中傷人，所以勸問，正欲害人自免。[149]

這個「人面猴身，一手一足」的猴怪——山魈已經十分恐怖，加上牠「知人姓名，則能中傷人」就更可怕了。

《靈保集》收錄的「薛放曾祖」一則也記載獼猴作怪的事情，其可怕的程度較《述異記》「富陽人」一則所記有過之而無不及。故事說「薛放尚書曾祖，爲滿南刺史，罷郡京中閒居」[150]時，有一長六、七寸的獼猴作怪，雖然請道士袪除「妖氣」，但結果亦難免一死。現節錄後部以饗讀者：

……猴見道士，亦無懼色。道士曰：「此乃使君積世深寃，今之此來，為禍不淺。」使君及諸子悲涕求請。良久道士曰：「有幸相遇，當為祛除。然此物終當屈辱使君，方肯解釋。」薛曰：「苟得無他，敢辭屈辱。」道士曰：「此猴今欲將臺盤及燈，上使君頭上食，必當去，可乎？」薛不敢辭。妻子皆泣曰：「此是精魅物，安可置頭上。乞尊師別為一計。」……良久道士曰：「家有厨櫃之類乎？令使君入其中，令猴于其上食，可乎？」皆曰：「可。」乃取木櫃，中施裀褥，薛入櫃中閉之。猴卽戴臺盤提燈而上，乃置之而食。妻子環繞其旁，共憂涕泣。忽失道士所在，驚駭求覓之；次，猴及臺盤燈亦皆不見。遂開櫃視之，使君亦不見。舉家號哭，求覓無復踪跡。遂具喪服，以櫃招魂而葬焉。[151]

雖說獼猴作祟是由於「積世深寃」，但，這是薛放曾祖前世之事，並不是因爲薛放曾祖曾經傷害過獼猴而獼猴報復所致，故此，對薛放曾祖本人來說獼猴作祟是起於無端的，是意料之外的。

畢竟，薛放曾祖因爲這飛來的橫禍而消失得無影無踪！

我們又可以舉一個例子。洪邁《夷堅志》有這麼一則：

政和八年（一一一八），詔諸路各置武提刑一員。孟廣威者，便湖北官舍，在武陵芙蓉館。孟生陟人，好養馬，嘗畜獼猴於外廐。……其一最大，類十歲壯兒。陳萃推官祖宅，切相鄭近。家人當暑月，納涼堂後廡下。此猴項拽鐵索，隔牆勃跳；望陳氏婦女，昂其陰，嘈嘖作聲，有攖搏之意。欲擊之，慮或有傷，必詒譴怒，不敢禦捍，但一家皆驚走。自是無間晝夜。嚙斷索，徧歷居人屋上，往來瓦多破碎，極因為苦。孟未嘗有兒，忽生男子，求乳媼甚急，責訊牙儈，且須姿質堪採盼者。諸儈併力募訪，得一人至。之兩月，嬰兒熟臥，衆婢出宅後，洗熨衣服。乳媼聞之，亦捨去，獨寘兒于榻。少選，至歸房，則兒項下血流死矣。走告主母。孟以為媼方盛年，志在姬侍，不屑哺乳，謀殺兒。卽縛送司理獄，荷鞫慘楚，不容自明。竟引伏。臨赴市，顧老僕鄧生言，當向陰府，與爾索命。遂受斬刑。有老僕鄧生者，時親見其事云。兒項下有指甲痕，故指為乳母所殺。後鄧老言，是時見一巨貓，自房跳出，而畏相勾牽，不敢言，思之乃是此猴兒。未幾孟亦死。武陵秋積，因久雨，禾稻生芽，朽爛，首尾三年。人謂寃魂所致。[152]

---

149 《述異記》（收入吳曾祺編《舊小說》，甲集〔上海，商務印書館，一九五八〕），頁一一七。

150 見《太平廣記》（《筆記小說大觀》，二十七編，第五冊），卷四四六，葉二七下（總頁三三三四）。

151 同上，葉二八上（總頁三三三五）。

152 《夷堅志》（《筆記小說大觀》，二十一編，一九七七，第四冊），卷三七，葉九上—下（總頁二五〇九—二五一〇）。

這一則記載說明了兩點：一是獮猴好滋擾，好破壞；一是獮猴具有兇殘的獸性。第一點的影響還不致太大，充其量是「一家皆驚走」，「極因爲苦」而已，但是第二點的影響則鉅大了。因爲獮猴具有兇殘的獸性，嬰兒因此而被殺，更甚者，乳媪因此而寃死。獮猴帶來的禍害眞是不淺了。事出無端，爲禍實深，人們對獮猴那有不產生畏懼的心理呢？

清末徐珂《清稗類鈔》「羅思舉驅猿」一則對猿猴好滋擾好破壞的本性也有描寫，說：

四川山中多猿，猿以族居，時時入人家盜食物。稻熟時，猿多，以千計，自山下。人以器穫，則猿以爪摘。逐之，則東馳西去。猿輕捷，人往往不能近，而稻則蹂躪無遺。或擊殪其一二，猿不懼也。農民無如之何，則聽之。三分秋收，猿取其一，人取其二，歲以為常。[153]

可是後來升爲湖北提督的羅思舉卻想出了一個妙法驅猿：

……俄而猿大至。思舉手繩伏壠下，伺一巨者過，猝躍起，擒之。……乃縛猿於柱，假鑊刀一，剃其體，茸茸者悉去之，濯濯之鞹露矣。於是周身塗以五采，陸離斑駁，有若鬼怪。乃以爆竹數千，繫諸其尾。明日，猿群又至，則取前所擒者，燃爆竹而縱之。爆竹驟發，所擒之猿，則奔還其羣。其羣見之大駭，以為異物也，亟奔逃。所擒者為爆竹所轟，亦駭極，益狂奔不止。自相追逐踐踏，展轉互引，顛隕山谷，死傷纍纍，自是不敢復出。[154]

不過，大多數人對猿猴的惡作劇都是「無如之何」的；對猿妖猴怪的作祟更是一籌莫展。除了對牠們拜祀之外，相信更沒有其他較好的辦法了。清代蒲松齡（一六四〇—一七一五）《聊齋誌異》「齊天大聖」一節正好說明了這一點。故事大概說商人許盛因爲不敬猴神齊天大聖而得大病，甚至連累其兄亦得大病至死，後來眞心悔改，信奉大聖而得癒，其兄亦復生。自此以後，生意興隆，信奉彌篤。現節錄如下：

> 許盛，兗人，從兄成，賈於閩，貨未居積。客言大聖靈著，將禱諸祠。盛未知大聖何神，與兄俱往。……入殿瞻仰，神猴首人身，蓋齊天大聖孫悟空云。諸客肅然起敬，無敢有惰容。盛素剛直，竊笑世俗之陋。衆焚奠叩祝，盛曰：「孫悟空乃丘翁之寓言，何遂誠信如此？如其有神，刀槊雷霆，余自受之！」逆旅主人聞呼大聖名，皆搖手失色，若恐大聖聞。盛見其狀，益譁辨之；聽者皆掩耳而走。至夜，盛果病，頭痛大作。……兄又大病，……兄暴斃。……〔盛〕投祠指神而數之，……至夜，夢一人招之去，入大聖祠，仰見大聖有怒色，責之曰：……醒而異之，急起啓棺視之，兄果已甦，扶出，極感大聖力。盛由此誠服信奉，更倍於流俗。……後輦貨而歸，其利倍蓰。自此屢至閩，必禱大聖。他人之禱，時不甚驗，盛所求無不應者。[155]

諸如此類的故事，我相信，有不少在民間流傳，「寧可信其有，不可信其無」，自然令到信奉猴神的人數大大增加了。

猿猴報復、無故地騷擾和破壞，及猿妖猴怪無端作祟，給人們帶來的禍害已經很多了，更

---

153 《清稗類鈔》，前引，卷五八，頁二二三—二二四。

154 同上，頁二二四。

155 《聊齋誌異》（張友鶴輯校，上海，上海古籍出版社，一九六二），卷一一，頁一四五九—一四六二。

壞的是，不少猿猴還要姦淫婦女，令到她們懷孕，結果產下一些半人半猴或貌似猿猴的「怪物」。站在人的立場來看，這是一種極可怕的災害，也是一種無法忍受的恥辱。對那些受害的婦女來說，簡直比死還要恐怖，如果猿猴以其原形來侵犯婦女，婦女還會有防備或甚至抵抗的機會，可是猿猴卻每每變化成男子去欺騙她們，那麼，她們就在毫無防犯的情況下受騙了。後面的一種情形是隨時可以發生的，是防不勝防的。在這種憂慮與恐懼的情緒下，人們只好拜祀猿猴——猿猴神，希望牠們「大發慈悲」，不要侵犯他們，傷害他們，就心滿意足了。

猿猴侵犯婦女的事很早便有記載。漢代焦延壽（公元前八六—公元前三三）《易林》說：

南山大玃，盜我媚妾，怯不敢逐，退然獨宿。[156]

後有按語曰：「玃，……狙也，又曰大猿。」[157]可見至遲到漢代已有猿猴盜婦的記載。同時，又可見為丈夫的亦無如之何，因懼怕大猿，而「不敢逐」，只好「退然獨宿」而已。晉干寶《搜神記》對猿猴盜婦有較具體的描寫：

蜀中西南高山之上，有物，與猴相類，長七尺，能作人行。善走逐人，……伺道行婦女有美者，輒盜取將去，人不得知。若有行人經過其旁，皆以長繩相引，猶故不免。此物能別男女氣臭，故取女，男不取也。若取得人女，則為家室。其無子者，終身不得還。十年之後，形皆類之，意亦迷惑，不復思歸。若有子者，輒抱送還其家。產子皆如人形。有不養者，其母輒死。故懼怕之，無敢不養。及長，與人不異，……[158]

明陸粲（一四九四—一五五一）《說聽》亦有一則記載猿猴盜婦的故事：

弘治（一四八八—一五〇五）間，洛陽民婦阿周，山行遇群猴，執歸洞中，一老猴妻之。群猴敬事不敢犯，日採山果為粮，或盜得米粟，周敲石取火，炊食之。歲餘生一子，人身

猴面，微有毛。恒為老猴守視，不得脫。一旦老猴病目，周拾毒藥傳而盲之。乘羣猴出，遂攜子逃回夫家。……[159]

不過，最有趣的還是明王圻（約一五二二—一五六六年前後生存）《稗史彙編》「王伯溫猴種」一則的記載：

宋末鄞人王氏，貧家也，以販馬為業，畜一猴於廐下。其妻夏日醉臥，猴適在側，因登其腹而合焉。妻初以為人也，不之拒。及醒，乃大恚。夫婦托言，猴有奸意，乃殺埋於屋後。自是有娠，生二子，厥狀肖焉。及長，皆精敏好學，累薦而不獲登。一夕，二子同夢白衣老父謂曰：「女父葬處甚佳，恨稍下，能移上丈許，立至富貴。」二子不解，曰：「吾父故在也，是何言？」以告其母。母知其旨，夜半潛移其穴。是舉二子登科，俱至通顯。卽應麟、應鳳也。寧波人，至今傳之。豐進士坊云：「曾見伯溫遺像，酷類猴馬生說。」[160]

故事中王氏妻的遭遇亦可謂奇矣，同時亦可謂慘矣。試想，只不過是「夏日醉臥」，而竟為猴「登其腹而合焉」，怪不得她「大恚」，將猴「殺埋於屋後」了！

---

156 《易林》（《四部備要》本，上海，中華書局，一九三四），卷一，葉八下。

157 同上。

158 《搜神記》，前引，卷一二，頁一五二—一五三。

159 《說聽》（《筆記小說大觀》，十六編，一九七七，第五冊），卷上，葉四上（總頁二六六三）。

160 《稗史彙編》（《筆記小說大觀》，三編，第七冊，卷一五七，葉二二下—二三上（總頁四五二〇）。

上述幾個故事都是有關猿猴以其原形去盜取或侵犯婦女的。至於牠們變化爲男子去幹其可怕的勾當也見於不少文人筆記和文學作品。相信最爲人熟知的便是唐代的短篇小說《白猴傳》（或稱爲《補江總白猿傳》）。故事是述梁大同（五三五—五四六）末歐陽紇妻爲大白猴所竊，後生一子，貌肖猿猴事。故事中的大白猿雖然並不是由始至終都是以人的形態出現，但是卻以非猿的形態出現較多。故事開始不久便借歐陽紇的部屬說：「有神善竊少女。」[161] 這裏所謂「神」實際上就是白猿，但既然說「神」了，一定不是以猿形出現了，否則，歐陽紇的部屬何不直接說「猿」呢？故事發展至中段，白猿就以人的形態出現了。文說：

> 少選，有美髯丈夫長六尺餘，白衣曳杖，擁諸婦人而出。[162]

大概白猿與少婦相處時都是以人形出現的，不然的話，不是要把婦女嚇得半死嗎？只是到了白猿醉酒被捕時才現出其原形——猿形。小說是這樣寫的：

> 婦人競以玉杯進酒，諧笑甚歡。既飲數斗，則扶之而去。又聞嬉笑之音。良久，婦人出，招之，乃持兵而入。見大白猿縛四足於牀頭，顧人蹙縮，求脫不得，……[163]

白猿能變化爲人，盜竊婦女，已經是很可怕的事，更可怕的是牠孔武有力，刀槍不入！故事說牠「力能殺人，雖百夫操兵，不能制」，又說牠「目光如電，競兵之，如中鐵石」，更說牠「晴晝或舞雙劍，環身電飛，光圓若月」[164]。如果不是發現牠的臍下數寸是致命之處，恐怕亦無法置牠於死地的。

事實上與《白猿傳》同類的故事有不少，如宋徐鉉（九一六—九九一）《稽神錄》便有一則，裏面說「晉州含山有妖鬼，好竊婦人。嘗有士人，行至含山，夜失其妻」[165]，後來發現其妻實爲老猿所竊，於是設計以練縛之至六足而格殺之。此老猿也是以人形出現的，故事說：

婦人曰：「賢夫人昨夜至此，在石室中。吾等皆經過為所竊也。將軍竊人至此，與行容彭之術，……」166

所謂「將軍」者應該是指老猿以打扮成將軍模樣的人形出現。

《續搜神記》「翟昭」一則也指出獼猴變化爲男子去侵犯婦女的：

晉太元（三七六—三九六）中，丁零主翟昭，後宮養一獼猴，在妓女房前。前後妓女，同時懷娠，各產子三頭，出便跳躍。昭方知是猴所為，乃殺猴及十子。六妓同時號哭。昭問之，云：「初見一少年，着黃練單衣，白紗恰，甚可愛，語笑如人。」167

不消說，那個「甚可愛」的少年一定是獼猴所化的了。

明代瞿佑（一三四一—一四二七）等著《剪燈新話》有一篇名爲「申陽洞記」的筆記小說，講述一老獼猴攝取婦女，而終爲李生毒殺事。這隻老獼猴眞是名副其實的「衣冠禽獸」，看牠

---

161 《白猿傳》（《筆記小說大觀》，三編，一九七四，第二冊），葉一上（總頁一三〇一）。

162 同上，葉二下（總頁一三〇一）。

163 同上，葉二下—三上（總頁一三〇一—一三〇二）。

164 同上，葉二上（總頁一三〇二）、葉三上（總頁一三〇二），葉三下（總頁一三〇二）。

165 《稽神錄》（涵芬樓藏版，上海，商務印書館，一九二七），《補遺》，葉一一上。篇末注「曾慥《類說》」。

166 同上。

167 見《太平廣記》（《筆記小說大觀》，二十七編，第五冊），卷四四六，葉二七上—下（總頁三三三三—三三三四）。

出現時的情形：

……有二紅燈前導，為首者頂三山冠，絳帕首，被淡黃袍，束玉帶，逕據神案而坐。從者十餘輩，各執器仗，羅列階下，儀衛雖甚整肅，而狀貌則猳玃之類也。[168]

爲首的就是這隻老獮猴。牠並沒有變化爲人，而只是穿戴人類的衣冠，但一切生活皆如人類。我認爲這樣的一隻妖猴較之已人化之猴更加可怕——至少看來就很不自然，很不順眼。強要一些「絕色美人」[169]去侍奉牠眞是太委屈了，太悽慘了。

其他猿猴化人佔取婦女的例子如《陳巡檢梅嶺失妻記》的申陽公，《時眞人四聖鎖白猿》的煙霞大聖，《拍案驚奇》之〈會骸山大士誅邪〉的老道人。這幾篇文學作品我們在上文談論猿猴與佛、道二教的關係時已經提到了。三個例子之中最可怕的是《鎖白猿》的煙霞大聖，因爲牠不獨化爲人，而且冒充女子的丈夫，而女的竟然懵然不知，爲其所騙。煙霞大聖說：

覷見杭州在城有一人，姓沈名璧字君玉。此人是巨富之家，他的渾家，生的十分大有顏色。此婦人與吾有宿世姻緣。今沈璧泛海去了，我變化做沈璧一般模樣，到他家中，圖謀了他渾家，便是某平生願足。……[170]

結果沈璧之妻便與煙霞大聖做了「二年光景」[171]的夫妻！

也有猿猴化爲女子誘惑男子的。宋李昉（九七七年前後生存）等編《太平廣記》便收錄了幾則，如《陳巖》、《孫恪》、《徐寂之》就是。《陳巖》和《徐寂之》兩則寫猿化之女子對男性的禍害，而《孫恪》一則卻寫猿女對男子的深情。不過，對人類來說，都是一種莫大的騷擾，或甚於騷擾的破壞。要防犯這些騷擾和破壞，無可奈何之餘，人類對於猿猴惟有敬之拜之而已。上述幾個故事的猿猴都有頗大的法力的——只就能變化爲人這一點來看便可以知道。人們對於這樣的猿猴如何能不畏之拜之，甚至祭之呢？

《陳巖》一篇最能具體地表現出猿女的禍害性，現節錄有關部分如下：

……巖喜。卽以後乘駕而偕焉。至京師居永崇里。其（按：指猿化之婦女）始甚謹，後乃不恭。往往詬怒，若發狂之狀。巖惡之而且悔。明日巖出，婦人卽闔扉鍵其門，以巖衣囊置庭中，毀裂殆盡。至夕巖歸，婦人拒而不納。巖怒，卽破戶而入。見己之衣資，悉已毀裂。巖因詬而責之。婦人忽發怒。毀巖之衣襟佩帶，殆無完縷。又爪其面，嚙其肌，一身盡傷，血沾于地。……[172]

幸而，有一郝居士發覺這婦人乃山獸所化，否則，爲害更大了。故事說：

時有郝居士者，在里中善視鬼，有符籙呵禁之術。聞婦人哭音，顧謂里中民曰：「此婦人非人，乃山獸也，寓形以惑于世耳。」民且告于巖，巖卽請焉。居士乃至巖所居，婦人見居士懼甚。居士出墨符一道，向空擲之，婦人大叫一聲，忽躍而去，立于瓦屋上。巖竊怪之。居士又出丹符擲之，婦人遂委身于地，化為猿而死。[173]

《徐寂之》一篇亦指出猿猴變化之女子爲害男子實在不淺。篇幅頗短，故抄錄全篇如下：

太元末，徐寂之常野行，見一女子操荷，舉手麾寂之，寂之悅而延往。此後來往如舊，

---

168 《剪燈新話》（上海，古典文學出版社，一九五七），卷三，頁六九—七〇。

169 文說：「美人侍側者三，皆絕色也。」同上，頁七〇。

170 《鎖白猿》（《孤本元明雜劇》，第四冊，前引），楔子，葉二上。

171 同上，頭折，葉二下。

寂之便患瘦瘠。時或言，見華房深宇，芳茵廣筵，寂之與女觴餚宴樂。數年，其弟睟之聞屋內羣語，潛往窺之，見數女子從後戶出，唯餘一者隱在簣邊。睟之逕入，寂怒曰：「今方歡集，何故唐突？」忽復共言，云：「簣中有人。」睟之即發看，有一牝猴，遂殺之，寂病漸瘳。[174]

《孫恪》一篇寫猿化之女子不獨與孫氏結婚生子，而且相夫教子，治家嚴謹，賢淑非常，可惜因本性的關係，身在世間，心存山木，「每遇青松高山，凝睇久之，若有不快意」[175]，終於拋夫棄子而去。但臨別之時，仍依依不捨。現節錄一段如下以饗讀者：

……及抵寺，袁氏（按：指猿化之婦人，即孫妻）欣然易服理粧，攜二子詣老僧院，若熟其逕者。恪頗異之。遂將碧玉環子以獻僧，曰：「此是院中舊物。」僧亦不曉。及齋罷，有野猿數十，連臂下于高松，而食于生臺上。後悲笑捫蘿而躍，袁氏惻然。俄命筆題僧壁曰：「剛被恩情役此心，無端變化幾湮沈，不如逐伴歸山去，長嘯一聲烟霧深。」乃擲筆于地，撫二子咽泣數聲。語恪曰：「好住好住，吾當永訣矣。」遂裂衣化為老猿，追笑者躍樹而去。將抵深山，而復返視，恪乃驚懼，若魂飛神喪，……[176]

人與獸始終是有別的，孫恪與猿女之結合只是陰差陽錯，怪不得眞相大白後，孫恪「驚懼，若魂飛神喪」了。

以上所談論的猿猴禍害的記述不一定全部都是事實，但至少反映了人們對猿猴的一般恐懼心理。恐懼到極了，惟有當牠們神靈一樣拜之、祀之而已。奈何！

猿猴崇拜，在商代已有跡象了，經過長期發展後，到了唐代便漸趨成熟，這與觀音的信仰有很大關係，其中情況上文已經詳論。洪邁《宗演去猴妖》的「福州永福縣能仁寺護山林，乃生縛獮猴，以泥裹塑，謂之猴王……」[177]的記載是有關唐代猿猴崇拜的頗爲明確的記錄。（上文已引述）。文中所提及度化猴王的長老宗演[178]，根據《永福縣志》，是唐代僧人[179]；而《閩書》更指出他是生存於會昌年間的[180]，即公元八四一—八四六年前後。唐代以後，因猿猴與佛

---

[172] 見《太平廣記》（《筆記小說大觀》，二十七編，第五冊），卷四四四，葉二一上—下（總頁三三二一—三三二二）。篇末注：「出《宣室志》」。

[173] 同上，葉二一下（總頁三三二二）。

[174] 見《太平廣記》（《筆記小說大觀》，二十七編，第五冊），卷四四六，葉二七下（總頁三三三四）。篇末注：「出《異苑》」。

[175] 同上，卷四四五，葉二五下（總頁三三三〇）。篇末注：「出《傳奇》」。

[176] 同上。

[177] 同[48]。

[178] 《宗演去猴妖》說：「……長老宗演聞而嘆曰：『汝可謂至苦！其殺汝者既受報，而乃橫淫及平人，積業轉深，何時可脫？』爲誦梵語《大悲咒》資度之。……」同上。

[179] 《永福縣志》說：「唐僧崇演，……」前文已引。此崇演即《宗演去猴妖》的宗演，因爲他們的故事相同。「宗」與「崇」二字字形相似，故容易混淆。

[180] 《閩書》卷二十三《方域・莆田縣廣業里圖》百丈山一項記載崇演是生存於會昌年間的。參磯部彰文，頁三二四，注[12]。

教的關係更加密切，（這一點最能反映在猴行者護送唐三藏往西天取經的故事上），猿猴崇拜相應地更為普遍流行，而猿猴崇拜亦自然地進一步發展。到了明代中葉以後，猿猴崇拜應該是達到一個高峰，吳承恩的《西游記》在這個時代寫成是個最好的證明[181]。同時，猿猴祭祀在這個時候亦極為普遍。我們可引《永福縣志》的記載為例證：

> 能仁寺有護法神，曰猴王，甚著靈迹。置像于輿，能令舁者跳躍飛走，禱祠報應。縣令陳克侯過其寺，主僧以故事請毋吆喝，恐神怒，將作祟于民。克侯不聽，至寺，令舁像來前，數之曰：「何物胡孫，乃敢稱王？陽動陰靜，斯理之常。幽悖佛戒，明撓國章。赦爾死罪，勿復猖狂。」題其背而去。神遂不靈。[182]

據《閩書》卷三十二，陳克侯是明嘉靖、隆慶（一五二二—一五七二）間人[183]，正與《西游記》的作者吳承恩同一個時期。（吳承恩的生卒年約為一五〇六至一五八二）。既然猴王是能仁寺的護法神，且甚著靈迹，不消說，牠一定是人們祭祀的對象了。又，如果這猴王的祭祀並不普遍的話，縣令陳克侯大概也不會設法破除這種迷信，以免再禍害縣民了。

在清代，祭祀猿猴神的活動繼續普遍地流行。前文引用過的《聊齋誌異》裏的〈齊天大聖〉一文所記是個很好的例證。此外，在很多筆記小說裏也提到這一點。如梁玉繩（約一七八五年前後生存）《瞥記》：

> 應城程拳時在《山堂集》有《蘄州毀悟空像記》，其略云：蘄俗以六月某日賽二郎神，神一人前導，山民呼行者。舉行者名，則元人小說所載孫悟空也。是日蘄人無遠近皆來就觀，輟市肆，肅衣冠，立於門，出隻鷄百錢為壽，必請命于行者，以致於神，一不與，則行者機變舉動，趫捷若生，擊人屋瓦器皿，應手皆碎，甚則人受其咎。……[184]

又如焦東周生（一八二三—？）《揚州夢》：

《西游記》有齊天大聖，鹿力大仙，舊城竟建祠同祀。……[185]

又如褚人穫（約一六八一前後生存）《堅瓠餘集》：

《艮齋雜說》：福州人皆祀孫行者，為家堂。又立齊天大聖廟，甚壯麗。四五月間，迎旱龍舟，裝飾寶玩，鼓樂喧闐，市人奔走若狂。視其中坐一獼猴耳。……風俗怪誕如此，而不以淫祠毀，……[186]

---

181 吳承恩的生卒年約為一五〇六—一五八二，而《西游記》是他晚年的作品。《西游記》（前引）「關於本書的作者」說：「他（按：指吳承恩）於一五六六年就長興縣縣丞任，那時，他已是六十多歲了。但到任不久，因與長官的關係處得不好，以『恥折腰，遂拂袖而歸』。其後還有『荆府紀善之補』，但亦不過三四年就去職了。他回家後，『益以詩文自娛』，又過了十多年纔死去。本書大約就是他晚年家居時所作。」頁二。一五六六年以後就是明代中葉以後。要是這個時期的猿猴崇拜沒有達到一個高峯的話，我相信吳承恩也許不會塑造出一個人見人愛的大英雄美猴王孫悟空來。雖然小說中人物可以出於創造，但創造也有一定的客觀條件的。如果客觀條件不成熟的話，創造出來的人物也不會受大衆歡迎的、歌頌的。

182 《永福縣志》，前引，卷一〇，葉九下—一〇上（總頁五七八—五七九）。

183 參磯部彰文，頁三二四，注13。

184 《瞥記》（收入汪大鈞編《食舊堂叢書》，第十冊），卷六，葉二四下—二五上。

185 《揚州夢》（世界書局影印，一九五九），卷四，「夢中情」，頁七三。

186 《堅瓠餘集》（《筆記小說大觀》，二十三編，一九七八，第一〇冊），卷二，「齊天大聖廟」，葉六上（總頁六三四三）。

可見祭祀猿猴神在清代已成爲一種風俗。

就算在現代的社會裏，祭祀猿猴神的活動仍然存在，今人張綏《宗教古今談》一書介紹天后宮時，說：

天后宮還有以下配殿：……火帝殿：供桌上的神龕中坐着火帝，……右首一神側面似猴形，尖嘴猴腮，穿黃袍，名「食火猴」。[187]

無論這個猴是否爲猴王孫悟空，但牠是猴神是肯定的，同時，是被祭祀的對象也是肯定的。現時北京白雲觀有座元辰殿（僞稱星宿殿或順星殿），殿內供奉着以六十花甲爲順序的六十位星宿神像，其中五位是猴神，即「五大猴將軍」（劉旺、方杰、管仲、徐浩和毛梓）[188]。臺灣和香港也有不少奉祀猴神的廟宇。在臺灣，如宜蘭壯圍的齊天廟，臺北的聖德宮[189]；在香港，相信最爲人所熟悉的是觀塘區山上秀茂坪屋村附近的大聖廟[190]。至於在一些廟宇裏——尤其是祀觀音的廟宇裏，作爲次要的神靈而爲人所奉祀的猴神就更多了[191]。

187 《宗教古今談》（上海，上海人民出版社，一九八五），頁二一四。按，猿猴也是水火之神，參水猿是水德星君之一，而嘴火猴是火德星君之一，參今人沈平山《中國神明概論》（臺北，新文豐出版公司，一九七九），頁四五二，「民間禍福神表」。參水猿和嘴火猴亦屬於二十八星宿，參沈書，頁三〇〇。

188 參禮舞撰〈元辰殿的「猴將軍」〉一文，見中國道教協會編輯《中國道教》（北京，中國道教協會，一九九二），一九九二年第一期，（總第二一期），頁四〇。

189 見殷登國《中國神的故事》，前引，頁一六七。

190 見 Savidge, J., *This is Hong Kong*: *Temples* (Hong Kong Government Publication, 1977), p. 12, "Monkey God".

191 同189；又可參劉文三《臺灣宗教藝術》（臺北，雄獅圖書公司，一九七六），頁五二，「大聖爺的造形」，及圖四A、圖四B的說明。

元代之武當道士張守清

張守清（一二五四—約一三四六）大概是元代武當山道士中最著名的一位。其所以著名的一個最重要原因是，全眞教到了他才在武當山盛行起來。本來，全眞教是興起於北方的一個道教教派，一直都是流行於北方的❶，只是到了十三世紀後半期，才由張守清的前輩汪思眞（一二七五年前後生存）及魯大宥（？—一二八五）等傳入武當山❷，但使全眞教在武當山大行其

---

❶ 自王重陽（一一一二—一一七〇）於山東寧海（今牟平）全眞庵聚徒講道創立全眞教始，全眞教便一直流行於北方。陳垣（一八八〇—一九七一）有《南宋初河北新道教考》一書（撰於一九四一年）詳論全眞、大道及太一三教，其所謂「河北」即是指黃河以北的地區。至於全眞教爲何流行於北方，大概有以下幾個原因：一是王重陽本爲咸陽（今陝西咸陽）人，而立教又在山東寧海；二是全眞教的第二、三代宗師大多爲北人，在北方傳教是很自然的事；三是全眞教的作風敦純樸素，有古逸民之遺風，很適合北方人的性格。詳情可參看鄭素春《全眞教與大蒙古國帝室》（臺灣，學生書局，一九八七），第二章，「全眞教的初期發展」，頁五—四七。

❷ 汪、魯兩人在武當山傳道事見劉道明（一二九一年前後生存）《武當福地總眞集》（《道藏》本，冊六〇九。本文採用之《道藏》各書乃根據上海涵芬樓影印北京白雲觀藏本（一九二四—一九二六）），卷下，葉二七上—下；又見任自垣（一四三一年前後生存）《大嶽太和山志》（明刊本，臺灣，丹青圖書有限公司影印，一九八三），卷六「神仙」，總頁四二三—四二五。武當山在湖北省均縣之西南，是南方名山之一。

道的卻是張守清。而且，張守清的全眞教已非原本的全眞教，而是參入了清微派❸的全眞教，大講雷法❹，故此實際上是全眞教的一個新支派，因爲流行於武當山，故可名之爲「武當全眞派」。明代任自垣（一四三一年前後生存）在《大嶽太和山志》這樣稱道張守清：

……聞武當魯洞雲（按：即魯大有）仙譽超羣，不干名利，投禮出家，脩煉金丹大道，紹興香火，丕闡玄風，開化人天，恢宣道化……以道一貫，十方皈嚮，四海流傳，獨冠武當。❺

清人陳教友（一八七九年前後生存）在《長春道教源流》指出說：

魯大宥、汪貞常俱全真弟子。張道貴師貞常，而學於雷囦，蓋全真而兼正一派者。逮張洞囦（按：洞囦爲張守清之號）而所可大行，於是武當遂為全真別派。❻

於此我們暫不討論雷囦——即黃舜申（一二二四—？）之學（清微法）是否屬於正一派的問題❼，而只是想指出雷囦之學——清微法是得到張守清的發揚而能在武當山大行起來的。

基於上述兩點——使全眞教流行於武當山和參入清微法而別立一派——即武當全眞派，我們有足夠理由去研究張守清這位道士。本文就是一個初步研究的成果。

首先要考察的是張守清的生卒年份，因爲從來沒有一個明確的記載。根據元人程鉅夫（一二四九—一三一八）〈元賜武當山大天一眞慶萬壽宮碑〉，於「〔至元〕二十一年」張守清

❸ 清微派是流行於南宋末東南沿海的一個新符籙道派。它的歷史可遠溯至唐末。據元初陳采（一二九三年前後生存）《清微仙譜》（《道藏》，冊七五），它的始創人是唐末祖舒（十世紀初期人）。但實際上南宋末的黃舜申纔是此派的最關鍵性人物，把清微派大力傳播於民間的便是他。黃舜申的生平事略見《清微仙譜》，葉一四下—一五下；又見元趙道一（十三世紀時人）《歷世眞仙體道通鑑續編》（《道藏》本，冊一四九），卷五，葉一〇下—一一下，今人對清微派的研究，可參看 Professeur K. M. Schipper, "Master Chao I-Chen 趙宜眞（?—1382）and the Ch'ing-Wei 清微 School of Taoism"，見《道教と宗教文化》（東京，平河出版社，一九八七），頁七一五—七三四；陳兵《元代江南道教》，見《世界宗教研究》（北京，中國社會科學出版社），一九八六，第二期，頁六五—八〇，特別是頁七〇—七一。

❹ 雷法是符籙道派的重要道法之一，不獨爲清微派所採用，正一派、神霄派都採用它。關於雷或雷法的道經專著不少，見於《道藏》的至少有下列數種：《無上九霄玉清大梵紫微玄都雷霆玉經》（冊二五），《九天應元雷聲普化天尊玉樞寶經》（冊二五），《太上說朝天謝雷眞經》（冊二五），宋白玉蟾（一一九四—一二二九）《九天應元雷聲普化天尊玉樞寶經集註》（冊五〇），《九天應元雷聲普化天尊玉樞寶懺》（冊八二），《雷霆玉樞宥罪法懺》（冊八二），《太上洞玄三洞開天風雷高步制魔神咒經》（冊一八二），元張暉齋《貫斗忠孝五雷武侯秘法》（冊三二三），《太上太清皇老帝君運雷天童隱梵仙經》（冊三四一），《太上說青玄雷令法行因地妙經》（冊八七五），萬宗師《雷法議玄篇》（冊九九七）。

❺ 《大嶽太和山志》，卷六，總頁四三三。

❻ 《長春道教源流》（荔莊藏板，臺北，廣文書局影印，一九七五），卷七，「邱長春後全眞法嗣紀略」，葉三下（總頁四六八）。

❼ 陳教友說：「考《道藏》目錄，有……皆言祈禱符籙及五雷等法，又《清微仙譜》一卷云：『以天師爲法籙傳教之祖。』然則先天之道，即清微上道，實正一派也。」同上。可見陳教友認爲清微道屬正一派。清微是與正一有關的，詳下文。

「自峽州（今湖北省宜昌、長陽兩縣地）來，年三十有一」[8]，拜魯大宥爲師。至元二十一年爲公元一二八四年，由此推算，張守清之生年當爲公元一二五四年，即宋理宗寶祐二年。可惜他的卒年就連這樣的推算也找不到根據。我們只可知道他在公元一三四六年仍生存。這是根據《松江府志》的記載而得知的。《松江府志》說：

> 彭通微……至正四年（一三四四）游武當山，時太和張真人（按：即是張守清）主紫霄宮。素雲（按：乃通微之號）服勞執役三年，得真人授氣棲神之旨。[9]

至正四年即公元一三四四年，而通微能服侍守清三年，即是到一三四六年。由此可知守清在公元一三四六年仍在世。至於他的確實卒年卻不得而知。無論如何，壽命九十多歲，亦不可謂不長壽了。

張守清是元代武當全眞派的中心人物，繼往開來，對武當全眞派的貢獻至鉅。於此我們約略考察他這一派的傳授道統，以知其來龍去脈及張守清的特殊地位。現先以表列之如下（對頁）：

張守清之道——武當全眞道實來自兩個系統：一、全眞教；二、清微派。據程鉅夫〈大天一眞慶萬壽宮碑〉和任自垣《大嶽太和山志》，張守清之正式師父爲魯大宥[10]；而魯是全眞教道士[11]，故張守清所傳之道實以全眞道爲本。〈大天一眞慶萬壽宮碑〉對他們兩人的師徒關係及所傳之道有頗爲明確之記載：

> 漢東異人魯大宥隱居是山（按：指武當山）……天兵破襄漢，去，渡河，訪道全眞……至元十二年（一二七五）歸……獨結茅南巖。或請作宮庭，曰：「非爾所及也，其人將至矣。」〔至元〕二十一年（一二八四）秋九月，師（按：指張守清）自峽州來，年三十有一，願為

武當全眞派道統

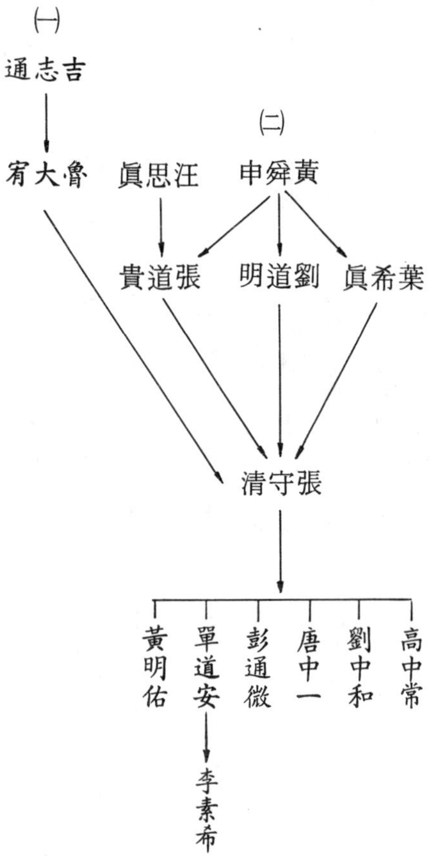

❽《玄天上帝啓聖靈異錄》(《道藏》,冊六〇八),葉七上。《靈異錄》應成書於明中葉以前,因爲它收錄在《道藏》裏。由於它只收錄元人的文章,它可能是元代或元末的作品。

❾轉引《長春道教源流》,卷七,葉六上(總頁四七三)。按:嘉慶二十二年(一八一七)刊本《松江府志》(府學明倫堂藏板)所載在文字上微有不同,如它作「稍長遊武當山」,而不作「至正四年游武當山」(卷六三,葉三六下)。大抵陳教友所用的版本不同。今從陳氏引文,因爲它能點出彭通微游武當山的年份,這對我們推究張守清的生存時期有莫大助力。

❿〈大天一眞慶萬壽宮碑〉記載張守清於至元二十一年(一二八四)秋九月到武當山師魯大宥事,同❽。《大嶽太和山志》對此事的記載見卷六之「張守清傳」,同❺。

⓫〈大天一眞慶萬壽宮碑〉說他「訪道全眞」,見《玄天上帝啓聖靈異錄》,葉六下。

弟子。大宥欣然，曰：「吾待子久矣。」卽授道要。[12]

所謂「道要」之「道」當然是指全眞道。但魯大宥接觸全眞道似非始於「天兵破襄漢」（一二七三年）之後。據上文記載，魯大宥於「天兵破襄漢」之前已隱居武當山，而《長春道教源流》更清楚地指出他「初入武當學道，草衣非食，四十餘年」[13]。這裏所說的「道」我們有理由相信應該是全眞道。據明代王圻（約一五二二—一五六六前後生存）《續文獻通考》，丘處機（一一四八—一二二七）的再傳弟子吉志通（？—一二六四）在襄陽未陷時居武當山[14]，故極有可能魯大宥初期在武當山所學之道即爲從吉志通所學的全眞道。後來因爲襄陽失陷，大宥離去，西絕汧隴，北踰陰山，到丘處機弟子演教之地方[15]，進一步研習全眞道。

在魯大宥的同輩中，與他關係最密切的是汪思眞。元劉道明（一二九一年前後生存）的《武當福地總眞集》、程鉅夫的〈大天一眞慶萬壽宮碑〉和任自垣的《大嶽太和山志》都記載他與魯大宥於至元十二年（一二七五）開復武當宮觀；又說他「嗣全眞教法」[16]。汪思眞有一著名弟子名張道貴（？—約一三六八）[17]，而張守清曾從道貴學道[18]。至於所學之道是否只限於全眞道，就有待我們去探索了。

按《大嶽太和山志》，張道貴除「禮汪眞常爲師」外，又「同雲萊葉君、洞陽劉君參覲雷囦黃眞人，得先天之道……乃清微之正脈」[19]。葉雲萊即葉希眞（一二五一—？），劉洞陽即劉道明（一二九一年前後生存），黃雷囦即黃舜申（前文已及）。可見張道貴曾經與葉、劉兩人同師黃舜申學清微法。既然張守清曾學道於張道貴，大抵他亦同時從張道貴學習清微法。同書指出張守清「清微正一，先天後天，靡不精通……獨冠武當。其雲萊、洞陽、雲巖（即張道貴）三師之道，盡得秘傳。」[20]所謂「三師之道」應該是指葉、劉、張三人之清微法，因爲葉雲萊

⓬ 同上，葉六下—七上。

⓭ 卷七，「魯大宥傳」，葉二上（總頁四六五）。此傳是根據〈大天一眞慶萬壽宮碑〉和《大嶽太和山志》寫成的。〈萬壽宮碑〉說「魯大宥隱居是山，草衣非食，四十餘年。」見《玄天上帝啓聖靈異錄》，葉六下。《山志》說魯大宥「幼入武當學道」，卷六，總頁四二四。

⓮ 王圻《續文獻通考》不易得，今據《陝西通志》（清沈青崖等撰，雍正十三年〔一七三五〕刊本，臺北，華文書局影印，一九六九）引錄。引文說：「吉志通……師喬潛道及潘清客，博學多聞。後居武當山十年……一日召弟子，戒以珍重修道，言訖，曲肱而逝，時中統甲子歲也。」卷六五，葉五二上。所謂「中統甲子歲」即一二六四年，實爲至元元年。從一二六四年倒數十年即是一二五四年，亦即是說吉志通從一二五四年起便居住在武當山。

⓯ 此爲陳教友根據《續文獻通考》所載推究得來的論說，見《長春道教源流》，卷七，葉二下（總頁四六六），「魯大宥傳」按語。

⓰ 《武當福地總眞集》，卷下，葉二七上—下，「汪貞常傳」及「魯洞雲傳」；〈大天一眞慶萬壽宮碑〉，見《玄天上帝啓聖靈異錄》，葉六下—七上；《大嶽太和山志》，卷六，總頁四二三—四二五，「汪眞常傳」及「魯洞雲傳」。

⓱ 《大嶽太和山志》「張道貴傳」說道貴「禮汪眞常爲師」，見卷六，總頁四二七。

⓲ 《大嶽太和山志》「張守清傳」說：「其雲萊、洞陽、雲巖三師之道，盡得秘傳。」卷六，總頁四三三。雲巖是張道貴之字。可見張守清曾禮道貴爲師。

⓳ 同⓱。

⓴ 同⓲。

與劉洞陽是清微派中人，不屬於全眞派㉑，而如今張雲巖與他們同列，我相信張守清「盡得」者應該是他們三人共有之「秘傳」——即清微法。換言之，即是說張守清盡得葉、劉、張三師之清微法秘傳。同書又說張道貴「門下嗣法者，二百餘人……惟張洞陽得其奧旨。於是玄風大闡，宗教自此振矣。」㉒張洞陽即張守清。他所得張道貴之「奧旨」是否獨指清微法？抑或兼指全眞道？我卻偏向相信是指清微法。我的理解是，張守清得傳張道貴的清微法奧旨，而以此參入他本來的全眞道，故能使「玄風大闡」，全眞派自此在武當山振興。

繼續要談談同爲張守清所師的葉希眞和劉道明。他們兩人在武當全眞派的道統上是有一定地位的。第一，正如上文所指出，他們把清微法傳授給張守清，使到張守清能把清微法作爲新血液注入全眞派，而創立一新支派——武當全眞派；第二，他們曾居武當山一段時期，大力宏揚清微法㉓，間接地爲張守清創立武當全眞派而預先作好準備。我相信如果沒有他們兩人在武當山宏揚清微法，使它普遍地在武當山流行，張守清可能不會容易使他新創的教派——以清微法爲主要內容之一的武當全眞派爲當地人所接受。

葉希眞本出自「名門」，他是唐代著名道士葉法善（六一六—七二〇）㉔之後裔。曾於至元二十三年（一二八六）「欽受聖旨，領都提點」㉕，而事實上「任武當護持，自公而始」㉖。至於劉道明，亦有一事値得注意：他曾編《武當福地總眞集》三卷㉗，記載武當山之故事、地

㉑ 大概由於這個厚因，陳教友的《長春道教源流》並沒有爲葉、劉兩人立傳。「三師」之中只有張道貴之傳見於《長春道教源流》，卷七，葉三上—下（總頁四六七—四六八）。這自然是因爲他曾「禮汪眞帝爲師」，所學的是全眞教法。

㉒ 此段引文來自同書兩個不同的傳記。「門下嗣法者，二百餘人」見「張道貴傳」，《大嶽太和山志》，卷六，總頁四二七；而「惟張洞困得其奧旨。於是玄風大闡，宗教自此振矣」幾句卻見於「張全弌傳」（即「張三丰傳」）後之獨立的一段文字，卷六，總頁四三二。起初以爲是屬於「張全弌傳」的，但除上下文理不銜接之外，又察覺到張洞困（即張守清）的生存時期比張三丰早幾十年，爲張三丰的前輩，似乎應該不會得三丰的「奧旨」的。這大概是刻印時的手民之誤。《長春道教源流》「張道貴傳」卻直書「門下嗣法者，二百餘人，得其奧旨，惟張洞困焉。」卷七，葉三上（總頁四六七）。按此傳是注明根據《武當山志》的，其版本應該與本文所用的有別，而且應該是一個較好的版本。

㉓ 見《大嶽太和山志》他們兩人的傳記，卷六，總頁四二五－四二六；「葉雲萊傳」又見《武當福地總眞集》，卷下，葉二七上－下。

㉔ 葉法善生平事蹟見元趙道一《歷世眞仙體道通鑑》（《道藏》，冊一四六），卷三九，葉一上－五上；五代杜光庭（八五〇－九三三）《道教靈驗記》（《道藏》，冊三二六），卷一四，葉八下－九上；唐王松年《仙苑編珠》（《道藏》，冊三三〇），卷下，葉二三上－下；宋張道統（約一二四一－一二五二年前後生存）《唐葉眞人傳》（《道藏》，冊五五七）；元張天雨（一二七七－一三四八）《玄品錄》（《道藏》，冊五五八），卷四，葉九下－一〇下；宋陳葆光（一一五四年前後生存）《三洞羣仙錄》（《道藏》，冊九九二－九九五），卷五，葉一二下－一三上；卷一〇，葉九上－一〇上；卷一一，葉二上－三上；卷一五，葉八上。今人對葉法善之研究，可參看丁煌〈葉法善在道教史上地位之探討〉，見《國立成功大學歷史學系歷史學報》（臺灣，國立成功大學），第十四號（一九八八・六），頁一－七八。

㉕ 《武當福地總眞集》，卷下，葉二七下。

㉖ 同上。

㉗ 《大嶽太和山志》說：「劉道明……暇則搜索群書，詢諸耆舊；加以耳濡目染，究其的論確辭，筆之曰《武當總眞集》。」卷六，總頁四二六。今此《集》收錄在《道藏》，不上，冊六〇九。

理、宮觀、神仙、人物、禽獸、草木等等，爲研究武當山之歷史提供不少珍貴材料。就與本文有關的人物來說，《武當福地總眞集》已爲我們提供了汪思眞、魯洞雲和葉希眞三人的生平事蹟材料[28]。故任自垣提到此《集》時說：

……會萬古之精華，歛一山之風月，於此可見師之用心。紀述詳明，如指諸掌；而洞陽此《集》，亦將與此山相爲無窮，有功於玄敎大矣哉。[29]

張道貴、葉希眞、劉道明三人曾從黃舜申學習清微道法，（此點上文已及），而黃舜申實爲清微派中一個極重要的人物。雖說清微派始於唐末人祖舒（十世紀初期人），後經數傳始到黃舜申[30]，但實際上，黃舜申纔是清微派的眞正始創人，至少到了他，清微派始「大行於世」[31]，自南宋末到元代大爲流行於東南地區。它是一個新的符籙道派，與傳統的天師道（或元以後的正一派）不同。它是匯合上清、靈寶、道德及正一四派而爲一的一個道派[32]，故多融內丹。清微派之所以得名，是因爲他們自稱其符籙道法出於清微天元始天尊之故[33]。但「清微」實有其深層之意義。《道法會元》對此有較爲明確的闡述：

夫清微法者，乃元始一炁，父母未生前混沌妙明之性也。不垢不淨，無欠無餘，空洞清虛，自然而然，大包乾坤，細藏空界……洞觀無礙，澄澄朗朗。《清靜經》云：「人能常清靜，天地悉皆歸。」無想無存，自然而然，寂然不動，感而遂通。若有想有存有作用，卽後天之法，非先天清微道法。如如洞澈，則是清微之妙義。難可窺測……但正心誠意，端守常法，無不靈驗……[34]

可見「清微」者乃指吾人之性處於自然而然，寂然不動之先天之境界，而「清微法」者乃達致此境界之修煉方法。是屬於內丹法的。

若本此義去看清微派，則清微派實與全眞教有相似甚至相通的地方。全眞教祖王重陽（一一一二—一一七〇）在〈答戰公問先釋後道〉一詩中說：

> 識心見性全眞覺。㉟

元人徐琰（十三世紀時人）撰〈郝宗師道行碑〉說到重陽之教時，亦提到此點：

㉘ 見該《集》，卷下，葉二七上—下。

㉙ 《大嶽太和山志》，同㉗。

㉚ 清微派的傳授道統如下：祖舒→郭玉隆→傅央焴→姚莊→高奭→華英→朱洞元→李少微→南畢道→黃舜申。由祖舒到黃舜申共十代，而黃舜申爲第九傳。此十代宗師之傳略見《清微仙譜》，葉一一下—一五下。

㉛ 《清微仙譜》說：「……先生門弟幾百餘人，今清微道法大行於世。然得其樞奧，闡揚靈驗，亦多其人。」葉一五上。

㉜ 《清微仙譜》有「上清啓圖」、「靈寶宗旨」、「道德正宗」及「正一淵源」四節（葉五下—一一下），每節敍述一派之授受道統，而例必傳至祖元君（即祖舒）。換言之，即是說祖舒集四派之大成。《清微仙譜》之作者爲陳采，而采乃清微派之大宗師黃舜申之門人（見采序），故其說極可信。另一部清微派的經典《清微元降大法》（《道藏》，冊一〇六一—一一〇）亦談到此傳襲情況，見卷一，葉二下—五上。

㉝ 《清微仙譜》稱元始天尊爲「元始上帝」（葉一上）；《道法會元》（《道藏》，冊八八四—九四一）「清微大道秘旨」章稱之爲「清微始祖元始天尊妙道上帝」，更說他是「清微法主」（卷一，葉八上）；同書談到「三派始祖」時，指出清微派之始祖是元始天王（卷二，葉二下）。《道法會元》是有關道教儀式的一部叢書，共二六八卷，其中不少篇幅是涉及清微道法的。此書大概編成於一三八二年之後，甚有可能出自清微派道士趙宜眞（？—一三八二）之弟子劉淵然（一三五一—一四三二）或趙之再傳弟子邵以正（活動時期爲一四二七—一四五四）之手。參見K. M. Schipper, "Master Chao I-Chen 趙宜眞(?—1382) and the Ch'ing-Wei 清微 School of Taoism", 前引，特別是 pp. 15-16。

㉞ 《道法會元》，卷二九，葉一上—下。

㉟ 全詩如下：「釋道從來是一家，兩般形貌理無差。識心見性全眞覺，知汞通鉛結善芽。馬子休令川撥棹，猿兒莫似浪淘沙。慧燈放出騰霄外，照斷繁雲見彩霞。」《重陽全眞集》（《道藏》，冊七九三—七九五），卷一，葉二上—下。

重陽真君……剏立一家之教曰全真。其修持大略以識心見性，除情去欲……為之宗。[36]

金人劉祖謙撰〈重陽仙跡記〉亦指出重陽教人以「明正心誠意少思寡欲之理」[37]。大抵清微、全眞兩派之中心教義都是心性之學，不過，清微派所談者，在層次而言，似乎較全眞派爲高，（因爲它所說的是「先天之學」），至少他們認爲如此。

大概是因爲這兩派有其相似或甚至相通之處[38]，故此，以全眞道爲本的張守清能夠很自然地融合清微道法去開創他的新道派——武當全眞派。

不過，清微派的道法中最特別的不是這心性之學，而是它的雷法，所謂「清微雷法」。張守清便積極地把它吸取到他的道法中。雷法是一種呼風喚雨、驅邪避鬼的法術，是屬於符籙派的。清微派的經典《清微神烈秘法》論雷法之奧秘說：

……道乃萬法之祖，雷乃諸雷（按：似「法」字之誤）之尊，非法中之法也……心心相授，口口相傳，與天長存，祈天福國，弘道化人，役使雷霆，坐召風雨，斬滅妖邪，救濟旱澇，拯度幽顯，贊助皇民，卽今人間清微雷法妙道是也。[39]

但此神雷法似乎只是一種天心法，是由煉心而產生出來的一種感天法術。《道法會元》解釋說：

雷法其來尚矣，未有如是至簡至易至驗者也……夫天地以至虛中生神，至靜中生炁。人能虛其心則神見，靜其念則炁融，如陽燧取火，方諸召水，磁石吸鐵，琥珀拾芥，以炁相召，以類相輔，有如聲之應響，影之隨形，豈力為之哉！不疾而速，不行而至，不機而中，不神而靈者，誠也。凡炁之在彼，感之在我；應之在彼，行之在我。是以雷霆由我作，神明由我召。感召之機，在此不在彼……道乃法之體，法乃道之用。雷霆者彰天之威，發道之用者也。明其體用，而究其動靜。靜也得太極之體，動也得太極之用。

寂然不動，卽道之體；感而遂通，卽法之用……雷霆者乃天之功用也。且夫人身與天地合其體，太極合其變，天地五雷，人本均有，是性無不備矣。㊵

張守清對雷法甚有心得，而且也很成功地運用它。程鉅夫《大天一眞慶萬壽宮碑》有這樣的記載：

皇慶元年（一三一二）春三月，京師不雨，徧走群望，不雨，詔武當道士張守清禱而雨。

㊱ 元李道謙（一二八八年前後生存）《甘水仙源錄》（《道藏》，冊六一一—六一三），卷二，葉二二上。〈碑〉之全名爲〈廣寧通玄太古眞人郝宗師道行碑〉。

㊲ 《甘水仙源錄》，卷一，葉一一上。〈碑〉之全名爲〈終南山重陽祖師仙跡記〉。

㊳ 《道藏輯要》收錄《清微宏範道門功課》一經，其序說：「……使全眞道侶遵依科教，信受奉行。」序頁一下。這說明全眞人士是奉行清微功課的，此情形是否顯示着全眞與清微實有其共通之處呢？見《道藏輯要》（清賀龍驤、彭瀚然編訂，光緒丙午年（一九〇六）四川成都二仙庵重刊本，臺北，考正出版社影印，一九七一），冊二三，總頁一〇二一三。

㊴ 《清微神烈秘法》（《道藏》，冊一〇五），卷上，「雷奧秘論」，葉一上—二上。在同一節說：〈清微法者，卽神霄異名也。〉，葉一上。道教史上有神霄一派，出現於北宋末葉，始創人爲北宋末的大道士林靈素（一〇七五—一一一九）。有關神霄派的歷史、道法、人物及其與清微派的關係可參看李豐楙〈宋元道教神霄派的形成與發展〉，《東方宗教研究》（臺北，文殊文化有限公司），第二期（一九八八•九），頁一四一—一六二。

㊵ 《道法會元》，卷一，「清微道法樞紐」，葉一上—二下。

明年春不雨，禱而雨。夏又不雨，又禱又雨。旣霑旣渥，仍大有秋，兩宮大悅。㊶

「坐召風雨」是「役使雷霆」㊷的結果，可見張守清實在是很精於雷法的。也許因爲如此，他在清微「師派」中被尊爲「沖元雷使」。而他的祖師黃舜申則被尊爲「碧水雷淵（按：或作「囦」）眞人」㊸。當時就有一些文人學士撰詩吟詠張守清祈雨的事，如趙世延（一二六〇—一三三六）便寫了一首題爲〈贈張洞囦祈雨詩〉的詩，茲鈔錄如下以見其盛況：

京師大旱連三年，地蒸熱氣如雲煙。
林林佳木盡槁死，毋論黍稷生秋田。
武當真人張洞囦，為道有心如鐵堅。
食捅衣惡夜不眠，兩眸奕奕光射天。
天子有詔承相宣，詔君禱雨紓煩煎。
君不默不語，奏達虛皇前。
將吏驅蛟龍，雷電相後先。
垂垂雨脚晝夜喧，平地湧水如通川。
稚禾出吐芃芃然，小草大草爭芳妍。
都人士女喜歡顛，謂君有道真神仙。
我今為賦喜雨篇，勒之金石傳千年。㊹

張守清之深於雷法，又見於《道法會元》的記載。此書談「清微正宗」時說：

近世如洞淵張真人，化行四海，獨露孤峯，止以愛將神烈一階授之學士。至於諸階雷奥，與夫鍊度奏章等法，雖間有得之者，亦鮮究其旨。㊺

他對於「諸階雷奧」實在是有心得的，只不過很少授之於人而已。這是因爲雷法深奧，世人很難掌握其要旨之故。但是，在其姓名可考的門人之中，至少有一位，甚至兩位，是得傳其雷法的。黃明佑（十四世紀時人）是其一。據《大嶽太和山志》記載，明佑「禮武當太和張眞人，嗣以清微法派」㊻。既然清微派以雷法著名，明佑從張守清所學之清微法，自然應包括雷法。另外一位可能是單道安（十四世紀時人）。同書記載他「從南巖張眞人學，精究道法」㊼。此「道法」似應有清微道法的成分在內（此外，當然是全眞道法），如果不誤，清微雷法當在其中。我相信從張守清學道的弟子斷不止兩位是傳授其雷法的，可惜沒有更多材料去證實而已。

張守清的弟子很多，這自然是由於他德高望重，精通道法之故。據《大嶽太和山志》說，他在武當山講道時，「十方皈嚮，四海流傳」㊽；《玄天上帝啓聖靈異錄》所載元仁宗延祐元

㊶《玄天上帝啓聖靈異錄》，葉六上。
㊷二語見《清微神烈秘法》，卷上，「雷奧秘論」，前文已引，參㊴。
㊸見《清微神烈秘法》，卷上，「師派」，葉三下。
㊹《大嶽太和山志》，卷一四，總頁七四三—七四四。
㊺《道法會元》，卷五，葉三七上。
㊻《大嶽太和山志》，卷六，總頁四三四。
㊼同上，總頁四三五。
㊽同上，總頁四三三。

年（一三一四）十月之語命更具體地說「爭稽首於講筵幾四千輩，不及脅於臥席垂三十年」[49]。可是在及見的材料中有姓名可考者只有六人，他們是：黃明佑、單道安、彭通微、唐中一、劉中和與高中常。

黃明佑，上文已提到。《大嶽太和山志》說他「早歲抗志煙霞，歷諸名嶽」，後來禮張守清爲師，傳習清微法。因爲他得到張氏的眞傳，故此「凡有禱祈，無不感應」，最後證道於南巖[50]。關於他的生平事蹟，值得指出的不過如此而已。看來他對於發揚全眞道並沒有甚麼特別貢獻。單道安，上文亦已及。其傳亦見於《大嶽太和山志》，可惜記載頗爲簡略。不過，對於他的修己濟人之功卻頗爲強調，指出他在張守清「昇舉之後，潛藏于疊字峯，屏絕人事，服氣養神」數年，然後「遊方遍覽西華、終南諸名山，道化盛行，濟人爲大……以平昔所授玄秘傳與門人」[51]。在他的傳略中最值得注意的是，他有一弟子名李素希（一三二四—一四二一），此人與明成祖（一四〇三—一四二四年在位）頗有交涉，詳下文。彭通微（一三〇七—一三九四），《大嶽太和山志》無傳，其傳略見於《松江府志》。他於至正四年（一三四四）遊武當山，禮張守清，「服勞執役三年，得眞人授煉氣棲神之旨」。因爲他道行高深，故當「明太祖徧求天下高人」時，「有司以聞」，可是當太祖於洪武二十七年（一三九四）命人入山宣召他時，他已死去。死前，他對弟子說的一番話頗值得玩味。他說：「九天之上，無不忠不孝神仙。今人人倫未盡，欲修僊佛，蒸砂作飯，豈不遠哉！」其傳又說他死後「正身不倚，長爪遶身：相傳其爪乘風，化爲金蛇，似蜥蜴而無足，長三、四寸……取置器中，俄失所在。」[52]指爪化爲金蛇一類的傳說自不足信，大概是因爲彭通微生前精於道法，每有異蹟，故死後崇拜他的人編製一些故事去神化他而已。元人王逢（一三一九—一三八八）有詩贈彭通微，見其《梧溪集》

53。

其餘三人——唐中一、劉中和、高中常，未見有專傳，我們只能從一些零碎材料去得知他們生平事蹟的片段。唐、劉兩人見於趙炸（一三一一年前後生存）、虞集（一二七二—一三四八）和鮑思義（一三一一年前後生存）三人爲〈啓聖嘉慶圖〉所撰之序文54。原來張守清因「至元間（一二六四—一二九四）龜蛇（按：龜蛇乃玄武或玄天上帝之象徵55）冬見於高梁河」

---

49 《玄天上帝啓聖靈異錄》，葉一二上。

50 同46。

51 同47。

52 材料乃根據《長春道教源流》引述，見卷七，葉六上—七上（總頁四七三—四七五）。又見嘉慶刊本《松江府志》，卷六三，葉三七上—下，惟文字上略有差異。

53 詩云：「彭、郭上清班，相望高世閒。木龕雙石壁，棕櫚萬雲山。軒冕泥塗底，詩書桎梏間，鄉園數形夢，欲借羽車還。」彭指彭通微，郭指郭梅岩，（見序文）《梧溪集》（《四庫全書珍本》，二集，臺北，商務印書館，一九七一），卷五，葉八五上—下。

54 此三序文見《玄天上帝啓聖靈異錄》，葉一五下—一八下。《靈異錄》收有〈啓聖嘉慶圖〉序文七篇，趙、虞、鮑之序文爲最後三篇。

55 玄武或玄天上帝，是北宮七宿之神，而七宿之排列形狀似龜蛇合體。玄武之名最早見於《楚辭‧遠遊》。北宋眞宗祥符年間（一〇〇八—一〇一六）因要避宋太祖趙匡胤（玄朗）之諱而改稱眞武。有關玄武或玄帝的研究，可參看今人許道齡《玄武之起源及其蛻變考》，見《史學集刊》（北京），第五期（一九四七

[56]，「發《啓聖》[57]舊編，集而爲〈嘉慶圖〉，圖釋以文，得梓鋟以行世」[58]。幫助他完成此一工作者便是唐中一與劉中和。在上述趙、虞、鮑三人序文中都有記載，雖詳略不一。虞集《序》說：

> ……是道也，洞淵張先生其知之，其作〈玄武嘉慶圖〉是已……於是與其徒唐中一、劉中和取其瑰異顯著者，圖而傳之，將使天下觀者動心駭目，必有以啓夫敬畏感慕之意焉。[59]

但是，似乎張守清只限於編製〈嘉慶圖〉的創意步驟或至多主持編製此書的督導工作，眞實地從其事者是唐、劉兩人。此點趙、鮑兩《序》說得較爲清楚。趙《序》說：

> ……洞淵張先生以弘願定力為此山開宇宙。其徒唐中一、劉中和充拓師說，作〈啓聖嘉慶圖〉。出相敘事，稽古之力，聚在此書。[60]

鮑《序》說：

> ……洞淵張先生，開此山……自非精修之至者能如是乎！高弟唐中一、劉中和繼承師志，思惟《玄帝實錄》流布未廣，作〈嘉慶圖〉，形諸有相，而敘其事，自初至終，至為周悉，募工鋟梓，以傳於世。[61]

無論如何，〈啓聖嘉慶圖〉是張、唐、劉三人合力編成的，這對於當時的玄武或玄帝崇祀——至少在武當山的玄武或玄帝崇祀產生過不少推動作用[62]。

〈啓聖嘉慶圖〉編成於何時？因爲此書已佚，無法從其內容或自序（如果有的話）得知，只好根據他人寫的序文所標示的日期去推斷。此書共有序文七篇，撰人爲：張與材（？—一三一六）、吳全節（一二六八—一三四六）、張仲壽（一二五二—？）、趙孟頫（一二五四—一三二二）、趙炘、虞集和鮑思義。日期最晚的是吳全節的一篇。是篇撰於「延祐改元」[63]，即延祐元年（一三一四）。由此可推斷〈啓聖嘉慶圖〉的成書應該不會遲過這一年。

高中常之事蹟略見於〈眞慶宮創修記碑〉：

〔張〕洞囦極深研幾，措之事業。其間乃舉未備，屬其徒中常高君道明者繼之于聞。中常夙鍾道炁……早慕武當。歲乃志學，果有所願，勤心奉敎，繼志述事，孜孜不倦……。64

中常於至正年間（一三四一——一三六八）曾爲大天一眞慶萬壽宮提點，且於至正九年（一三四

一二），頁二三一—二四〇；見Willem A. Grootaers, "The Hagiography of the Chinese God Chenwu", *Folklore Studies*, Vol. XI, NO. 2（東京，一九五二），頁一三九—一八一；拙文〈玄帝考〉，見拙著《道教研究論文集》（香港，中文大學出版社，一九八八），頁一二一—一五六。

56 吳全節（一二六八——一三四六）〈啓聖嘉慶圖序〉，見《玄天上帝啓聖靈異錄》，葉一三下。

57 此「《啓聖》舊編」似乎是指《玄天上帝啓聖錄》，今見《道藏》，册六〇六—六〇八，共八卷。若然，則此書自應成書於至元（一二六四——一二九四）之前，《中國叢書綜錄》（上海，中華書局，一九六一）以爲是宋代無名氏的作品，見册二，頁四五〇。

58 張與材（？——一三一六）〈啓聖嘉慶圖序〉，見《玄天上帝啓聖靈異錄》，葉一三上。

59 見《玄天上帝啓聖靈異錄》，葉一七上—下。

60 同上，葉一五下——一六上。

61 同上，葉一八上。

62 參拙文〈玄帝考〉，前引，特別是頁一三七——一三九。

63 吳《序》末署「延祐改元夏五玄教嗣師吳全節頓首書」，見《玄天上帝啓聖靈異錄》，葉一三下。

64 見《大嶽太和山志》，卷一二，總頁六〇六。

九）立〈天壽節瑞應碑〉[65]。他是張守清弟子上述六人之中惟一當過提點的。

於此，順帶談談單道安的弟子李素希。他於洪武時（一三六八—一三九八）住持五龍宮；又於永樂三年（一四〇五）及四年（一四〇六）獻榔梅實給成祖。這兩次獻實都蒙勑諭賜賚[66]，更於第二次獻實後「詣闕謝恩，賜坐於便殿」。成祖曾「諭以理國治身之道」，素希「以道德奏對」，以致成祖大悅，「禮待甚厚」[67]。最值得一提的是，他對永樂年間（一四〇三—一四二四）成祖於武當山大建宮觀事頗有貢獻。《大嶽太和山志》記載：

永樂十年（一四一二），朝廷遣大臣率軍士二十餘萬建宮觀三十餘處。經營之始，詢訪古跡舊規，師（按：指李素希）一一陳之。不數年間，金殿宮觀落成。[68]

原來素希對於宮觀舊規是十分熟悉的。成祖於永樂年間在武當山大建宮觀主要是爲了崇祀玄帝，其次是爲了景仰張三丰（約一三一四—約一四一七）。這一點我已在別處討論過了[69]，不再贅述。素希於永樂十年被欽選爲五龍宮提點及統領宮事，賜六品印[70]，算是成祖對他有功於「經營」武當山宮觀的封賞。

素希於「經營」武當山宮觀來說只限於提供「古跡舊規」，是顧問式的，但是，他的祖師張守清卻實實在在的經營武當山。程鉅夫的〈大天一眞慶萬壽宮碑〉對此點曾大書特書：

師（按：指張守清）躬執畊爨，墾山鑿谷，種粟為食。繼師其徒翦薈翳，驅鳥獸。通道東自山趾絞口，七十里至紫霄宮，五里至南巖。南巖北下，三十里至五龍宮，又四十里抵山趾蒿口……乃搆虛夷峻，揵木穹谷，刊在窮厓，即巖為宮，廣殿大庭，高堂飛閣，庖庫寮次，即嚴且備，炫晃丹碧，轇轕雲漢，像設端偉，鐘鼓壯亮，引以石徑，蔭以杉松，積工累資巨萬計，歷二十餘載乃成。墾田數百頃，養衆萬指。[71]

守清以二十餘年的時間去經營武當山，不少事情親力親爲，眞可謂盡其心力了，與成祖比較起來，其對武當山的貢獻是過之而無不及的。守清經營武當山應在其師魯大宥仙去（至元二十二年，一二八五）之後到至大三年（一三一〇）之前[72]，歷二十六年之久！

---

65 〈天壽節瑞應碑〉末署：「清微演慶宣道法師大天一眞慶萬壽宮提點臣高道明立碑，至正九年四月十七日」，見《大嶽太和山志》，卷一二，總頁六〇三。「道明」乃高中常之別名，見〈眞慶宮創修記碑〉，前文已引。

66 見《大嶽太和山志》，卷七，總頁四四一—四四三。兩諭見《大明玄天上帝瑞應圖錄》（《道藏》，冊六〇八），葉五下—六下。《瑞應圖錄》，《中國叢書綜錄》認爲是明人所編，大抵不誤。

67 見《大嶽太和山志》，卷七，總頁四四三。

68 同上，總頁四四三—四四四。

69 參看拙著《明代道士張三丰考》（臺灣，學生書局，一九八八），頁一〇一—一四；〈張三丰與明帝〉，見《道教研究論文集》，頁四三—四七。

70 見《大嶽太和山志》，卷八，總頁四七七。

71 見《玄天上帝啓聖靈異錄》，葉七上—下。

72 〈大天一眞慶萬壽宮碑〉之記載可以爲證。〈碑〉說：「〔至元〕二十一年秋九月，師自峽州來……明年（一二八五）春正月〔魯〕大宥仙去。師躬執畊爨……歷二十餘載乃成……至大三年（一三一〇），今上皇帝儀天興聖慈仁昭懿壽元皇太后聞師道行，遣使命建金籙醮，徵至闕。」《玄天上帝啓聖靈異錄》，葉七上—下。從至元二十二年到至大三年前後共二十六年，即〈碑〉內所說「二十餘載」。

經營武當山之後，於至大三年，守清奉武宗皇太后之命建金籙醮，祈禱雨雪[73]。《大嶽太和山志》記載「立有顯應，人皆神之」；也因此賜號「體玄妙應太和眞人」，管領教門公事[74]，成爲元代武當山道士中最榮貴的一位。

張守清之所以有此成就自然與他精研道法有絕大關係，但其道德修養之高深亦是一個不可忽視的因素。我們於此引錄程鉅夫對他一生的評語以結束本文：

師以雲栖霞舉之侶，而能振道濯德，焦心苦志，奮樹堂壇，以承天休，亦可謂豪傑之士矣。師闓疏果毅，方嚴質茂，雖大祠祭，不待沐浴更衣，所感必應；雖身被顯寵，如始入山，其有道者耶！若神之德，廣大混茫，變化無方，謂則宿所鍾，詎不信然。[75]

73 〈大天一眞慶萬壽宮碑〉對此情況有記載，參前注。又《大嶽太和山志》亦有記載，不過沒有指出正確時間，見《山志》，卷六，總頁四三三－四三四。

74 見卷六，總頁四三四。賜號事亦見〈大天一眞慶萬壽宮碑〉，《玄天上帝啓聖靈異錄》，葉七下。

75 見〈大天一眞慶萬壽宮碑〉，《玄天上帝啓聖靈異錄》，葉八上－下。

大江派考

數年前當我研究產生於大約道光時期（一八二一—一八五〇）的道教西派❶的時候，我注意到兩個道派名詞：「大江派」和「大江西派」；亦同時注意到一般道教人士和學者都認爲大江派就是大江西派或西派❷。當時我對這個問題頗感興趣，而且懷疑眞實的情況是否如此，因爲基本上名稱已有不同，雖然「大江派」可視爲「大江西派」的簡稱，或因「大江西派」一名而被認爲是「西派」，故此我在拙著《明代道士張三丰考》的一個注解說：

> ……然「大江派」是否為「大江西派」的簡稱，或「西派」是否為「大江西派」的別名，或西派是否即為大江派，或是否與大江派有關，卻需要進一步研究。❸

現在總算有機會多注意這個問題了，經過一段時間的研究和思考，略有所得，故不嫌淺漏寫下這篇文字，就教於大方之家。

---

❶ 研究成果見拙文《清代道教西派命名、活動及道統考》，《中國文化研究所學報》（香港中文大學），第十二卷（一九八一），頁一九五—二一七。後來此文收入拙書《道教研究論文集》（香港，中文大學出版社，一九八八），頁六一—九一。又可參拙書《明代道士張三丰考》（臺北，臺灣學生書局，一九八八），第二部分「張三丰道派考」，頁六五—一四七。

❷ 此點在本文結尾部分將會討論，於此暫不闡述。

❸ 前引，頁一四三。

「大江派」之名最早見於道光二十六年（一八四六）刊刻的《純陽先生詩集》❹，在其第七卷和第八卷屢次提及它。卷七有名爲《壺盧草》的十二篇詩，其第七篇名《大江吟》，一開始便這麼說：

> 西陟岷山覩徼外，千峰萬澗成一派。一派溶溶號「大江」，長驅萬里注滄海。……❺

詩末有此《詩集》的重編者火西月（一八一二年前後生存）❻的按語，說：

> ……而今而後，皈依先生者，卽稱為「大江派」也可。❼

按語說的「先生」就是《純陽先生詩集》的作者呂純陽，即呂岩（七九八—約八七〇）。呂爲道教中一著名道士，開道教南北二宗❽。如果我們相信《大江吟》一詩眞實是呂岩的作品的話，那麼大江派在呂岩的時代，即唐代，已經存在。但是這首詩跟《詩集》中其他很多篇章一樣都是後人，甚至後到清代的人，從扶箕得來，或者乾脆僞造而託名呂岩的。這裏我們可以舉一個很明顯而有力的證據：《詩集》共分九卷，第五至第八卷爲「清詩」，而《大江吟》在第七卷，試問一個生存於唐代的道士如何可以在幾百年後的清代作詩呢？這不是來自扶箕或僞造是甚麼呢？不過，倘若我們從另一角度看這首詩，至少可以知道這一派——大江派所標榜的祖師是呂岩；而這一點在火西月的按語裏更加可以確定。

《詩集》卷八有名爲《江上看雲歌》的一篇詩，結句說：

> 有客將予比大江，從今便衍大江派。❾

這裏就進一步明顯地指出大江派是以呂岩爲祖師的。同卷有《大江派偈》一篇，一開始便明確地指出呂岩是大江派的祖師了，詩云：

> 大江初祖是純陽，九轉丹成道氣昌。

今日傳化無別語，願君箇箇駕慈航。⑩

---

④《純陽先生詩集》，見《呂祖全書》（蕭天石主編《道藏精華》，第九集之四，臺北，自由出版社，一九八〇），頁三五五—八〇六，爲「淮海陸潛虛原本，火涵虛重編」，鐫刻日期爲「道光丙午歲」，即道光二十六年，公元一八四六年。

⑤《純陽先生詩集》，前引，頁六九三。

⑥關於火西月的一些事蹟留待本文稍後去研究。

⑦《純陽先生詩集》，前引，頁六九五。

⑧呂岩事蹟見元樗櫟道人（秦志安）《金蓮正宗記》（《道藏》，冊七十六。《道藏》分正續兩部分。正藏編成於明正統年間（一四三六—一四四九），刊行於一四四四或一四四五年。續藏編成於萬曆三十五年（一六〇七）。一九二四至一九二六年上海涵芬樓影印的《道藏》是北京白雲觀所藏的明刊正續全藏，共線裝一千一百二十冊。一九七七年臺灣新文豐出版公司據涵芬樓本影印出版，名《正統道藏》，精裝六十鉅冊；又「總目錄」一冊，最便檢覽。）卷一，葉五下—九上；元劉天素謝西蟾《金蓮正宗仙源像傳》（《道藏》，冊七十六），葉一五上—一六下；元趙道一《歷世眞仙體道通鑑》（《道藏》，冊一四七），卷四五，葉一上—四上；元苗善時《純陽帝君神化妙通紀》（《道藏》，冊一五九）；《呂祖志》（《道藏》，冊一一二—一一一三）；清劉體恕（十八世紀時人）輯《呂祖全書》（香港，青松仙觀重刊，一九六五）；清火西月重編《呂祖全書》（《道藏精華》本，前引）。南北二宗是指以劉海蟾（約一〇二三—一〇六三年間生存）爲初祖的道教南宗（即金丹教）及以王重陽（一一一二—一一七〇）爲初祖的北宗（即全眞教）。

⑨《純陽先生詩集》，前引，頁六九七。

⑩同上，頁七〇〇。

此詩有一引言，頗爲重要，今抄錄如下：

> 余前作《大江吟》，人多以「大江」稱我。作良深矣。今諸子誦之，同然心喜，請開大江一派。純陽苦不敢辭，因按《禹貢》經文「岷山導江」八句，書九字，曰：「西道通，大江東，海天空。」以此循環，合九轉之義。⑪

其重要的原因有二：一、指出大江派爲呂岩「所開」；二、寫出此派的傳代九字⑫。同卷更有關於「大江派」一名的材料，現不厭其繁，錄之如下：

> ……茲劉道愚輩，以存心養氣之儒，覓敬業樂羣之地，讀書不為科名，惟善以為至寶，因其舊製，聊作小樓二間，復以重玄長開大江一派。羣居終日，文會友而友輔仁，……尊岳帝為東主，以純陽如西賓，更卜雲岑，增修舍館，聳高樓以祀上帝，開別院以祀羣仙。……（《天齊宮增修抱一樓銘》之序言）⑬

序言中的「小樓二間」是指抱一樓和涵三宮，爲清時呂岩常常降壇之處⑭。

雖然「大江派」一名在《純陽先生詩集》裏曾多次被提及，但「大江西派」一名卻始終沒有出現。大概它的出現是後來——道光（一八二一—一八五〇）以後的事⑮。

大江派的始創人自然不是呂岩，因爲呂岩生時從未提到大江派，而只是在托名他的詩篇——寫於清代的詩篇纔提到這個道派。那麼，誰是大江派的始創人呢？我認爲極有可能是火西月，就是重編《純陽先生詩集》的那一位。關於火西月的資料不多，我們可以知道的是，他是清代中葉人，字涵虛，一字團陽，又被稱爲火二，曾經編過《海山奇遇》（即《呂祖年譜》）、重編過《純陽先生詩集》和注釋過《道德經》、《陰符經》……等若干道經。我們所根據的資料主

⑪ 同上。

⑫ 這傳代九字大概就是大江派的派詩。派詩是一派之祖師所參悟到之眞理之內容通過詩的形式寫出來的簡約文字，是一派的根本義理所在。派詩又叫「宗派字譜」，一派的道統的繼承人的法號必須順次地採用派詩裏所用的字，這樣，某繼承人爲何代則一目了然。一個道士必須緊記他所屬那一派的派名及派詩，否則他不被認爲是個眞正道士。關於派詩的作用，日人吉岡義豐在其《道教の研究》（法藏館，京都，一九五二）一書裏有頗爲清楚的談論，見頁二二七－二二八。

⑬ 《純陽先生詩集》，前引，頁七一三－七一四。

⑭ 有關涵三宮的材料比較多，如《純陽先生詩集》卷六全卷都是與涵三宮有關的詩篇。是卷分爲《涵三雜詠前輯》與《涵三雜詠續輯》兩部分，共計一百四十餘篇（頁六〇九－六五八）。火西月《涵三雜詠前輯》小序說：「涵三宮，在鄂城東隅，呂祖降神處也。自康熙壬午（一七〇二），至乾隆己未（一七三九），前後近四十年。」見《詩集》，頁六〇九。呂祖降臨涵三宮的事蹟亦見火西月編《海山奇遇》（亦名《呂祖年譜》，見《道藏精華》《呂祖全書》，頁一－三五四）卷七，裏面的「涵三宮傳清微三品眞經」、「演禪宗正旨」、「涵三宮傳參同妙經」、「戀跡」、「度劉體恕」、「度鄧東巖」、「度劉清虛」、「村館留字」等數節都是與呂祖降臨涵三宮有關的。抱一樓也應該是清初的道壇，因爲它常與涵三宮相提並論的，如《天齊宮增修抱一樓銘》說：「……道一涵三，三歸抱一，一歸何處，空行絕迹。」，見《詩集》，頁七一五。

⑮ 我們作此推論是因爲此名並不見於刊刻於道光二十六年（一八四六）的《純陽先生詩集》，較詳細的討論見下文。

要是《海山奇遇》、《純陽先生詩集》(合稱《呂祖全書》,空青洞天板⑯)和《太上十三經注釋》⑰。

首先讓我們觀察從《海山奇偶》一書得來的有關火西月的材料。是書共七卷,除第一卷作「火西月述」外,其餘六卷都作「火西月敬編」。此外,又有序文一篇,曾三次提及火西月自己的名字——「月」⑱。故此,我們大概可肯定地說《海山奇遇》的編者是火西月。原來《海山奇遇》一書是火西月根據託名呂岩的《賓翁自記》、託名陸西星(一五二〇—約一六〇一)的《道緣滙錄》和大概成書於清初的《涵三全書》和他自己的見聞編成的⑲。

《純陽先生詩集》一書能夠為我們提供有關火西月的材料比較多,如他的字號別稱,生存時期,與大江派的關係等等都有相當交代。《詩集》共九卷,附一卷,每卷之首都標明火西月重編或敬編或校訂,而且除了卷五和附錄一卷,都同時署「涵虛」一字號,例如卷一就作「火西月涵虛重編」⑳,足見火西月別字「涵虛」。此情況在扉頁就更為清楚,它乾脆地署「火涵虛重編」。《詩集》有署名「皈虛弟子」撰的一篇序文,裏面提到火涵虛,說:

……先生(按:指呂岩)詩,自宋迄今,頗尠善本,惟淮海陸公所藏《終南山人集》二卷,愚得於江南坊間,歸遺江沱火涵虛,涵虛續編之。……㉑

火西月自己也有序文一篇,記述他編《呂祖年譜》及《詩集》一事,說:

……考尋既久,乃得陸潛虛先生所傳《終南山人集》二卷,係呂祖手自編訂者外,並有《賓翁草堂自記》及潛虛《道緣滙錄》,敘次呂祖入世出世之因,成己成人之事,前後朗然。惜潛虛天符事迫,書未成而即去。愚不敏,似於星月交輝之讖,宿有因緣,因為旁搜博採,稍集其成,名曰《年譜仙蹟》。復即宋以後詩序次之,名曰《編年詩集》。自是而一片神行,千秋畢現,人得以見呂祖流水行雲朗吟長嘯之樂也。……㉒

「涵虛」一別字在《詩集》中屢次被提及，如《蓮華集引》說：

> 順治丁酉（一六五七），余（按：指呂岩）在邗江蓮華社，勾留數載，絕少吟哦，惟《聖德》、《賢德》二經，四言古韻，近頌體也，因刪酌而付之涵虛，以存雪跡。……㉓

又如《聖德經》按語引呂岩之言說：

---

⑯ 參註❹及⑭有關板本部分。《呂祖全書》實有兩種：一種是劉體恕在乾隆九年（一七四四）彙輯的，另一種是火西月據陸潛虛原本在道光年間重編的。兩種在內容上，雖部分相同，實際上有很大差別。劉本是個獨立的有機體，分三十三卷；而火本是由兩本書——《海山奇遇》和《純陽先生詩集》合成的，各自分卷。關於劉本的研究可參看日人佐伯好郎《呂祖全書考》一文，見《東方學報》（東京），第五期（一九三四•一二），頁八七—一六〇。本文所根據的《呂祖全集》却是火本，而劉本並不能為我們提供有關大江派的材料。

⑰ 見蕭天石主編《道藏精華》（臺北，自由出版社，一九八二），第二集之四。此書實為與《道竅談》、《三車秘旨》的合刊本。

⑱ 分別見《海山奇遇》，頁一、二、四。

⑲ 參看《海山奇遇》火西月自序，頁一—四。

⑳ 見《純陽先生詩集》，頁三七五。

㉑ 同上，頁三六八。

㉒ 同上，頁三七〇。

㉓ 同上，頁五六一—五六二。

先生（按：指張三丰㉔）知武王者也，當命涵虛識之。㉕

詩末按語亦有署名「涵虛」的，如卷五《題石》一篇的按語便是㉖。但，若與署名「月」的按語比較，情況便不是那麼多。署名「月」的按語如卷二《贈劍仙二首》、卷四《題悟眞西江月第十一闋二首》、卷五《賢德經》、《題像二首》、卷七《大江吟》、卷八《十月十八日集空清洞……》、卷九《促拍滿路花》、《尾聲》、《醉翁操》等篇㉗。

關於火西月的姓名，《詩集》中的《壺廬草自引》有一段頗爲有趣的記載：

……予偶過其間，行至一處，遇有少年逸士，荷鋤朗吟。……問姓不言，指火為姓；詰名不答，指月為名。予知其有夙根者。火為汞龍之子，月乃鉛虎之精。遂授以龍虎大丹，及卦象河洛，囑其飛鋤江畔，覓侶同研窮理盡性以至於命焉。……㉘

這自然是火西月對自己的姓名的解釋，只不過託辭呂岩而已。

「團陽」大概是火西月的另一別字。它在《詩集》中至少出現過兩次：《同丰仙步火團陽韻》、《附團陽元韻》㉙。「火二」可能是火西月的別稱，原因也許是火西月在兄弟姊妹輩中排行第二。「火二」的稱呼在《詩集》中屢見，如卷七就有《荷鋤吟賜火二歌之》、《大易吟示火二》、《金丹陰陽內外歌示火二》及《春去詞誘火二到江上》諸篇，卷八有《喜火二到江上戲作》、《勉火二》及《贈火二及東方生歸廬》數篇㉚。但是最值得我們注意的是卷八的《男女變易歌》，因爲它說出了呂岩和火西月（如果火二就是他的話）的關係。歌云：

我來江上無他事，要度幾人成道士。不知江上有緣無，先把真機傳火二。火二逢緣代我宣，切莫輕輕洩妙玄。……㉛

由這首詩歌我們可以知道火西月是遙師呂岩的，換言之，火西月的道是繼承呂岩的㉜，亦即是說火西月所創的大江派是以呂岩爲祖師的，而事實上也是如此，上文所引的《大江派偈》（「大江初祖是純陽，……」）已很明確地指出。簡單地說：火西月創立大江派，以呂岩爲祖師，亦

㉔ 張三丰是元末明初的著名道士，活動時期約由元延祐年間（一三一四—一三二〇）到明永樂十五年（一四一七）。有關張三丰的研究可參看拙著《明代道士張三丰考》，前引；拙文 "The Cult of Chang San-feng", *Journal of Oriental Studies* (Hong Kong University Press), Vol. XVII, Nos 1 & 2 (1979), pp 10-53; Seidel, A., "A Taoist Immontal of the Ming Dynasty : Chang San-feng" in Wm. Theodore de Bary (ed.) *Self and Society in Ming Thought* (Columbia University Press, New York, 1970), pp. 483-531.

㉕ 《純陽先生詩集》，頁五六九。

㉖ 同上，頁五八六。

㉗ 分別見《純陽先生詩集》，頁四七九、五五七、五七三、五九三、六九五、七三九、七六五、七八〇、七八六。

㉘ 同上，頁六八九。

㉙ 同上，頁七三三、七三四。

㉚ 同上，頁六九〇、六九一、六九二、六九六、六九九、七三〇、七三七。

㉛ 同上，頁七〇二。

㉜ 這一點上文所引的《壺廬草自引》亦可作爲佐證。《自引》說：「遂授以龍虎大丹，及卦象河洛，……」語意是很明白的。參㉘。

以呂岩之道爲大江派之道㉝。

火西月是甚麼時代人呢？上文我們曾經指出過「大江派」之名最早見於道光二十六年（一八四六）刊刻的《純陽先生詩集》，如果我們確實相信火西月是大江派的始創人的話，那麼，火西月的生年絕不會晚於道光二十六年。他的活動時期大概是十九世紀。我們更有具體一點的證據。在《詩集》卷七「清詩」裏有一詩，其小序是這樣寫的：

永寧道署示劉晴帆觀察斌，時嘉慶壬申暮春月。㉞

嘉慶壬申即是公元一八一二年。詩雖託名呂岩，而事實上應是火西月從扶箕得來，或甚至有意僞造而託名呂岩的。由此可知火西月約生存於一八一二年前後，至少不可能在一八一二年之前去世。我相信他是個活動於十九世紀前半期的人物，可惜沒有更具體更直接的材料作爲證據。

另一本可以爲我們提供有關火西月的材料的是《太上十三經注釋》。《太上十三經》是指《道德經》、《陰符經》、《清靜經》、《玉樞經》、《護命經》、《日用經》、《大通經》、《洞古經》、《定觀經》、《五廚經》、《明鏡經》、《金穀經》和《文終經》十三種。我所看到的是蕭天石（？—一九八七）主編的《道藏精華》影印清板的本子㉟。根據這個本子，《太上十三經注釋》之中只有七經的注釋是署有作者姓名的，它們是《道德經注釋》（涵虛生注）、《陰符經類解》（火西月自序，涵虛述）、《玉樞經約解》（涵虛子注）、《日用經約解》（西月小序說：「經語明顯，不煩注疏。」）、《大通經約解》（涵虛子注）、《定觀經約解》（涵虛子述）、《五廚經解》（涵虛注）。書末附有《循途錄》，爲涵虛子手著。那麼，其餘六經（即《清靜經》、《護命經》、《洞古經》、《明鏡經》、《金穀經》和《文終經》）是否並非火西月所注釋或與他無關係呢？恐怕實際情況不是這樣。先看《道德經注釋》的撰於道光年間和署名「蜀山三隱者」的序文：

……一日，遊道觀間，見有《圓嶠外史》數函，講論延年之學，不失老子之道。其中有《十三經注釋》，皆老子書也。《道德》一經，最為精詳。末附《循途九層》，更為切近淺顯，因詢黃冠曰：「樹下先生何人也？」曰：「隱於農者也。」乃訪先生於卷山。許為巢由同調，授以真機。退而刊《十三經》，存於書肆，……㊱

從這段引文可見《十三經注解》和《循途九層》（按：即《循途錄》）這十四種著述都是出自一人之手，而此人乃爲隱於卷山之樹下先生。樹下先生爲誰呢？讓我們細看《陰符經類解》和其序文的作者署名。《陰符經類解》署「樹下涵虛述」；而其序文署「卷石山人火西月自序於

㉝ 呂岩之道是以慈悲度世爲成道路徑，改丹鉛與黃白之術爲內功，改劍術爲斷除貪嗔、愛慾和煩惱的智慧，對後世道教教理的發展有很大的影響。道教南北二宗的理論就是受到他的影響而產生的。要研究呂岩之道最直接的方法是細讀他的著作和察觀他的生平事蹟，而兩種不同的《呂祖全書》（劉體恕輯的和火西月重編的）都可以爲我們提供不少這方面的材料。至於大江派之道卽呂岩之道這一事實可以《大江吟》一詩的火西月的按語爲證據。內文已引，參❼。

㉞ 《純陽先生詩集》，頁六八六。

㉟ 參⓱。書前有二序：一爲道光年間蜀山三隱者撰的，一爲託名純陽先生撰的。後者大概是出自清人之手。此外，又有張三丰、陸西星及白玉蟾（一一九四－一二二九）爲《東來正義》（卽《道德經注釋》）題詩，各一首。然後是《太上十三經目錄》。

㊱ 《太上十三經注釋》，前引，序頁一－二。

大江上」㊲。很明顯，樹下先生即涵虛，亦即火西月，亦即卷石山人。換言之，這十四種著述的作者就是火西月。

引文中又提到《圓嶠外史》數函，可惜除了上述的十四種作品外，沒有提到其餘內容。根據《太上十三經道德經注釋》的署名「純陽先生」的序文（自然不是呂岩自撰，大概是清人僞造），《圓嶠外史》中至少還有《道竅談》一書，作者爲涵虛子，即火西月㊳。不過，《道竅談》的作者問題是頗爲複雜的，舉例來說：《張三丰全集》㊴卷八「水石閒談」就說嘉慶道光年間（一七九六—一八五〇）有白白子者曾作《圓嶠外史．道竅談》㊵。我頗懷疑《圓嶠外史》更雜有其他人士的著作，大概是一部小型道教叢書。蜀山三隱者是道光時人㊶，與火西月同時，而且實際上受教於西月㊷。關於後者的著述，他們所記錄的自不成問題，可信的程度極高，故在此階段我們只可說除了編《海山奇遇》和《純陽先生詩集》外，火西月的著述可靠的就只有《太上十三經注釋》和《循途錄》而已。

有關火西月的，我們還要探討一下他的籍貫和創立大江派之所在或大江派流行的地區。關於火西月的籍貫，我們仍然要借助蜀山三隱者的序文（上引）和《陰符經類解》及其自序之署名。前者稱火西月爲「樹下先生」而《陰符經類解》則署「樹下涵虛」，考慮到以前的中國人往往喜歡以某名人的籍貫尊稱他爲某某先生，如尊稱康有爲（一八五八—一九二七）爲「南海先生」，故樹下極有可能是火西月的原籍。證之於《太上十三經道德經注釋》的託名純陽先生的序文，這個可能性應該成爲事實，序文說：

> 有涵虛子者，仙才也。金書入夢，生於樹下人家。㊸

又，蜀山三隱者的序文說「訪先生於卷山」，而《陰符經類解》的火氏自序自稱爲「卷石山人」。

那麼，究竟卷山或卷石與火西月有什麼關係呢？我猜想它是火氏隱居的地方，這個想法是從「訪」字聯想到的。託名純陽先生的序文說：

---

37 同上，分見頁一〇一、九六。

38 序說：「〈涵虛子〉乃奮其才力，作《圓嶠外史》，蓋陸子之對峙也。是故陸有《玄膚論》，此即有《道竅談》；陸有《就正篇》，此即有《循途說》，是皆淸眞之文也。」《太上十三經注釋》，序頁三。

39 《張三丰全集》見賀龍驤、彭瀚然等編《道藏輯要》（成都二仙庵本，一九〇六），續畢集，第七至十二冊。臺北，考正書局影印，一九七一，第十七至十八冊。關於此書的作者問題可參看拙著《明代道士張三丰考》，前引，第三部分「《張三丰先生全集》作者考」，頁一四九－二四二；又拙著 *Investigations into the Authenticity of the Chang San-Feng Ch'üan-chi*, Australian National University Press, Canberra, 1982。

40 《張三丰全集》（臺北，考正書局影印本，一九七一），卷八，頁五九上－下（總頁七八二三）。

41 因爲其《太上十三經道德經注釋》序文是注明撰於「道光」時代，故可證明他們是這個時代的人。見《太上十三經注釋》，序頁二。

42 其序文可證之：「……乃訪先生（按：指火西月）於卷山。許爲巢由同調，授以眞機。……並念受書爲徒之語，各依道派，自立世外閒名，以爲大江之行潦溪澗焉。紫霞受教於回翁、吾等繼派於紫霞，有淵源也。」同上，序頁一－二。「紫霞」，即「圓嶠山紫霞洞主人涵虛生」（見《道德經注釋》首頁）的簡稱，實即火西月；「回翁」指呂岩，因爲兩「口」爲「回」，兩「口」亦爲「呂」。道教人士愛稱呂岩爲「回翁」。

43 《太上十三經注釋》，序頁三。

涵虛子……世居卷山。㊹

當然，「世居」不一定指隱居，不過，基於火氏爲一個「隱於農」（見蜀山三隱者序）的人，而卷山又不見得是個大都邑，「世居」就差不多等於「世世隱居」了。可惜不容易找到「卷山」或「卷石」和「樹下」之所在。大概它們是很小的地方或甚至是窮鄉僻壤呢。

至於火西月創立大江派的地方，按常理應該是卷山，因爲他「世居卷山」，隱居於卷山。託名純陽先生的序文又說他「僻居在峨峯東崦」㊺。峨峯大概是指峨嵋山。但峨嵋山不止一處，山東、河南、安徽、福建、四川、廣西各省都有，雖然以四川的爲最著。若然「峨峯」是指四川的峨嵋山的話，那就很有可能火西月在這個地方創立大江派。作如此推猜卻有一些佐證，最重要的是《大江吟》一詩。此詩很長，是一首五十二句的七言歌行，故此不便，也不需要全首引錄。內容是講述長江——即大江從岷山起一直流到東海的過程，其中經過了灌口、汶山、郫縣、內江、瀘州……等很多地方。但它卻強調岷江和沱江本來同源，而後分流，再次滙合的一段過程，加上了道人與沱龍的對話，幾佔了全詩的大半篇幅；而這一段江（岷江）沱（沱江）的分合關係是在四川境內的，故我疑心作者（託名呂岩，實是火西月）之所以大力渲染它是因爲大江派是在四川創立的，或至少在四川流行的。詩內的兩句「江即沱兮沱即江，大江茫茫衆水附」㊻也很值得注意，因爲火西月把呂岩比作大江，而把自己比作沱江——大江的支流，雖爲二水，但源同終合。這暗示着火西月要人知道，他雖然創立大江派，但是實際上仍然是傳授呂岩之道的。這一點在火西月的按語中更表示得清楚：

先生（按：指呂岩）大海也，而以江自喻。弟子溝渠也，不敢以沱居。然沱乃大江一派耳。

……㊼

因爲這個原故，他不止一次的自稱爲「江沱弟子」㊽。

火西月對呂岩眞是很尊崇的，在一些詩篇裏他有意而卻婉轉地表示了他這心態。如以下的兩句就是：

一鈎新月懸西嶺，無數好山圍大江。㊾

「新月」的「月」和「西嶺」的「西」合起來便是火西月的名字，而「大江」是代表呂岩——萬人敬仰的大師正如百川歸付的江水。這兩句詩的意思似乎是說呂岩一派（「大江」）經過火西月的宏揚後（「新月懸西嶺」）便大爲流行，受到無數善男信女（「無數好山」）崇信。同時，火西月也描述呂岩對他特別賞識，且看《題老子正義》一詩：

……適來西月闡元氣，舉筆注書恣意態。相遇清泉白石間，笑談終日心大快。掃除浮翳見清光，有此方能闢諸怪。《道德》眞詮疊疊談，正義微微達顯在。大氣混茫天地開，

㊹ 同上。

㊺ 同上。

㊻ 同❺。

㊼ 同❼。

㊽ 如《純陽先生詩集》卷一及卷二的署名（重編者），見頁三七五、四七七。

㊾ 同上，頁七三四。此詩爲火西月元韻，而呂岩和張三丰步其韻。呂、張二人之步韻自然是僞託，或是從扶箕得來的。

令我閑觀篤珍愛。[50]

《老子正義》大概是指《道德經注釋》，詩中的「西月」自然是指火西月了。這首詩無疑是火西月僞造而託名呂岩的，但通過它可間接地闚見呂岩在火西月的心目中是何等重要的了——他僞造呂岩爲他的著作題詩自然是表示呂岩在他的心目中有一個崇高的地位，要不然的話，他何不僞造另外一人去作此事呢？

經過上文討論之後，關於大江派的一般情況，我們也許可以得到一個初步結論。它是產生於清代中葉，說得確實一點，十九世紀上半期的一個道教教派，流行於四川境內，以唐代的呂岩爲初祖，而實際的始創人是活動於道光時期的火西月。西月字涵虛，又字團陽，又稱火二，樹下人，曾隱居於卷山及峨嵋山，生平著述頗富，有《太上十三經注釋》、《循途錄》，並編訂《海山奇遇》及重編《純陽先生詩集》。

大江派，本文開始時已經說過，往往被人誤認爲是西派，故此大江派的始創人火西月亦被誤認爲是西派的始創人李西月（一八〇六——一八五六）。關於李西月及其西派的歷史我已有專文詳論，於此不必贅述[51]。至於兩派被誤認爲是一派及兩位始創人被誤認爲是一人，其混亂的情況是頗爲嚴重的。我們姑且舉些例子來看看。近代著名道教學者陳攖寧先生（一八八〇——一九六九）說：

……本書（按：指《道竅談》）作者李涵虛[52]，則羣目之為西派。西派傳代有九字：「西道通，大江東，海天空。」[53]

可見陳先生誤會西派即是大江派，因爲根據《純陽先生詩集》，「西道通，……」九字是大江派的傳代九字，而並非西派的，此點上文已提及。陳先生又說：

李涵虛著作有《太上十三經注解》、《無根樹道情注解》，並編訂之《三丰全集》，俱早已風行一世。54

上文我們已考究《太上十三經注解》是火西月撰的，而不是李涵虛（即李西月，涵虛其字也）；如今陳先生把這套書的撰人歸李西月，大概是他認爲李西月即是火西月。（因爲至少在《陰符經類解》一書的序文明言此書和《道德經注釋》的作者是火西月55）。《道藏精華》的主編蕭天石先生跟陳先生一樣，亦誤會西派即大江派，他說：

---

50 同前，頁七三五。

51 參1；又可參《明代道士張三丰考》，第三部分，第二節「《張三丰全集》的重編者李西月」，頁一五二—一五四。

52 《道竅談》一書的作者問題，上文已略爲論及，此處陳先生認爲是李涵虛所作自然有他的根據。他在「《道竅談》讀者須知」說：「李涵虛著作有……俱早已風行一世。惟《道竅談》、《三車秘旨》、《圓嶠內篇》三種，未曾刊版行世，而《圓嶠內篇》之鈔本亦未得見。今特先出《道竅談》並《三車秘旨》二書，以慰好道諸君之渴望。」見《太上十三經注釋、道竅談、三車秘旨合刊》（參17）頁一六一。大抵陳先生所見的《道竅談》是鈔本，而此鈔本是署名李涵虛著的，而現時我們見到的刊本（卽陳先生之刊本）是明確地標出「長乙山人李涵虛著」的。不過，眞實的作者是否爲李涵虛，仍是個很大的疑問。

53 《太上十三經注釋……合刊》，「《道竅談》讀者須知」，頁一五九。

54 同前，頁一六一。

55 其序說：「……愚前注《道德經》，謬爲聖師許可。近讀《陰符》，又喜其文簡，其旨遠，字字切修煉秘語，乃復澄心觀物，更爲注以發明之。卷石山人火西月自序於大江上。」《太上十三經注釋》，頁九六。

西派傳代有大江西派九字，曰……56

不止如此，蕭先生更把「大江派」變成「大江西派」了。「大江西派」一名恐怕是因爲誤認西派爲大江派而把兩派的名稱混合起來的結果。蕭先生沒有細心考查眞相的情況又見於他對《呂祖全書》的重編者的看法，他說：

《呂祖全書》，青城山天師洞有藏本，此取空青洞天藏板本，係淮海陸潛〔虛〕初編，而由火西月李涵虛重編本，……57

他指出《呂祖全書》的重編者是「火西月李涵虛」。這是否表示他認爲是書的重編者是火西月和李涵虛二人呢？看來不是，因爲他同時同地說：

景刊本書（按：指《呂祖全書》），即爲涵虛火西月據陸潛虛原本加以重編者。58

可見他很清楚是書的重編只有一人，即火西月，字涵虛。但另一方面，是否顯示他認爲火西月即李涵虛呢？我認爲不是沒有可能的。在《呂祖全書》所收錄的兩種書（指《海山奇遇》和《純陽先生詩集》）裏，沒有絲毫跡象顯示此書的重編者是李涵虛——只有署「火涵虛」、「火西月涵虛」或「火西月」（此點前文已及），要不是蕭先生認爲火西月與李涵虛同是一人的話，如何去解釋他的說法呢？

蕭先生將西派誤認爲大江派或大江西派還値得原諒，因爲他基本上不是西派傳人。如果連本身是西派弟子都不免有這個誤會的話，那就似乎太不應該了。署名「大江西派第七代弟子靖陽子（周靖陽？）」說：

西派原名大江西派，第一代祖李涵虛眞人……。59

「大江西派」只是「大江派」與「西派」因誤會爲一派所引起的合稱，我相信西派與大江派是兩個不同的道派，而開始時並無「大江西派」一名，亦自然沒有「西派原名大江西派」的事實。「西派」已是後起的名稱⑩，而「大江西派」一名則產生於更後了。

那麼，爲甚麼人們會誤會大江派與西派是一派呢？或說得正確一點，把兩派混而爲一呢？我認爲主要的原因是人們誤以爲火西月與李西月是一人，以致誤以爲他們所創立的不同教派是一派。爲甚麼火、李二人會被誤會爲一人呢？首先，他們兩人的名字、別號相同，這很容易使一些讀書不求甚解的人產生錯覺；而且很多時候只稱呼他們的名號而不提及其姓氏，例如《太上十三經注釋》裏的《日用經約解》就只署名「西月」，《五廚經解》只署名「涵虛」，以致令到情況更加混亂，一時不察，就會以爲這些經解的作者是李西月了。第二個原因是火、李二人時代相同，都是清代中葉（確實一點，是十九世紀上半期）的道士。第三個原因是他們創立教派和活動的地區相同——大家都是在四川境內。第四個原因是他們的修煉方法相若。雖是不

---

56 見蕭天石《道家養生學概要》（《道藏精華》外集，臺北，自由出版社，一九七九），卷二之「西派修眞要旨」，頁一二五。

57 見《呂祖全書》（《道藏精華》本）之「再版前序」，序頁五。

58 同上，序頁六。

59 見徐海印著《海印山人譚道集》（香港，壺苑出版部，出版年缺），「前言」，頁一〇。「前言」末誌年份——「戊申」，從西派之歷史及「前言」之內容推猜，大概應爲公元一九六八年。倘若推猜不誤的話，此集之出版年份亦應爲這一年。

60 參看拙文《清代道教西派命名、活動及道統考》，前引，尤其是最初部分。

同教派，但修煉方法卻同屬南宗——即金丹教的系統，他們所修的同是「陰陽雙修」的金丹大道[61]。第五個原因是部分人士混淆了他們二人的著作，張冠李戴，以致最終的結果把他們二人混而爲一，變成了一人。此外，大江派的傳代九字也許是令到人們誤會大江派是西派的另一個原因。傳代九字的「西道通」的「西道」很容易使人聯想到「西派之道」，或被誤會爲「西派之道」的簡稱。或者，又由於第二句是「大江東」，那麼，原本稱爲「大江派」的便變成「大江西派」了。雖屬猜想，但並不是毫無根據或無可能的。

其實，火西月姓火，而李西月姓李，雖然名字、別號相同[63]，兩人是不相關的。火西月創的是大江派，而李西月創的是西派，派與派的名稱亦是不同的。雖說「西派」一名的產生是後來的事，容易被誤會原名「大江西派」，而後來纔簡稱爲「西派」[64]；但「大江派」一名，火西月開始創派時便標舉出來，與「西派」一名全無關涉，而實際上，在與「大江派」有關的原始資料中，未見有「西派」一名的出現，更無論大江派即是西派之說了。大江派的初祖是呂岩

---

[61] 「陰陽雙修」不是指男女雙修，而是指性命、心性一類的雙修，是屬於單修派的，即個人自我的修煉。男女雙修是屬雙修派的，二人共修的。「金丹」本是道教煉丹名詞。古代方士、道士用黃金煉成「玉液」，或用鉛汞等八石燒煉成黃色藥金，故名「金丹」。認爲服之能長生不老。煉這種金丹名煉外丹——體外之金丹。唐宋之前，煉丹就是指煉外丹。宋金以後，煉丹是指煉內丹——體內之金丹，即是個人之性命、心性、精氣神的修煉，而論述之時乃借用外丹爐鼎、丹砂、鉛汞一類之名詞而已。因爲南宗所煉的是內丹，故又名「金丹教」。宋代以後，不少道派，如西派、中派、大江派，……都屬於金丹教的系統，或說得具體一點，所修煉的都是內丹。

[62] 火西月的著述，連編訂的在內，可信的大抵只有《太上十三經注釋》、《循途錄》、《海山奇遇》（編）、

《純陽先生詩集》（重編）等十數種，內文已有談論；可是一般道徒和學者卻往往把它們歸入李西月的作品範圍，如李道山、陳攖寧、蕭天石、《海印山人譚道集》的編者（壺中人）、胡孚琛等清末以來的信徒和學者莫不如是。見李道山撰《李涵虛眞人小傳》，《太上十三經注釋……合刊》（《道藏精華》本），頁二四四；陳攖寧「《道竅談》讀者須知」，同上，頁一六一；蕭天石《道家養生學概要》，前引，頁一二三；壺中人《李涵虛眞人小傳》，《海印山人譚道集》，前引，頁一四二；胡孚琛《道教史上的內丹學》，《世界宗教研究》（北京，中國社會科學出版社），一九八九年，第二期（總第三六期），頁一〇。引致這個錯誤的原因，大概是由於他們考察得不夠細密，或者是他們認爲火西月卽爲李西月。如果是後者的話，火、李二人的作品自然被混作一團了。至於李西月的著述，不屬本文範圍，本不應在此討論，（可參看拙文《淸代道教西派命名、活動及道統考》及拙書《明代道士張三丰考》有關李西月部分便可得到此方面的資料），不過，其中《三車秘旨》一書卻收錄了一些與大江派有關的材料，故不能不拿出來談談。此書末尾載有「大江西派九字」（其實是「大江派九字」—「西道通，……」）及「呂祖題詞」—「大江初祖是純陽，……」，此點是值得注意的。可能因爲如此，故一些後來人士將大江派和西派混淆了，亦同時將火西月當作李西月了。可是，我很懷疑這兩條文字是否原有的。根據陳攖寧先生說，《三車秘旨》是舊鈔本，未曾刊版行世（見陳先生「《三車秘旨》讀者須知」，《太上十三經……合刊》，頁二四〇）。我認爲鈔本最易挿進一些非原有的文字，尤其是在末尾部分，所以我疑心這兩條文字是兩派被混淆之後才添進去的。除非可以證明此兩條文字是原鈔本所有，否則很難說不是後來添入的。西派與大江派根本上是不同的道派，西派的道書按常理似乎不應該收錄大江派的文字，尤其是傳代字句——派詩。

(63) 歷史上同姓同名的人不少，只是同名或字的人更多，據今人王德毅編的《淸人別名字號索引》（臺北，新文豐出版公司，一九八五，頁四六九）淸代有張與齡者，別號「涵虛子」。李西月和火西月同字「涵虛」是不足爲奇的。

(64) 「大江西派」的第七代弟子靖陽子就有此說法。上文已及，參(59)。

（上文已說清楚），而西派大力標榜的是張三丰。張雖非初祖㊽，而事實上等於初祖，因爲比他較前的幾個祖師都是爲了道統的堆砌而被抬舉出來的。所師的不同，所傳的道亦不同，大江派自然不是西派了。或許，我們可以這樣說，大江派被泛稱爲「西派」——流行於中國西部地區的道派則可，被當作爲西派則不可，因爲西派是另外一個道派，是李西月創立的。爲了區別清楚起見，我們還是按照傳統稱李西月一派爲「西派」，而根據原意——火西月的原意，稱火西月的一派爲「大江派」。「大江西派」只是個含糊的名稱，而且與事實不符，站在道教史研究的立場上講，是應該嚴加辨認的。

⑥⑤ 西派的初祖遠推到老子（公元前六世紀時人），而張三丰只是第六祖。參看拙書《明代道士張三丰考》，前引，頁七一—七九。西派原名隱仙派或猶龍派，參前書，頁一二〇—一二一。

國立中央圖書館出版品預行編目資料

道教與文學／黃兆漢著.--初版.--臺北市：臺灣學生，
民83
面； 公分.--（道教研究叢書；8）
ISBN 957-15-0588-9（精裝）.--ISBN 957-15
-0589-7（平裝）

1.道教

230.16 83000185

道教與文學（全一冊）

著作者：黃兆漢
出版者：臺灣學生書局
發行人：丁文治
發行所：臺灣學生書局
臺北市和平東路一段一九八號
郵政劃撥帳號〇〇〇二四六六八號
電話：三六三四一五六
FAX：三六三六三三四
本書局登記證字號：行政院新聞局局版臺業字第一一〇〇號
印刷所：淵明印刷廠
地址：永和市成功路一段43巷五號
電話：九二八七一四五
香港總經銷：藝文圖書公司
地址：九龍偉業街九十九號連順大廈五字樓及七字樓
電話：七九五九五九五
定價 精裝新臺幣三三〇元 平裝新臺幣二七〇元
中華民國八十三年二月初版

23004

ISBN 957-15-0588-9（精裝）
ISBN 957-15-0589-7（平裝）

臺灣學生書局出版

道教研究叢刊

①六朝隋唐仙道類小說研究	李豐楙 著
②明代道教正一派	莊宏誼 著
③全眞教與大蒙古國帝室	鄭素春 著
④明代道士張三丰考	黃兆漢 著
⑤道藏丹藥異名索引	黃兆漢 編
⑥漢魏六朝佛道兩教天堂地獄說	蕭登福 著
⑦蘇軾與道家道教	鍾來因 著
⑧道教與文學	黃兆漢 著